本研究得到教育部人文社会科学研究规划基金项目（20YJA630020）资助

双渠道回收的
再制造供应链优化策略

Optimal strategies of remanufacturing supply
chain with dual-channel collection

顾巧论 著

西南财经大学出版社

中国·成都

图书在版编目(CIP)数据

双渠道回收的再制造供应链优化策略/顾巧论著.—成都:西南财经
大学出版社,2023.3
ISBN 978-7-5504-5689-1

Ⅰ.①双… Ⅱ.①顾… Ⅲ.①制造工业—供应链管理—研究
Ⅳ.①F407.405

中国国家版本馆 CIP 数据核字(2023)第 033921 号

双渠道回收的再制造供应链优化策略
SHUANGQUDAO HUISHOU DE ZAIZHIZAO GONGYINGLIAN YOUHUA CELÜE
顾巧论 著

责任编辑:廖　韧
责任校对:植　苗
封面设计:墨创文化
责任印制:朱曼丽

出版发行	西南财经大学出版社(四川省成都市光华村街 55 号)
网　　址	http://cbs.swufe.edu.cn
电子邮件	bookcj@swufe.edu.cn
邮政编码	610074
电　　话	028-87353785
照　　排	四川胜翔数码印务设计有限公司
印　　刷	四川五洲彩印有限责任公司
成品尺寸	170mm×240mm
印　　张	16.25
字　　数	404 千字
版　　次	2023 年 3 月第 1 版
印　　次	2023 年 3 月第 1 次印刷
书　　号	ISBN 978-7-5504-5689-1
定　　价	88.00 元

前　言

　　双渠道回收的再制造供应链由再制造商、回收商和拆解中心构成，回收渠道包括线上回收渠道和线下回收渠道。通过线上回收渠道，再制造商以自营回收处理中心对废旧产品进行回收和检测；通过线下回收渠道，回收商对废旧产品进行回收和检测。检测后的"可再制造产品"被运送到拆解中心进行拆解，再制造商利用拆解后的可再制造产品的零部件进行再制造，并将再制造产品在市场上销售。

　　双渠道回收的再制造供应链特点：线上和线下回收检测存在检测误差且检测误差率不同；依据拆解中心是否隶属于再制造商，该供应链分为二级再制造供应链和三级再制造供应链。

　　本书依据双渠道回收的再制造供应链特点，对双渠道回收的再制造供应链优化策略进行研究。具体内容如下：

　　第1章是双渠道回收的再制造供应链概述，主要介绍废旧产品回收渠道种类，给出双渠道回收的再制造供应链定义；从拆解中心是否独立于再制造商的角度，构建双渠道回收的再制造供应链结构。

　　第2章研究产品定价策略，主要包括二级再制造供应链产品定价策略、三级再制造供应链产品定价策略和考虑渠道检测质量的再制造供应链产品定价策略。本章内容包括：研究再制造商负责拆解时的再制造供应链产品定价策略；考虑三级再制造供应链中供应链各方利润最大化，研究产品定价策略，以及再制造商与拆解中心、拆解中心与回收商之间的惩罚合约；考虑线上线下回收渠道不同的检测误差率，研究第三方回收商、再制造商及其回收处理中心的最优定价策略。

　　第3章研究市场进退策略，主要针对线下回收商面临的现实问题，构建有双渠道回收检测质量差异的再制造供应链系统动力学模型，研究废旧产品市场份额减少对线下回收商利润的影响，同时讨论供应链其他成员利润的变化情况；研究降低检测误差率所需投资成本对线下回收商利润的影响，并对"搭便车"行为制定成本分担机制。

第 4 章研究成本控制策略，主要包括有回收质量差异的再制造供应链成本控制策略、有回收检测的再制造供应链成本控制策略和有回收检测质量差异的再制造供应链成本控制策略。本章内容包括：针对回收产品存在质量差异的情况，研究再制造投入成本控制最优决策；在回收检测存在误差的情况下，基于单渠道回收情形构建利润模型，分析回收检测成本的投入对再制造供应链的影响，得出再制造供应链检测成本优化策略；基于双渠道回收模式研究具有回收检测质量差异的再投入成本控制最优决策。

第 5 章研究分级检测策略，主要包括二级再制造供应链分级检测策略和三级再制造供应链分级检测策略。本章主要针对废旧锂电池，内容包括：构建回收商和制造商组成的二级再制造供应链系统动力学模型，仿真分析检测误差率对制造商利润的影响，给出分级检测策略；构建回收商、拆解检测中心和制造商组成的再制造供应链系统动力学模型，仿真分析拆解检测中心和制造商信息不对称情况下，制造商通过采取增大抽检比例和与拆解检测中心制定外部损失分摊措施的情况。

第 6 章研究培训投入策略，主要包括再制造供应链员工培训投入策略和有回收检测误差的再制造供应链员工培训投入策略。本章内容包括：把员工培训投入作为突破口，以提高企业利润为目的，构建基于员工培训投入的再制造供应链系统动力学模型，研究不同情况下员工培训投入对各成员利润以及整体效益的影响；考虑回收检测误差，构建基于员工培训投入的有回收检测误差的再制造供应链系统动力学模型，实现员工培训的最优化决策。

第 7 章研究质量追溯策略，主要包括基于单区块链的再制造供应链产品质量追溯策略和基于双区块链的再制造供应链产品质量追溯策略。本章内容包括：研究再制造供应链产品质量可追溯和隐私保护的单区块链系统框架，使再制造产品和用于生产再制造产品的再制造部件的质量可以追溯；研究再制造供应链产品质量可追溯和隐私保护的双区块链系统框架，在保护交易数据隐私的情况下，实现再制造产品和再制造部件数据的可追溯性。

第 8 章研究产品定制策略，主要包括再制造产品大规模定制顾客满意度分析和再制造产品定制计划优化策略。本章内容包括：探讨大规模定制顾客满意度指数模型研究的意义，对模型中核心概念如顾客满意、顾客满意的前置因素和顾客满意的后向结果进行研究，提出相关假设，构建模型并分析其特点；基于混流装配模式，针对单位周期内再制造定制产品、标准产品的需求以及再制造定制产品对标准产品需求的影响，优化各种产品的装配计划和配送计划。

本书撰写过程中得到研究生薛宁、张羽、王梦瑶和李洛康的大力支持。这些学生都参加了教育部人文社会科学研究项目的研究工作。感谢各位研究生的辛勤付出。

感谢教育部人文社会科学研究项目"基于双渠道回收检测质量差异的再制造逆向供应链优化策略研究"（20YJA630020）对本书出版的资助。

本书是笔者主持的教育部人文社会科学研究项目的研究成果及阶段性工作梳理，不足之处在所难免，恳请读者对本书的缺点和不足给予批评和建议。

顾巧论

2022 年 9 月

目　录

1 双渠道回收的再制造供应链概述

双渠道回收的再制造供应链有其独到之处。作为后续章节内容的基础，本章的要点有两个。要点 1：再制造供应链回收渠道种类。该部分内容主要介绍再制造供应链成员和由不同成员负责回收而构成的回收渠道种类。要点 2：双渠道回收的再制造供应链定义和结构。该部分内容主要给出双渠道回收的再制造供应链定义，并从拆解中心是否独立的角度，探讨双渠道回收的再制造供应链结构。

1.1 再制造供应链回收渠道种类

1.1.1 再制造供应链成员

本书所研究的再制造供应链如图 1.1 所示①②，其成员包括原始制造/再制造商、零售商、拆解中心和第三方回收商。

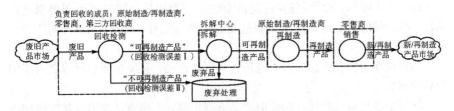

图 1.1 再制造供应链

由图 1.1 可知，在再制造供应链中，负责回收的成员（原始制造/再制造商，零售商，第三方回收商）从废旧产品市场回收废旧产品，经检测将"可再制造产品"运送至拆解中心等待拆解，对"不可再制造产品"进行废弃处理。拆解中心对"可再制造产品"进行拆解，拆解后将可再制造产品或核心零部件运送至原始制造/再制造商，用于产品再制造。原始制造/再制造商在生

---

① 顾巧论. R/M 集成供应链模型与决策［M］. 北京：科学出版社，2015：6.
② 顾巧论. 回收检测误差与制造/再制造供应链优化［M］. 北京：科学出版社，2019：5.

产新产品的同时，应用可再制造产品或核心零部件生产再制造产品，并进行销售。零售商从原始制造/再制造商处订购新/再制造产品，并在新/再制造产品市场进行销售。

这里，"可再制造产品"和"不可再制造产品"都带有双引号标识。"可再制造产品"中双引号表示该类产品中含有因检测误差Ⅰ导致的不可再制造产品；"不可再制造产品"中双引号表示该类产品中含有因检测误差Ⅱ导致的可再制造产品。

在回收检测过程中，出于技术和非技术原因，检测会产生检测误差Ⅰ和检测误差Ⅱ①。检测误差Ⅰ是指在对废旧产品进行检测时，将不可再制造废旧产品误检为可再制造废旧产品的比例，而检测误差Ⅱ是指在对废旧产品进行检测时，将可再制造废旧产品误检为不可再制造废旧产品的比例。检测误差Ⅰ和检测误差Ⅱ会导致再制造供应链成本增加和利润减少。

再制造供应链成员角色见表1.1。

表1.1　再制造供应链成员角色

成员	角色
原始制造/再制造商	生产新产品和再制造产品；回收废旧产品
零售商	销售新产品和再制造产品；回收废旧产品
拆解中心	拆解回收的废旧产品
第三方回收商	回收废旧产品

由表1.1可知，原始制造/再制造商在生产新产品的同时也生产再制造产品，一些产品的再制造是由原始制造商完成的。此外，原始制造/再制造商也可以负责废旧产品的回收。

零售商在销售新产品的同时也销售再制造产品，且零售商也可以负责废旧产品的回收。

拆解中心只负责对回收的废旧产品进行拆解，不负责从废旧产品市场回收废旧产品。

第三方回收商只负责从废旧产品市场回收废旧产品。

1.1.2　回收渠道种类

在再制造供应链中，废旧产品的回收渠道有多种，包括单渠道回收、双渠

---

① GU Q L, TAGARAS G. Optimal collection and remanufacturing decisions in reverse supply chains with collector's imperfect sorting [J]. International journal of production research, 2014, 52 (17): 5155-5170.

道回收、多渠道回收和全渠道回收。废旧产品的回收是再制造供应链顺利实施的重要环节。负责回收的供应链成员可以是原始制造/再制造商、零售商、第三方回收商等；采取的回收方式可以是线上（online）回收，也可以是线下（offline）回收，或者线上线下（online-offline）同时回收。不同的供应链成员和所采用的不同回收方式形成不同种类的回收渠道，回收渠道种类见表1.2。

表1.2　回收渠道种类

回收渠道种类	回收方式	负责回收的成员
单渠道回收	线上回收	单一供应链成员，例如：原始制造/再制造商，零售商，第三方回收商
	线下回收	单一供应链成员，例如：原始制造/再制造商，零售商，第三方回收商①②③④⑤⑥⑦⑧⑨⑩⑪⑫⑬

① 顾巧论，陈秋双. 再制造/制造系统集成物流网络及信息网络研究 [J]. 计算机集成制造系统，2004，10 (7)：721-726，731.

② 顾巧论，季建华. 再制造/制造系统集成物流网络模糊机会约束规划模型 [J]. 控制理论与应用，2005，22 (6)：889-894.

③ 顾巧论，高铁杠，石连栓. 基于博弈论的逆向供应链定价策略分析 [J]. 系统工程理论与实践，2005，25 (3)：20-25.

④ 顾巧论，季建华，高铁杠，等. 有固定需求底线的逆向供应链定价策略研究 [J]. 计算机集成制造系统，2005，11 (12)：1751-1757.

⑤ 顾巧论，陈秋双. 不完全信息下逆向供应链中制造商的最优合同 [J]. 计算机集成制造系统，2007，13 (3)：596-601.

⑥ GU Q L, GAO T G. Investment risk control for upgrade-products [J]. ICIC express letters, 2009, 3 (3)：627-632.

⑦ GU Q L, GAO T G. Simulation for disassembly planning of used-product in reverse supply chain [J]. ICIC express letters, part B：applications, 2011, 2 (6)：1315-1320.

⑧ GU Q L, GAO T G. Joint decisions for R/M integrated supply chain using system dynamics methodology [J]. International journal of production research, 2012, 50 (16)：4444-4461.

⑨ GU Q L, TAGARAS G. Optimal collection and remanufacturing decisions in reverse supply chains with collector's imperfect sorting [J]. International journal of production research, 2014, 52 (17)：5155-5170.

⑩ 顾巧论，高铁杠. 再制造逆向供应链检测误差率管理策略 [J]. 计算机集成制造系统，2016，22 (10)：2469-2477.

⑪ GU Q L, GAO T G. IERs in reverse supply chain：be worth lowering or not [J]. Computers & industrial engineering, 2017, 111：289-302.

⑫ GU Q L, GAO T G. Production disruption management for R/M integrated supply chain using system dynamics methodology [J]. International journal of sustainable engineering, 2017, 10 (1)：44-57.

⑬ GU Q L, WANG M Y. Analysis of the influence of reinvestment cost correlation factors on optimal decision of reverse supply chain [J]. International journal of modelling in operations management, 2021, 8 (3)：233-250.

回收渠道种类	回收方式	负责回收的成员
双渠道回收	线上回收	两个供应链成员，例如：原始制造/再制造商+零售商，原始制造/再制造商+第三方回收商，零售商+第三方回收商
	线下回收	两个供应链成员，例如：原始制造/再制造商+零售商，原始制造/再制造商+第三方回收商，零售商+第三方回收商①②
	线上线下回收	单一供应链成员或两个供应链成员，例如：原始制造/再制造商，零售商，第三方回收商，原始制造/再制造商+零售商，原始制造/再制造商+第三方回收商
多渠道回收	线上回收	多个供应链成员，例如：原始制造/再制造商+零售商+第三方回收商
	线下回收	多个供应链成员，例如：原始制造/再制造商+零售商+第三方回收商③④⑤
	线上线下回收	多个供应链成员，例如：原始制造/再制造商+零售商+第三方回收商
全渠道回收	线上回收、线下回收、线上线下回收	单一供应链成员、两个供应链成员、多个供应链成员、所有供应链成员

1.1.2.1 单渠道回收

单渠道回收包括线下单渠道回收和线上单渠道回收。

线下单渠道回收是指由单一供应链成员采用线下回收方式进行废旧产品回收。例如，在再制造供应链中，废旧产品由原始制造/再制造商线下回收，或由零售商线下回收，或由第三方回收商线下回收。

---

① GU Q L, JI J H, GAO T G. Pricing decisions for reverse supply chain [J]. Kybernetes, 2011, 40 (5/6): 831-841.

② GU Q L, GAO T G. Management of two competitive closed-loop supply chains [J]. International journal of sustainable engineering, 2012, 5 (4): 325-337.

③ GU Q L, JI J H. Pricing management for closed-loop supply chain [J]. Journal of revenue & pricing management, 2008, 7 (1): 45-60.

④ GU Q L, JI J H, GAO T G. Pricing decisions for reverse supply chain [J]. Kybernetes, 2011, 40 (5/6): 831-841.

⑤ GU Q L, GAO T G. Management of two competitive closed-loop supply chains [J]. International journal of sustainable engineering, 2012, 5 (4): 325-337.

线上单渠道回收是指由单一供应链成员采用线上回收方式进行废旧产品回收。其多是指由原始制造/再制造商线上回收，也有一部分由零售商线上回收，或由第三方回收商线上回收。

1.1.2.2 双渠道回收

双渠道回收包括线下双渠道回收、线上双渠道回收和线上线下双渠道回收。

线下双渠道回收是指由两个供应链成员采用线下回收方式进行废旧产品回收。例如，废旧产品由原始制造/再制造商线下回收和委托零售商线下回收，废旧产品由原始制造/再制造商线下回收和委托第三方回收商线下回收，废旧产品由原始制造/再制造商委托零售商和第三方回收商线下回收。

线上双渠道回收是指由两个供应链成员采用线上回收方式进行废旧产品回收。例如，废旧产品由原始制造/再制造商线上回收和委托零售商线上回收，废旧产品由原始制造/再制造商线上回收和委托第三方回收商线上回收，废旧产品由原始制造/再制造商委托零售商和第三方回收商线上回收。

线上线下双渠道回收是指单一成员同时采用线上和线下回收方式，或两个成员分别采用线上和线下回收方式。例如，原始制造/再制造商采用线上和线下回收方式；原始制造/再制造商委托零售商采用线上和线下回收方式；原始制造/再制造商委托第三方回收商采用线上和线下回收方式；原始制造/再制造商采用线上回收方式，委托零售商采用线下回收方式；原始制造/再制造商采用线上回收方式，委托第三方回收商采用线下回收方式。

1.1.2.3 多渠道回收

多渠道回收包括线下多渠道回收、线上多渠道回收和线上线下多渠道回收。

线下多渠道回收是指由多个供应链成员采用线下回收方式进行废旧产品回收。例如，原始制造/再制造商通过线下回收方式直接从废旧产品市场回收废旧产品，同时委托零售商和第三方回收商线下回收。

线上多渠道回收是指由多个供应链成员采用线上回收方式进行废旧产品回收。例如，原始制造/再制造商通过线上回收方式直接从废旧产品市场回收废旧产品，同时委托零售商和第三方回收商线上回收。

线上线下多渠道回收是指多个成员同时采用线上和线下回收方式。例如，原始制造/再制造商采用线上回收方式，委托零售商和第三方回收商线下回收。

1.1.2.4 全渠道回收

全渠道回收包括线上线下所有渠道的回收，特指再制造供应链核心成员即原始制造/再制造商自营或委托单一成员、两成员、多成员，采用线上、线下、线上线下多方式组合的回收渠道。

1.2 双渠道回收的再制造供应链定义和结构

1.2.1 双渠道回收的再制造供应链定义

双渠道回收的再制造供应链概念框架如图1.2所示。其定义为：包括线上回收渠道和线下回收渠道，且两个渠道中回收的废旧产品经质量检测后产生不同检测误差的再制造供应链。

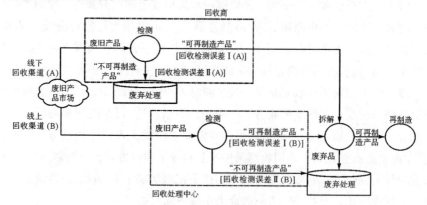

图1.2 双渠道回收的再制造供应链概念框架

由图1.2可知，双渠道回收的再制造供应链有如下特点：

（1）供应链成员包括再制造商、回收商和拆解中心。其中，再制造商拥有自营回收处理中心，回收商可以是零售商或第三方回收商等，拆解中心可以隶属于再制造商也可以是独立于再制造商的专业拆解中心。

（2）线上回收渠道和线下回收渠道对废旧产品的回收检测存在质量差异。线上回收渠道（B）对废旧产品进行检测后，得到"可再制造产品"和"不可再制造产品"，产生回收检测误差I（B）和回收检测误差II（B）；线下回收渠道（A）对废旧产品进行检测后，得到"可再制造产品"和"不可再制造产品"，产生回收检测误差I（A）和回收检测误差II（A）。由于诸多技术和非技术因素，两个渠道中回收检测误差I（B）不同于回收检测误差I（A），回收检测误差II（B）不同于回收检测误差II（A），这导致了双渠道回收检测的质量差异。

1.2.2 双渠道回收的再制造供应链结构

再制造供应链成员包括再制造商、拆解中心和第三方回收商。根据拆解中心是否隶属于再制造商，双渠道回收的再制造供应链的结构可分为两种：双渠道回收的二级再制造供应链结构和双渠道回收的三级再制造供应链结构。

1.2.2.1 双渠道回收的二级再制造供应链结构

当拆解中心隶属于再制造商时，双渠道回收的再制造供应链结构即二级再制造供应链结构如图1.3所示。

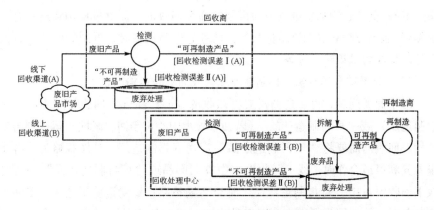

图1.3 双渠道回收的二级再制造供应链结构

由图1.3可知，二级再制造供应链包括两个成员：第三方回收商和再制造商。回收渠道有传统线下回收渠道和线上回收渠道。通过传统线下回收渠道，第三方回收商对废旧产品进行回收和检测，再制商负责拆解和再制造，并对再制造产品进行销售。通过线上回收渠道，再制造商利用自营的回收处理中心对废旧产品进行回收检测，然后进行拆解和再制造，并对再制造产品进行销售。同时，第三方回收商和再制造商各自将"不可再制造产品"和废弃品处理掉。

由于线上回收渠道和传统线下回收渠道都有回收检测误差，不同的检测误差导致双渠道"可再制造产品"存在质量差异，从而影响到再制造商和回收商的最优决策问题。例如：

（1）双渠道质量竞争下再制造商和回收商多产品定价问题。

针对该类问题，再制造商需要给出线上回收渠道中废旧产品回收价格、传统线下回收渠道中"可再制造产品"购买价格以及与此相关的再制造产品销售价格的定价策略。回收商需要根据再制造商对"可再制造产品"的购买价格给出废旧产品回收价格的定价策略。具体策为：再制造产品市场需求固定时，双渠道质量竞争下再制造商和回收商多产品定价策略；再制造产品市场需求随机时，双渠道质量竞争下再制造商和回收商多产品定价策略；双渠道质量竞争存在且考虑检测投资时，再制造商和回收商对相应产品的定价策略；等等。

（2）消费者渠道偏好/返还合约下再制造商和回收商产品数量协调问题。

在该类问题中，再制造商需要依据线上回收渠道和传统线下回收渠道的检测误差率确定两个渠道"可再制造产品"的供应量、线上回收渠道废旧产品回收量；回收商需要依据再制造商对"可再制造产品"的需求量以及回收检测误差，决定废旧产品回收量。具体策略为：再制造产品市场需求随机时，有渠道偏好/返还合约和质量竞争的再制造商和回收商产品数量协调策略；有渠道偏好/返还合约和双渠道质量竞争，且考虑检测投资时，再制造商和回收商产品数量的协调策略；等等。

（3）双渠道合作运输下再制造商和回收商整合运输问题。

对于此类问题，再制造商需要将回收的废旧产品（若回收处理中心位于再制造厂）或"可再制造产品"（若回收处理中心位于回收区域）运送到再制造厂；回收商需要将"可再制造产品"运送到再制造厂。具体策略为：有质量差异和渠道合作时，线上回收渠道中废旧产品或"可再制造产品"与传统线下回收渠道中"可再制造产品"整合运输策略；双渠道质量竞争、多回收商竞争时，线上回收渠道中废旧产品或"可再制造产品"与多回收商"可再制造产品"整合运输策略；等等。

1.2.2.2　双渠道回收的三级再制造供应链结构

当拆解中心不属于再制造商时，双渠道回收的再制造供应链结构即三级再制造供应链结构，如图 1.4 所示。

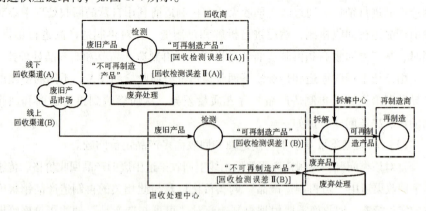

图 1.4　双渠道回收的三级再制造供应链结构

由图 1.4 可知，三级再制造供应链包括三个成员：第三方回收商、拆解中心和再制造商。再制造商有自营的回收处理中心，拆解由独立于再制造商的拆解中心完成。此时，通过线上回收渠道，再制造商利用自营的回收处理中心对废旧产品进行回收检测，委托独立的拆解中心拆解后进行再制造，并对再制造产品进行销售，而回收处理中心和拆解中心将"不可再制造产品"和废弃品处理掉；通过传统线下回收渠道，第三方回收商对废旧产品进行回收和检测，拆解中心负责拆解，再制造商负责再制造，并对再制造产品进行销售，而第三方回收和拆解中心将"不可再制造产品"和废弃品处理掉。

当拆解由独立的拆解中心负责时，线上回收渠道和传统线下回收渠道不同的检测误差导致双渠道"可再制造产品"质量差异，从而影响到拆解中心、再制造商和回收商的最优决策问题，例如：

（1）双渠道质量竞争下再制造商、拆解中心和回收商多产品定价问题。

针对此类问题，再制造商需要制定线上回收渠道中废旧产品回收价格、与此相关的再制造产品销售价格的定价策略；拆解中心需要制定线上回收渠道和传统回收渠道中"可再制造产品"购买价格、与此相关的可再制造产品的销售价格；回收商需要根据拆解中心对"可再制造产品"的购买价格给出废旧产品回收价格的定价策略。具体策略为：再制造产品市场需求固定时，双渠道质量竞争下再制造商、拆解中心和回收商多产品定价策略；再制造产品市场需求随机时，双渠道质量竞争下再制造商、拆解中心和回收商多产品定价策略；双渠道质量竞争且考虑检测投资时，再制造商、拆解中心和回收商对相应产品的定价策略；等等。

（2）消费者渠道偏好/返还合约下再制造商、拆解中心和回收商产品数量协调问题。

在此类问题中，再制造商需要确定可再制造产品需求量、线上回收渠道废旧产品回收量；拆解中心需要依据线上回收渠道和线下回收渠道的检测误差率，确定两个渠道"可再制造产品"的供应量；回收商需要根据拆解中心对"可再制造产品"的需求量以及回收检测误差，确定废旧产品回收量。具体策略为：再制造产品市场需求随机或固定时，有渠道偏好/返还合约和质量竞争的再制造商、拆解中心和回收商产品数量协调策略；有渠道偏好/返还合约和双渠道质量竞争且考虑检测投资时，再制造商、拆解中心和回收商产品数量的协调策略；等等。

（3）双渠道合作运输下再制造商、拆解中心和回收商整合运输问题。

该类问题中，拆解由独立的拆解中心负责，再制造商需要将回收处理中心检测后的"可再制造产品"运送到拆解中心；回收商需要将"可再制造产品"运送到拆解中心。具体策略为：有质量差异和渠道合作时，在线回收渠道中废旧产品或"可再制造产品"与传统回收渠道中"可再制造产品"整合运输策略；渠道间质量竞争、多回收商竞争时，在线回收渠道中废旧产品或"可再制造产品"与多回收商"可再制造产品"整合运输策略；等等。

总之，双渠道回收的再制造供应链中有待研究的问题很多，本书将针对其中部分问题进行研究。

本章小结

双渠道回收的再制造供应链中，线上回收渠道和线下回收渠道对废旧产品的回收检测存在质量差异。本章在介绍废旧产品回收渠道种类的基础上，给出了双渠道回收的再制造供应链定义，依据拆解中心与再制造商的关系探讨了双渠道回收的再制造供应链的结构，为后续章节内容奠定基础。

2 产品定价策略

产品定价是双渠道回收的再制造供应链中重要的研究内容。考虑再制造供应链中废旧产品回收检测误差，本章研究再制造供应链多产品同时定价策略。研究要点如下：

要点 1：二级再制造供应链产品定价策略。在由回收商和再制造商构成的二级再制造供应链中，拆解中心隶属于再制造商。检测误差是废旧产品分类检测不确定性的产物，是造成可再制造率与实际再制造率不同的主要因素之一。当考虑检测误差时，废弃处理的产品中包含可再制造的废旧产品，从而导致最终进行再制造的废旧产品数量低于可再制造废旧产品的数量。本章应用 Stackelberg（斯坦克尔伯格）博弈理论，构建包含回收商和再制造商的博弈模型，研究再制造商负责拆解时再制造供应链产品定价策略。

要点 2：三级再制造供应链产品定价策略。在由回收商、拆解中心和再制造商构成的三级再制造供应链中，拆解中心独立于再制造商。回收商负责从顾客手中回收废旧产品并进行初步检测；拆解中心负责对来自回收商检测后的"可再制造产品"进行拆解；再制造商应用来自拆解中心的可再制造产品进行再制造，并将再制造产品投入消费市场。本章考虑三级再制造供应链中各成员利润最大化问题，以是否满足再制造商对可再制造废旧产品的需求量为前提，研究三级再制造供应链中多产品的定价策略，并给出再制造商与拆解中心、拆解中心与回收商之间的惩罚合约。

要点 3：考虑渠道检测质量的再制造供应链产品定价策略。此问题中，拆解中心隶属于再制造商。在具有回收检测误差的双渠道回收的再制造供应链中，通过线上回收渠道，再制造商自营回收处理中心回收废旧产品；在线下回收渠道中，第三方回收商负责回收废旧产品。回收后，回收处理中心和第三方回收商进行有误差的回收检测。本章考虑到两个渠道不同的检测误差率，研究第三方回收商、再制造商及其回收处理中心的最优定价策略。

2.1 二级再制造供应链产品定价策略

关于再制造供应链定价策略，较早的文献中，顾巧论等[1]运用博弈论方法研究了基于单一制造商和零售商构成的逆向供应链定价策略，并进一步分析比较了合作与非合作情况的最优定价策略。之后，顾巧论等[2]扩展了之前的研究，分析讨论了当废旧产品回收数量超过或低于需求底线时，制造商和零售商的定价策略。本节在这些研究的基础上，构建二级再制造供应链扩展模型，研究有检测误差的再制造供应链定价问题[3]。

在考虑了回收量的函数关系、再制造供应链中企业的设备问题、政府的引导作用等因素的对再制造供应链的研究中，孙浩和达庆利[4]研究由单一回收商和制造商构成的逆向供应链的定价策略和设施最优容量，其中回收量被设置成为回收价格的随机线性函数，且回收商或制造商的设施是有容量限制的；最后利用收入和费用共享契约进行再制造供应链的协调，这里关于现实状况的考虑是：设施的容量限制。王文宾等[5]考虑政府的引导作用，研究不同情形下的奖惩机制对于指导回收商提高回收量的有效性，这里关于现实状况的考虑是：政府的引导作用。郭军华等[6]基于顾客对新产品及再制造产品支付意愿的不一致，考虑新产品和再制造产品的替代关系，研究其定价策略及协调机制。孙多青和马晓英[7]研究多零售商参与的逆向供应链定价策略和利润分配问题，得出非合作与合作情形下各成员的最优定价策略，最后利用改进的 K-S 解法给出

---

① 顾巧论，高铁杠，石连栓. 基于博弈论的逆向供应链定价策略分析 [J]. 系统工程理论与实践，2005，25（3）：20-25.

② 顾巧论，季建华，高铁杠，等. 有固定需求底线的逆向供应链定价策略研究 [J]. 计算机集成制造系统，2005，11（12）：1751-1757.

③ 薛宁，顾巧论. 基于回收检测误差的逆向供应链定价策略分析 [J]. 天津职业技术师范大学学报，2017，27（3）：1-6.

④ 孙浩，达庆利. 随机回收和有限能力下逆向供应链定价及协调 [J]. 系统工程学报，2008，23（6）：720-726.

⑤ 王文宾，达庆利，孙浩. 再制造逆向供应链协调的奖励与奖惩机制设计 [J]. 中国管理科学，2009，17（5）：46-52.

⑥ 郭军华，李帮义，倪明. WTP 差异下再制造闭环供应链的定价策略与协调机制 [J]. 系统管理学报，2012，21（5）：617-624.

⑦ 孙多青，马晓英. 基于博弈论的多零售商参与下逆向供应链定价策略及利润分配 [J]. 计算机集成制造系统，2012，18（4）：867-874.

各成员利用贡献值来分配增加利润的方案。柳键等[①]考虑逆向供应链成员对公平性的关注行为，即公平关切，分别研究逆向供应链中回收商与制造商公平关切时的定价策略。王文宾等[②]考虑政府决策目标情形下的逆向供应链奖惩机制设计问题，通过建立模型求解得到政府奖惩力度的均衡解。刘枚莲和王媛媛[③]基于废旧电子产品回收质量的不确定性，研究逆向供应链系统的定价模型，其中该逆向供应链是由制造商、零售商和回收中心构成的。

以上文献应用博弈论的方法，以利润最大化或者社会效益最大化为目标，通过逆向归纳法求解最优定价，为本节的研究奠定了理论基础。

2.1.1 问题描述

本节所研究的二级再制造供应链模型结构如图 2.1 所示。

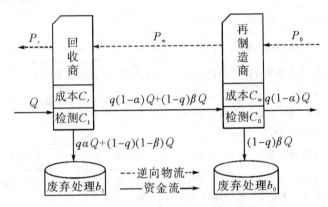

图 2.1 有回收检测误差的二级再制造供应链

由图 2.1 可知，有回收检测误差的二级再制造供应链的运作过程如下：

首先，回收商以特定的价格从消费者手中回收废旧产品，经检测后将"可再制造废旧产品"以一定价格卖给再制造商（产生的运输费用由回收商自己负责），对"不可再制造废旧产品"进行废弃处理。其次，再制造商对检测后的"可再制造废旧产品"进行拆解处理。拆解后即可确定是否能够进行再制造，同时对真正的不可再制造废旧产品进行废弃处理。（注：加引号的"可

① 柳键，张志坚，张诚. 基于公平关切的逆向供应链定价策略研究 [J]. 华东经济管理，2015，29（11）：167-172.
② 王文宾，张雨，范玲玲，等. 不同政府决策目标下逆向供应链的奖惩机制研究 [J]. 中国管理科学，2015（7）：68-76.
③ 刘枚莲，王媛媛. 回收质量不确定下的废旧电子产品三级逆向供应链定价模型研究 [J]. 工业技术经济，2016，35（4）：109-116.

再制造废旧产品"意思是经分类检测后，卖给再制造商的废旧产品中仍存在不可再制造的废旧产品；加引号的"不可再制造废旧产品"意思是经分类检测后，回收商进行废弃处理的废旧产品中仍存在可再制造的废旧产品）

本节在顾巧论等[①]研究的基础上，考虑回收检测误差，研究二级再制造供应链产品定价问题。为便于比较，本节采用文献中的符号含义。同时，因研究需要加入回收商的检测费用与废弃处理费用、再制造商的拆解费用与废弃处理费用，符号说明如表2.1所示。

表2.1 符号说明

符号	含义
P_0	利用废旧产品生产的再制造产品的单位销售价格（元/件），是确定的常量
C_0	再制造商拆解废旧产品的单位费用（元/件）
b_0	再制造商对拆解后不能进行再制造的废旧产品的单位处理费用
C_m	再制造商对废旧产品进行加工再制造的单位边际成本（元/件）
P_m	再制造商从回收商手中购置废旧产品的单位价格，是再制造商的决策变量，同时也是回收商处废旧产品的单位销售价格（元/件），$0 < P_m \leqslant P_0 - C_m - C_0$
C_r	回收商的单位边际运营成本（包括库存费、运输费）（元/件）
P_r	回收商从消费者处回收废旧产品的单位价格（元/件），是回收商的决策变量。其中，r 是回收商的减价率，$P_r = (1 - r) P_m$
C_1	回收商对废旧产品进行检测的单位费用（元/件）
b_1	回收商检测后，对"不可再制造"的废旧产品的单位处理费用（元/件）
q	回收商从消费者手中所回收的废旧产品中，可进行再制造的废旧产品所占的比例，即可再制造率
α	回收商将可再制造废旧产品检测为不可再制造废旧产品的比例，即回收检测误差Ⅱ，$0 < \alpha < 1$
β	回收商将不可再制造的产品检测为可再制造产品的比例，即回收检测误差Ⅰ，$0 < \beta < 1$
D	废旧产品的市场拥有量

---

① 顾巧论，高铁杠，石连栓. 基于博弈论的逆向供应链定价策略分析 [J]. 系统工程理论与实践，2005，25（3）：20-25.

表2.1(续)

符号	含义
Q	当单位回收价格为 P_r 时废旧产品的回收量。依假设：$Q = f(P_r) = d(P_r)^k$，$d > 0$，$0 < k < 1$。这里，d 是换算常数，k 为价格弹性，$Q \leqslant D$
π_m	再制造商的利润
π_r	回收商的利润
π	有回收检测误差的再制造供应链系统的总利润，$\pi = \pi_m + \pi_r$

根据表 2.1 的符号说明以及后续研究的需要，本书给出如下假设：

（1）回收商和再制造商均为独立的决策者，其中再制造商为 Stackelberg 模型中的领导者，回收商为跟随者。

（2）回收的废旧产品中可进行再制造的废旧产品要远远多于不可进行再制造的废旧产品。

（3）再制造产品的利润远远大于再制造供应链运作所产生的成本，否则利润受影响，再制造供应链系统无法正常运转。

2.1.2 模型构建与最优定价决策

2.1.2.1 模型构建

根据回收检测误差的影响，再制造商对回收的产品拆解后，进行加工处理形成再制造产品或者做废弃处理。依据前面符号说明和假设，容易得出式（2.1）和式（2.2）所示的再制造商和回收商的利润函数，以及式（2.3）所示的再制造供应链总体利润函数，即，对于给定的回收价格 P_m 和 P_r，有：

$$\pi_m = \{(P_0 - C_m)\, q(1-\alpha) - b_0(1-q)\beta - (P_m + C_0)\,[q(1-\alpha) + (1-q)\beta]\,\} f[(1-r)P_m] \tag{2.1}$$

$$\pi_r = \{(P_m - C_r)\,[q(1-\alpha) + (1-q)\beta] - (1-r)P_m - C_1 - b_1[q\alpha + (1-q)(1-\beta)]\,\} f[(1-r)P_m] \tag{2.2}$$

$$\pi = \pi_m + \pi_r = \{(P_0 - C_m)\, q(1-\alpha) - (C_0 + C_r)\,[q(1-\alpha) + (1-q)\beta] - (P_r + C_1) - b_0(1-q)\beta - b_1[q\alpha + (1-q)(1-\beta)]\,\} f[(1-r)P_m] \tag{2.3}$$

为方便书写，本节中设定 $A = q(1-\alpha) + (1-q)\beta$，$B = q\alpha + (1-q)(1-\beta)$。

命题 2.1 在其他条件不变的情况下，当

$$0 < P_m < \frac{(P_0 - C_m)\, q(1-\alpha) - b_0(1-q)\,\beta - C_0 A}{A},$$

$$1 - \frac{(P_m - C_r)\, A - C_1 - b_1 B}{P_m} < r < 1 - \frac{(k-1)\,[(P_m - C_r)\, A - C_1 - b_1 B]}{(k+1)\, P_m}$$ 时，

（Ⅰ）π_m 是关于 P_m 的凹函数；（Ⅱ）π_r 是关于 r 的凹函数。用 F 来表示该条件下的定价策略集合。

证明：

（Ⅰ）由式（2.1）可知，

当 $0 < P_m < \dfrac{(P_0 - C_m)\, q(1-\alpha) - b_0(1-q)\,\beta - C_0 A}{A}$ 时，

$$\frac{\partial \pi_m}{\partial P_m} = d(1-r)^k P_m^{k-1}\{-A P_m + k[(P_0 - C_m)\, q(1-\alpha) - b_0(1-q)\,\beta - (P_m + C_0) A]\}$$

$$\frac{\partial^2 \pi_m}{\partial P_m^2} = d(1-r)^k P_m^{k-2}\{-2Ak P_m + k(k-1)[(P_0 - C_m)\, q(1-\alpha) - b_0(1-q)\,\beta - (P_m + C_0) A]\} < 0$$

所以，π_m 是关于 P_m 的凹函数。

（Ⅱ）由式（2.2）可知，当

$$1 - \frac{(P_m - C_r)\, A - C_1 - b_1 B}{P_m} < r < 1 - \frac{(k-1)[(P_m - C_r)\, A - C_1 - b_1 B]}{(k+1)\, P_m}$$ 时，

$$\frac{\partial \pi_r}{\partial r} = d(1-r)^{k-1} P_m^k\{(1-r) P_m - k[(P_m - C_r)\, A - (1-r) P_m - C_1 - b_1 B]\}$$

$$\frac{\partial^2 \pi_r}{\partial r^2} = dk(1-r)^{k-2} P_m^k\{-2(1-r) P_m + (k-1)[(P_m - C_r)\, A - (1-r) P_m - C_1 - b_1 B]\} < 0$$

所以，π_r 是关于 r 的凹函数。

2.1.2.2 最优定价决策

回收商、再制造商都追求自身利益的最大化，因此本书建立以再制造商为主导而回收商跟随的一个博弈模型，该模型的解被称作 Stackelberg 均衡。该博弈中，首先由再制造商根据市场信息确定自己的回收价格 P_m 与销售价格 P_0；然后，回收商根据再制造商给出的回收价格 P_m，确定自己的回收价格 P_r。

为了得到 Stackelberg 均衡，通过逆向归纳法，应首先求出该博弈中回收商的反应函数。由命题 2.1 可知，当 $(P_m, r) \in F$ 时，π_r 是关于 r 的凹函数。因此，由 $\partial \pi_r / \partial r = 0$，可以求得回收商决策变量 r 的最优值。

即由

$$\frac{\partial \pi_r}{\partial r} = d (1-r)^{k-1} P_m^k \{ (1-r) P_m - k [(P_m - C_r) A - (1-r) P_m - C_1 - b_1 B] \} = 0 \qquad (2.4)$$

得

$$r = 1 - \frac{k [(P_m - C_r) A - C_1 - b_1 B]}{(k+1) P_m} \qquad (2.5)$$

式（2.5）得到了当再制造商的回收价格 P_m 确定时，回收商的最优决策。这是回收商对再制造商的回收价格策略的反应，故称为回收商的反应函数（或反应曲线）。将式（2.5）带入 π_m，得到：

$$\pi_m = \frac{d k^k}{(k+1)^k} [(P_m - C_r) A - C_1 - b_1 B]^k [(P_0 - C_m) q (1-\alpha) - b_0 (1-q) \beta - (P_m + C_0) A] \qquad (2.6)$$

$$\frac{\partial \pi_m}{\partial P_m} = d \left(\frac{k}{k+1} \right)^k A [(P_m - C_r) A - C_1 - b_1 B]^{k-1} \{ (P_m - C_r) A - C_1 - b_1 B - k [(P_0 - C_m) q (1-\alpha) - b_0 (1-q) \beta - (P_m + C_0) A] \} = 0 \qquad (2.7)$$

由式（2.7）得到：

$$P_m^{**} = \frac{k [(P_0 - C_m) q (1-\alpha) - b_0 (1-q) \beta - C_0 A] + C_r A + C_1 + b_1 B}{(k+1) A} \qquad (2.8)$$

因此，Stackelberg 均衡为

$$(P_m^{**}, r^{**})$$
$$= \frac{k [(P_0 - C_m) q (1-\alpha) - b_0 (1-q) \beta - C_0 A] + C_r A + C_1 + b_1 B}{(k+1) A},$$
$$1 - \frac{k^2 A [(P_0 - C_m) q (1-\alpha) - b_0 (1-q) \beta - C_0 A - C_r A - C_1 - b_1 B]}{(k+1) \{ k [(P_0 - C_m) q (1-\alpha) - b_0 (1-q) \beta - C_0 A] + C_r A + C_1 + b_1 B \}} \qquad (2.9)$$

于是得出：

式（2.9）是再制造商与回收商非合作博弈的决策方式下二者的最优定价策略。

用 π_m^{**}、π_r^{**}、P_r^{**} 及 π^{**} 分别表示在该最优定价策略下，再制造商的利润、回收商的利润、回收商的回收价格及该再制造供应链总体利润，则：

$$\pi_m^{**} = d \frac{k^{2k} [(P_0 - C_m) q (1-\alpha) - b_0 (1-q) \beta - C_0 A - C_r A - C_1 - b_1 B]^{k+1}}{(k+1)^{2k+1}} \qquad (2.10)$$

$$\pi_r^{**} = d\,\frac{k^{2k+1}\left[(P_0-C_m)\,q(1-\alpha)-b_0(1-q)\,\beta-C_0A-C_rA-C_1-b_1B\right]^{k+1}}{(k+1)^{2k+2}} \quad (2.11)$$

$$P_r^{**} = \frac{k^2\left[(P_0-C_m)\,q(1-\alpha)-b_0(1-q)\,\beta-C_0A-C_rA-C_1-b_1B\right]}{(k+1)^2}$$

$$(2.12)$$

$$\pi^{**} = \pi_m^{**} + \pi_r^{**} \quad (2.13)$$

结论 2.1 在其他条件不变的情况下，回收商的回收价格 P_r^{**} 以及回收商与再制造商的利润 π_r^{**}、π_m^{**} 都随着检测误差 α 的减小而增加，且 π_r^{**}、π_m^{**} 的增加速度是逐渐加快的；同样，在其他条件不变的情况下，回收商的回收价格 P_r^{**} 以及回收商与再制造商的利润 π_r^{**}、π_m^{**} 也都随着检测误差率 β 的减小而增加，只是增加速度远小于前者。

证明：

[为方便书写令 $M = (P_0-C_m)\,q(1-\alpha)-b_0(1-q)\,\beta-C_0A-C_rA-C_1-b_1B$]

首先，式（2.10）、式（2.11）两边同时对 α 求一阶、二阶偏导数，式（2.12）对 α 求一阶偏导数，得到：

$$\frac{\partial \pi_m^{**}}{\partial \alpha} = d\,\frac{k^{2k}(k+1)\,M^k q}{(k+1)^{2k+1}}\left[-(P_0-C_m)+C_0+C_r-b_1\right] < 0,$$

$$\frac{\partial \pi_r^{**}}{\partial \alpha} = d\,\frac{k^{2k+1}(k+1)\,M^k q}{(k+1)^{2k+2}}\left[-(P_0-C_m)+C_0+C_r-b_1\right] < 0,$$

$$\frac{\partial P_r^{**}}{\partial \alpha} = \frac{k^2}{(k+1)^2}\left[-(P_0-C_m)+C_0+C_r-b_1\right] < 0,$$

$$\frac{\partial^2 \pi_m^{**}}{\partial \alpha^2} = d\,\frac{k^{2k}(k+1)\,kM^{k-1}q}{(k+1)^{2k+1}}\left[-(P_0-C_m)+C_0+C_r-b_1\right]^2 > 0,$$

$$\frac{\partial^2 \pi_r^{**}}{\partial \alpha^2} = d\,\frac{k^{2k+1}(k+1)\,kM^{k-1}q}{(k+1)^{2k+2}}\left[-(P_0-C_m)+C_0+C_r-b_1\right]^2 > 0.$$

然后，式（2.10）、式（2.11）两边同时对 β 求一阶、二阶偏导数，式（2.12）对 β 求一阶偏导数，得到：

$$\frac{\partial \pi_m^{**}}{\partial \beta} = d\,\frac{k^{2k}(k+1)\,M^k(1-q)}{(k+1)^{2k+1}}\left[-b_0-C_0-C_r+b_1\right] < 0,$$

$$\frac{\partial \pi_r^{**}}{\partial \beta} = d\,\frac{k^{2k+1}(k+1)\,M^k(1-q)}{(k+1)^{2k+2}}\left[-b_0-C_0-C_r+b_1\right] < 0,$$

$$\frac{\partial P_r^{**}}{\partial \beta} = \frac{k^2}{(k+1)^2}[-b_0 - C_0 - C_r + b_1] < 0,$$

$$\frac{\partial^2 \pi_m^{**}}{\partial \beta^2} = d\frac{k^{2k}(k+1)kM^{k-1}(1-q)}{(k+1)^{2k+1}}[-b_0 - C_0 - C_r + b_1]^2 > 0,$$

$$\frac{\partial^2 \pi_r^{**}}{\partial \beta^2} = d\frac{k^{2k+1}(k+1)kM^{k-1}(1-q)}{(k+1)^{2k+2}}[-b_0 - C_0 - C_r + b_1]^2 > 0.$$

在实际运作中，为了获取利润，再制造产品销售价格 P_0 要远远大于再制造过程所产生的总成本，包括 C_m、C_0、C_r 等，即 $-(P_0 - C_m) + C_0 + C_r - b_1 < 0$。拆解费用 C_0 和运营成本 C_r 之和远远大于废弃处理的费用 b_0 与 b_1 之和，即 $-b_0 - C_0 - C_r + b_1 < 0$。

综上，结论 2.1 得证。

回收商将不可再制造废旧产品误检为"可再制造废旧产品"的回收检测误差率 β 与成本 b_0、b_1、C_0、C_r 成正相关关系，即 β 越小所产生的这些运营成本越小，此时回收价格 P_r^{**} 就越高，使得回收数量 Q^{**} 升高，因此各方利润就越大；而回收商将可再制造产品误检为"不可再制造产品"的回收检测误差率 α 与再制造品利润 $P_0 - C_m$ 及成本 C_0、C_r 为负相关关系，即 α 越小则回收价格 P_r^{**} 就越高，使得回收数量 Q^{**} 升高，因此各方利润就越大，这与 β 所产生的作用是相同的。然而 $P_0 - C_m$ 的差值要远大于成本 b_0、b_1、C_0、C_r 之和，所以 α 的灵敏度要高于 β 的灵敏度，反映在变化速度上就是：由于检测误差率 α 降低，π_r^{**}、π_m^{**} 利润增加的速度要远大于由检测误差率 β 降低引起的 π_r^{**}、π_m^{**} 利润增加的速度，即当回收商在检测技术升级难度的约束以及有限的资源配置下，应尽可能降低检测误差率 α，这样可以使利润有更大的提升。这也能从上述 π_r^{**}、π_m^{**} 关于 α、β 的二阶导数的大小得出。

2.1.3　二级再制造供应链中检测误差率影响分析

2.1.3.1　回收检测误差率 α 对回收价格、回收数量以及利润的影响

在分析回收检测误差率 α 对回收价格、回收数量以及利润的影响时，本书将参数设置为：$\beta = 0\%$，$q = 90\%$，$P_0 = 800$，$C_m = 190$，$C_r = 10$，$k = 0.9$，$d = 100$，$C_0 = 120$，$b_0 = 20$，$b_1 = 20$，$C_1 = 10$。回收检测误差率 α 对回收商的废旧产品回收价格、回收数量以及再制造供应链中各方利润的影响依次如图 2.2、图 2.3、图 2.4 所示。

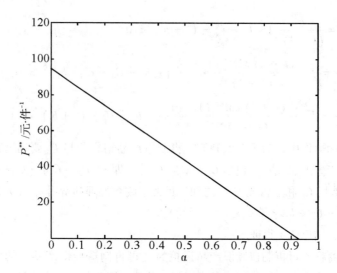

图 2.2　α 对废旧产品回收价格的影响

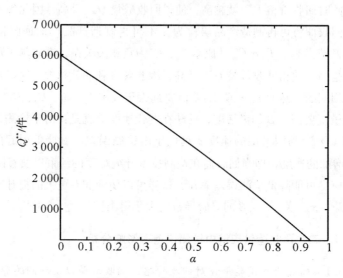

图 2.3　α 对回收数量的影响

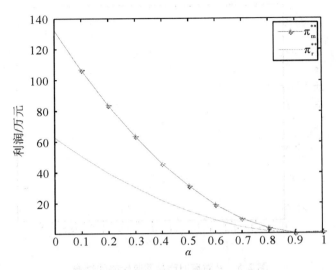

图 2.4 α 对再制造供应链利润的影响

从图 2.2、图 2.3 和图 2.4 可以看出，在由单一再制造商和单一回收商构成的再制造供应链中，在 Stackelberg 均衡决策下，可再制造废旧产品被误检为"不可再制造废旧产品"的回收检测误差率 α 越低，回收商的废旧产品回收价格与回收数量就越高（见图 2.2 和图 2.3），再制造商与回收商的利润越高（见图 2.4）。特别地，当 $\alpha \approx 0.933\,3$ 时，回收价格与回收数量为零，再制造商与回收商的利润为零。

2.1.3.2   回收检测误差率 β 对回收价格、回收数量以及利润的影响

为分析回收检测误差率 β 对回收价格、回收数量以及利润的影响，本书设置参数为：$\alpha = 0\%$，$q = 90\%$，$P_0 = 800$，$C_m = 190$，$C_r = 10$，$k = 0.9$，$d = 100$，$C_0 = 120$，$b_0 = 20$，$b_1 = 20$，$C_1 = 10$。回收检测误差率 β 对回收商的废旧产品回收价格、回收数量以及再制造供应链中各方利润的影响依次如图 2.5、图 2.6、图 2.7 所示。

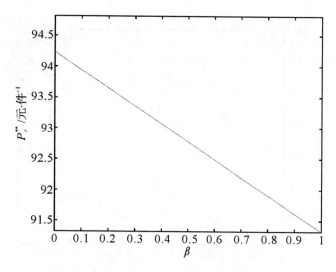

图2.5 β对废旧产品回收价格的影响

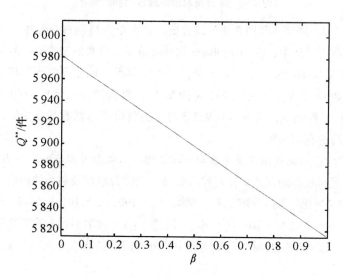

图2.6 β对回收数量的影响

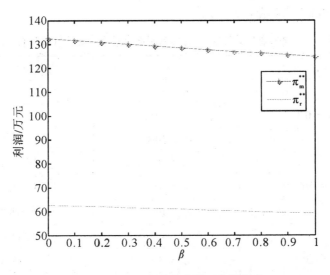

图 2.7　β 对再制造供应链利润的影响

　　由图 2.5、图 2.6 和图 2.7 可以看出，在由单一再制造商和单一回收商构成的再制造供应链中，在 Stackelberg 均衡决策下，不可再制造废旧产品被误检为"可再制造废旧产品"的回收检测误差率 β 越低，回收商的废旧产品回收价格与回收数量就越高（见图 2.5 和图 2.6），再制造商与回收商的利润越高（见图 2.7）。但是，对比图 2.2、图 2.3 和图 2.4 的纵轴可以看出，在当前参数设置中回收检测误差率 β 的变化使得回收价格、回收数量以及利润的波动幅度要远远小于回收检测误差率 α 所造成的波动，即回收检测误差率 α 相对 β 来说对再制造供应链系统具有更高的敏感性。同时，在条件不变的情况下，即使 β 为 1，再制造供应链仍旧有利可图，这是与 α 相比差别最大的一点，因为 β 是与不可再制造率（$1-q$）相关联的一种误差。

　　2.1.3.3　回收检测误差率 α、β 对再制造供应链的额外拆解费用的影响

　　拆解费用是再制造商对废旧产品进行再制造所产生的必要的费用。随着回收的可再制造废旧产品数量的增多，拆解费用会升高，这是必然的。然而，额外拆解费则不同。额外拆解费是指回收商的回收检测误差，使得不可再制造的废旧产品被当作"可再制造废旧产品"被拆解，从而造成无谓的浪费所产生的拆解费用，其中额外拆解费可由公式 $C_0(1-q)\beta d(P_r^{**})^k$ 计算得出。

　　为分析回收检测误差率 α、β 对再制造供应链的额外拆解费的影响，本书将相关参数设置为：$q=90\%$，$P_0=800$，$C_m=240$，$C_r=30$，$k=0.8$，$d=100$，$b_0=40$，$C_0=20$，$b_1=35$，$C_1=15$。回收检测误差率 α、β 对再制造供应链的额

外拆解费用的影响如表 2.2 所示。

表 2.2　回收检测误差率 α、β 对再制造供应链的额外拆解费的影响

β	α	额外拆解费/元
$\beta = 0\%$	$\alpha = 0\%$	0
	$\alpha = 5\%$	0
	$\alpha = 10\%$	0
$\beta = 10\%$	$\alpha = 0\%$	4 342.9
	$\alpha = 5\%$	4 127.8
	$\alpha = 10\%$	3 909.8
$\beta = 20\%$	$\alpha = 0\%$	8 547.8
	$\alpha = 5\%$	8 115.8
	$\alpha = 10\%$	7 678.0
$\beta = 30\%$	$\alpha = 0\%$	12 614
	$\alpha = 5\%$	11 963
	$\alpha = 10\%$	11 304

由表 2.2 可以看出，在由单一再制造商和单一回收商构成的再制造供应链中，Stackelberg 均衡决策的结果如下：

（1）对比相同回收检测误差率 α 下 $\beta = 0\%$、10%、20%、30% 时的总拆解费用，不可再制造废旧产品被误检为"可再制造废旧产品"的回收检测误差率 β 越高，再制造供应链的额外拆解费用越高。

（2）当 $\beta = 0\%$ 时，无论 α 为多少，不产生额外拆解费。

（3）对比相同回收检测误差率 $\beta(\neq 0\%)$ 下 $\alpha = 0\%$、5%、10% 时的额外拆解费用，可再制造废旧产品被误检为"不可再制造废旧产品"的回收检测误差 α 越低，再制造供应链的额外拆解费越高。因为随着 α 的降低，废旧产品总回收量提高（见图 2.3），在 β 不变的条件下，不可再制造产品被误检为"可再制造产品"的数量提高了。

其中，结果（3）只是提供一种解释。事实上在其他条件不变的情况下，随着 α 的降低，虽然额外拆解费用上升，但是随之上升的利润仍要多于上升的额外拆解费。

2.2　三级再制造供应链产品定价策略

关于废旧产品回收检测误差的研究，经历了两个阶段：第一阶段是废旧产品回收分类研究，其中基本不涉及检测误差（或者说分类误差），主要涉及的因素是再制造率；第二阶段是废旧产品回收检测误差研究。前者是后者的基础，后者是前者的延伸和发展。

第一阶段，最早是 Blackburn 等[①]针对大量商业退货产品，基于时间竞争和反应速度竞争，研究通过重新设计逆向供应链来提高其反应速度、降低时间延迟对废旧产品的影响。结果表明，对于短生命周期的废旧产品来说，提高逆向供应链的反应速度可以极大提高其经济价值。Galbreth 和 Blackburn[②] 基于废旧产品质量的高度不确定性，分析得到了确定需求和随机需求时再制造商关于废旧产品的最优回收量和分类策略（再制造或者废弃处理），其假设分类策略没有误差。之后，Galbreth 和 Blackburn[③] 又扩展了该研究，针对废旧产品的质量状况不确定，研究得到再制造商的最优回收量。Zikopoulos 和 Tagaras[④] 研究由两个回收商和一个再制造商构成的单周期逆向供应链中废旧产品质量的不确定性是如何影响其收益的，证明关于再制造的期望收益函数有唯一最优决策，并且证明在该决策下只从单个回收商处回收废旧产品是最优的。Teunter 和 Flapper[⑤] 基于废旧产品质量分别研究确定性需求和不确定性需求时的最优获取量与再制造决策。

第二阶段最初的研究者 Zikopoulos 和 Tagaras[⑥] 研究二级逆向供应链中，在

① BLACKBURN J D, GUIDE V D R, SOUZA G C, et al. Reverse supply chains for commercial returns [J]. California management review, 2004, 46 (2): 6-22.

② GALBRETH M R, BLACKBURN J D. Optimal acquisition and sorting policies for remanufacturing [J]. Production & operations management, 2006, 15 (3): 384-392.

③ GALBRETH M R, BLACKBURN J D. Optimal acquisition quantities in remanufacturing with condition uncertainty [J]. Production & operations management, 2010, 19 (1): 61-69.

④ ZIKOPOULOS C, TAGARAS G. Impact of uncertainty in the quality of returns on the profitability of a single-period refurbishing operation [J]. European journal of operational research, 2007, 182 (1): 205-225.

⑤ TEUNTER R H, FLAPPER S D P. Optimal core acquisition and remanufacturing policies under uncertain core quality fractions [J]. European journal of operational research, 2011, 210 (2): 241-248.

⑥ ZIKOPOULOS C, TAGARAS G. On the attractiveness of sorting before disassembly in remanufacturing [J]. IIE transactions, 2008, 40 (3): 313-323.

拆解和再制造之前基于有限准确性的分类对整个逆向供应链的影响。结果表明，对废旧产品分类的经济性，受到运输费用、废旧产品处理费用、拆解费用、检测分类费用、检测分类准确性及回收的废旧产品质量的影响。接着 Wassenhove 和 Zikopoulos[1] 以 ReCellular 公司移动手机的质量分类标准为例，研究由一个再制造商和多个回收商构成的逆向供应链，即在高估废旧产品质量的前提下，研究这些分类检测误差（回收检测误差）是如何影响再制造商的最优回收决策以及在单周期情形下如何影响收益的，该研究基于确定性需求和随机需求。Gu 和 Tagaras[2] 基于博弈论研究误差分类（检测误差）的情况，分别在确定性需求以及随机需求时，逆向供应链的最优回收数量和再制造决策。之后，Gu 和 Gao[3] 针对降低检测误差率是否有价值进行研究。他们利用系统动力学模型，设计三种仿真策略，并就有检测误差率的逆向供应链和这三种策略进行分析。仿真结果表明，研究所设计的方案和深入的分析，可以优化检测误差率和逆向供应链成员的平均收益，并且这些优化的结果可以帮助回收商和再制造商做出有益的决策。

本节在已有研究的基础上，考虑回收商分类检测信息存在误差，构建由单一回收商、拆解中心和再制造商组成的三级再制造供应链，以是否满足再制造商可再制造废旧产品需求量为条件，通过再制造商与拆解中心之间的惩罚合约及拆解中心和回收商之间的惩罚合约，研究回收检测误差对再制造供应链定价策略的影响[4]。

2.2.1　问题描述

本节所研究的由单一的回收商、拆解中心和再制造商构成的三级再制造供应链结构如图 2.8 所示，其运作过程如下所述。

由图 2.8 可知，有回收检测误差的三级再制造供应链运作过程：回收商负责从顾客手中回收废旧产品，经检测后将"可再制造的废旧产品"运至拆解

①　WASSENHOVE L N V, ZIKOPOULOS C. On the effect of quality overestimation in remanufacturing [J]. International journal of production research, 2010, 48 (18): 5263-5280.

②　GU Q L, TAGARAS G. Optimal collection and remanufacturing decisions in reverse supply chains with collector's imperfect sorting [J]. International journal of production research, 2014, 52 (17): 5155-5170.

③　GU Q L, GAO T G. IERs in reverse supply chain: be worth lowering or not [J]. Computers & industrial engineering, 2017, 111: 289-302.

④　顾巧论, 薛宁. 有检测误差的双合约逆向供应链定价策略研究 [J]. 天津职业技术师范大学学报, 2017, 27 (2): 1-7.

中心，而对"不可再制造的废旧产品"进行废弃处理；拆解中心负责对"可再制造的废旧产品"进行拆解，并将真正的可再制造的废旧产品运至再制造商；再制造商负责对可再制造的废旧产品进行再制造，然后将其投入市场中。

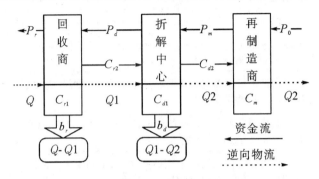

图 2.8　有回收检测误差的三级再制造供应链

用 π_r、π_d、π_m 和 π 分别代表回收商的利润、拆解中心的利润、再制造商的利润和系统总利润。本节中拆解中心是作为独立的决策单元。虽然部分符号与本章第一节相同，但是其内在含义已发生变化。因此，在本节中依然把所有符号说明列出。其中包含与第一节相似的符号含义，以及拆解中心独立之后又衍生出的新的符号含义，符号说明见表 2.3。

表 2.3　符号说明

符号	含义
P_0	再制造产品的单位销售价格，为已知量，其中 $P_0 \geqslant P_m + C_m$
P_m	再制造商从拆解中心处购置废旧产品的单位价格，是再制造中心的决策变量
P_r	回收商从消费者手中回收的废旧产品的单位价格，是回收商的决策变量，其中 $P_r = (1 - \lambda_1) P_d$，$\lambda_1$ 为回收商的减价率，$0 < \lambda_1 < 1$
P_d	拆解中心从回收商处回收废旧产品的单位价格，是拆解中心的决策变量，其中 $P_d = (1 - \lambda_2) P_m$，$\lambda_2$ 为拆解中心的减价率，$0 < \lambda_2 < 1$
C_{r1}	回收商检测废旧产品的单位费用（区分出回收的废旧产品是否可进行再制造），为已知量
C_{r2}	回收商的单位运营费（如运输费用），为已知量
C_{d1}	拆解中心拆解废旧产品的单位费用，为已知量
C_{d2}	拆解中心的单位运营费（如运输费用），为已知量

表2.3(续)

符号	含义
C_m	再制造商对废旧产品进行再制造的单位成本，为已知量
q	回收商所回收的废旧产品中，可进行再制造的废旧产品的比例
α	回收商把可再制造的废旧产品检测为"不可再制造的废旧产品"的比例（回收检测误差Ⅰ）
β	回收商把不可再制造的废旧产品检测为"可再制造的废旧产品"的比例（回收检测误差Ⅱ）
Q	回收商从消费者手中回收的废旧产品的数量，$Q = d\,(P_r)^k$，其中$d > 0, 0 < k < 1$，皆为常量
Q_1	经回收商分类检测后，运至拆解中心的废旧产品的数量，其中$Q_1 = [q(1-\alpha) + (1-q)\beta]\,Q$
Q_2	拆解中心将废旧产品拆解后，运至再制造商的可再制造的废旧产品的数量，其中$Q_2 = q(1-\alpha)\,Q$
b_r	回收商对检测出的"不可再制造的废旧产品"（加引号代表这里的"不可再制造的废旧产品"中包含能够进行再制造的废旧产品，因为回收商的检测存在误差）的单位处理费用
b_d	拆解中心对不可再制造的废旧产品的单位处理费用

研究的基本假设为：

（1）回收商、拆解中心、再制造商皆是独立的决策者，它们的目标是各自的利润达到最大化。

（2）再制造产品的需求量为D，为确定常量。

（3）再制造商是Stackelberg领导者，拆解中心是次级领导者，回收商是跟随者。

（4）双合约，即当拆解中心运至再制造商处的废旧产品不能满足D时，再制造商将产生单位缺货损失费用P_s，总计$P_s[D - q(1-\alpha)\,Q]$。此时再制造商可以选择对拆解中心进行惩罚，拆解中心需要支付给再制造商一笔惩罚费用，即单位惩罚费用P_c，总计$P_c[D - q(1-\alpha)\,Q]$。同理回收商也会因此支付给拆解中心一笔惩罚费用，即单位惩罚费用P_h，总计$P_h[D - q(1-\alpha)\,Q]$，且$P_s > P_c > P_h$。若再制造商选择不惩罚，则拆解中心和回收商无须支付惩罚费用。

2.2.2 模型构建与最优定价决策

根据基本假设可知，该再制造供应链中的成员进行定价决策时，以各自利润最大化为目标。然而，由于回收检测误差的存在，最终的再制造产品有可能不满足市场需求量 D。因此，为提高系统利润，减少资源浪费，应设定惩罚合约激励回收商进行努力，以降低检测误差。在本节后续研究中，$M = C_{r2}A + C_{r1} + b_r B$；$N = C_{d2}q(1-\alpha) + C_{d1}A + b_d(1-q)\beta$。

2.2.2.1 不满足再制造产品需求量的再制造供应链定价决策

（1）再制造商选择惩罚。

用带有"Y"的上标来表示再制造选择惩罚时的各方利润与最优解，于是再制造商利润的目标函数为

$$\pi_m^Y = (P_0 - P_m - C_m) q(1-\alpha) Q + P_c [D - q(1-\alpha) Q] - P_s [D - q(1-\alpha) Q]$$
$$= (P_0 - P_m - C_m - P_c + P_s) q(1-\alpha) d (1-\lambda_1)^k (1-\lambda_2)^k P_m^k + (P_c - P_s) D \quad (2.14)$$

拆解中心利润的目标函数为

$$\pi_d^Y = [(P_m - C_{d2}) q(1-\alpha) - C_{d1}A - b_d(1-q)\beta - P_d A] Q + (P_h - P_c) [D - q(1-\alpha) Q]$$
$$= [(P_m - C_{d2} - P_h + P_c) q(1-\alpha) - C_{d1}A - b_d(1-q)\beta -$$
$$(1-\lambda_2) P_m A] d (1-\lambda_1)^k (1-\lambda_2)^k P_m^k + (P_h - P_c) D \quad (2.15)$$

回收商利润的目标函数为

$$\pi_r^Y = [(P_d - C_{r2}) A - (P_r + C_{r1}) - b_r B] Q - P_h [D - q(1-\alpha) Q]$$
$$= [(1-\lambda_2) P_m A - C_{r2}A - C_{r1} - (1-\lambda_1)(1-\lambda_2) P_m - b_r B +$$
$$P_h q(1-\alpha)] d (1-\lambda_1)^k (1-\lambda_2)^k P_m^k - P_h D \quad (2.16)$$

引理 2.2 若再制造产品数量不满足 D 且再制造商选择惩罚，则当下列条件

$$\frac{(k-1)(P_0 - C_m - P_c + P_s)}{k+1} < P_m < P_0 - C_m - P_c + P_s,$$

$$1 - \frac{[(1-\lambda_2) P_m - C_{r2}] A - C_{r1} - b_r B + P_h (1-q)\alpha}{(1-\lambda_2) P_m} <$$

$$\lambda_1 < 1 - \frac{(k-1)\{[(1-\lambda_2) P_m - C_{r2}] A - C_{r1} - b_r B + P_h (1-q)\alpha\}}{(k+1)(1-\lambda_2) P_m},$$

$$1 - \frac{(P_m - C_{d2}) q(1-\alpha) - C_{d1}A - b_d(1-q)\beta + (P_c - P_h)(1-q)\alpha}{A P_m} <$$

$$\lambda_2 < 1 - \frac{(k-1)[(P_m - C_{d2}) q(1-\alpha) - C_{d1}A - b_d(1-q)\beta + (P_c - P_h)(1-q)\alpha]}{(k+1) A P_m}$$

满足时，π_m^Y 是关于 P_m 的凹函数；π_r^Y 是关于 λ_1 的凹函数；π_d^Y 是关于 λ_2 的凹

函数。用 $F1$ 来表示该条件下的定价策略集合。

证明：当再制造产品数量不满足 D 且再制造商选择惩罚时，

首先，再制造商作为再制造供应链的主导者，其目标是使自身的利润最大化。

由式（2.14）得：

$$P_0 - P_m - C_m - P_c + P_s > 0$$

化简，得：

$$P_m < P_0 - C_m - P_c + P_s$$

其次，由 π_m^Y 是关于 P_m 的凹函数得：

$$(\partial \pi_m^Y)^2 / \partial P_m^2 < 0,$$

化简，得：

$$P_m > \frac{(k-1)(P_0 - C_m - P_c + P_s)}{k+1}$$

同理可得 λ_1、λ_2 的约束范围。

为得到 Stackelberg 均衡，应首先求出第三阶段的反应函数。由引理 2.2 可知，当 $(P_m, \lambda_1, \lambda_2) \in F1$ 时，π_r^Y 是关于 λ_1 的凹函数，因此回收商的边际利润率最优值可以由一阶条件 $\partial \pi_r^Y / \partial \lambda_1 = 0$ 可以得到，即：

$$\frac{\partial \pi_r^Y}{\partial \lambda_1} = d(1-\lambda_1)^{k-1}(1-\lambda_2)^k P_m^k \{(1-\lambda_1)(1-\lambda_2)P_m -$$

$$k[(1-\lambda_2)P_m A - C_{r2} A - b_r B - (1-\lambda_1)(1-\lambda_2)P_m - C_{r1}]\} = 0$$

化简得：

$$\lambda_1 = 1 - \frac{k[(1-\lambda_2)P_m A - M + P_h q(1-\alpha)]}{(k+1)(1-\lambda_2)P_m} \tag{2.17}$$

此时，将式（2.17）的值代入式（2.15）中。由第二阶段拆解中心的最优化一阶条件 $\partial \pi_d^Y / \partial \lambda_2 = 0$ 可得最优解，即：

$$\frac{\partial \pi_d^Y}{\partial \lambda_2} = d \frac{k^k P_m A}{(k+1)^k} [(1-\lambda_2)P_m A - C_{r2} A - C_{r1} - b_r B]^{k-1}$$

$$\{[(1-\lambda_2)P_m - C_{r2}]A - C_{r1} - b_r B + P_h q(1-\alpha) -$$

$$k[(P_m - C_{d2})q(1-\alpha) - C_{d1} A - b_d(1-q)\beta - (1-\lambda_2)P_m A - (P_h - P_c)q(1-\alpha)]\} = 0$$

化简得：

$$\lambda_2 = 1 - \frac{M - P_h q(1-\alpha) + k[P_m q(1-\alpha) - N - (P_h - P_c)q(1-\alpha)]}{(k+1)P_m A} \tag{2.18}$$

最后，将式（2.17）、式（2.18）同时代入式（2.14）中，由再制造商的

最优化一阶条件 $\partial \pi_m^Y / \partial P_m = 0$ 可得最优解，即：

$$\frac{\partial \pi_m^Y}{\partial P_m} = d \frac{k^{2k}}{(k+1)^{2k}} q(1-\alpha) \ [(P_m - C_{d2} - C_{d1}) q(1-\alpha) - (C_{d1} + b_d)(1-q)\beta -$$
$$C_{r2}A - C_{r1} - b_r B + P_c q(1-\alpha)]^{k-1} [k(P_0 - P_m - C_m - P_c + P_s) q(1-\alpha) -$$
$$(P_m + P_c - C_{d2} - C_{d1}) q(1-\alpha) + b_r B + (C_{d1} + b_d)(1-q)\beta + C_{r2}A + C_{r1}] = 0$$

化简得：

$$P_m^Y = \frac{k(P_0 - C_m - P_c + P_s) q(1-\alpha) + M + N - P_c q(1-\alpha)}{(k+1) q(1-\alpha)} \tag{2.19}$$

于是，将 P_m^Y 带入式（2.17）、式（2.18），可得 Stackelberg 均衡解为：

$$P_m^Y = \frac{k(P_0 - C_m - P_c + P_s) q(1-\alpha) + M + N - P_c q(1-\alpha)}{(k+1) q(1-\alpha)}$$

$$\lambda_1^Y = 1 - \frac{k^3 A \ [(P_0 - C_m + P_s) q(1-\alpha) - M - N]}{(k+1) \{k^2 \ [(P_0 - C_m + P_s) q(1-\alpha) - N] + (2k+1) M - (k+1)^2 P_h q(1-\alpha)\}}$$

$$\lambda_2^Y =$$
$$1 - \frac{k^2 \ [(P_0 - C_m + P_s) q(1-\alpha) - N] q(1-\alpha) + (2k+1) Mq(1-\alpha) - (k+1)^2 P_h q^2 (1-\alpha)^2}{(k+1) A \ [k(P_0 - C_m - P_c + P_s) q(1-\alpha) + M + N - P_c q(1-\alpha)]}$$

此时，再制造商从拆解中心得到的可再制造废旧产品数量不足以生产足够的再制造产品来满足市场需求量 D，因此会依据合约对拆解中心进行惩罚；同理，拆解中心也会依据合约对回收商进行惩罚。

于是，在该最优定价决策下，回收商利润、拆解中心利润、再制造商利润、系统总利润及回收商的回收价格分别为

$$\pi_r^Y = \frac{dk^{3k+2}}{(k+1)^{3k+3}} H_1^{k+1} - P_h D \tag{2.20}$$

$$\pi_d^Y = \frac{dk^{3k+1}}{(k+1)^{3k+2}} H_1^{k+1} + (P_h - P_c) D \tag{2.21}$$

$$\pi_m^Y = \frac{dk^{3k}}{(k+1)^{3k+1}} H_1^{k+1} + (P_c - P_s) D \tag{2.22}$$

$$\pi^Y = \pi_r^Y + \pi_d^Y + \pi_m^Y \tag{2.23}$$

$$P_r^Y = \frac{k^3 H_1}{(k+1)^3} \tag{2.24}$$

其中：$H_1 = (P_0 - C_{d2} - C_m + P_s) q(1-\alpha) - (C_{r2} + C_{d1}) A - b_d(1-q)\beta - C_{r1} - b_r B$。同时，由于惩罚与部分利润相互抵消，所以在利润表达式中不显示，特在此列出各方因惩罚而导致的损失，为了方便分析皆取正数。

回收商损失为

$$P_h [D - q(1 - \alpha) Q] \tag{2.25}$$

拆解中心损失为

$$(P_c - P_h) [D - q(1 - \alpha) Q] \tag{2.26}$$

再制造商损失为

$$(P_s - P_c) [D - q(1 - \alpha) Q] \tag{2.27}$$

结论 2.2 该再制造供应链到达最优状态时，由再制造商主导的双合约（惩罚），其衍生出的惩罚价格 P_c 与 P_h 对系统总利润无直接影响。

证明：由式（2.23）可知：$\pi^Y = \pi_r^Y + \pi_d^Y + \pi_m^Y$

即，

$$\pi^Y = \pi_r^Y + \pi_d^Y + \pi_m^Y$$

$$= \frac{dk^{3k+2}}{(k + 1)^{3k+3}} H_1^{k+1} + \frac{dk^{3k+1}}{(k + 1)^{3k+2}} H_1^{k+1} + \frac{dk^{3k}}{(k + 1)^{3k+1}} H_1^{k+1} - P_s D$$

如上所述，可以发现惩罚价格 P_c 与 P_h，对系统总利润并无直接影响。

但是，惩罚价格 P_c 与 P_h 的大小决定了回收商与拆解中心的利润的多少，即决定着整个系统能否正常运作。因此，在设定惩罚价格时需要以现实情况为准而进行调整。

（2）再制造商选择不惩罚。

用带有"L"的上标来表示再制造商选择不惩罚时的各方利润与最优解，此时：

$$\pi_m^L = (P_0 - P_m - C_m) q(1 - \alpha) Q - P_s [D - q(1 - \alpha) Q]$$

$$\pi_d^L = [(P_m - C_{d2}) q(1 - \alpha) - C_{d1} A - b_d (1 - q) \beta - P_d A] Q$$

$$\pi_r^L = [(P_d - C_{r2}) A - (P_r + C_{r1}) - b_r B] Q$$

引理 2.3 再制造产品数量不满足 D 且再制造商选择不惩罚，当下列条件

$$\frac{(k - 1) (P_0 - C_m + P_s)}{k + 1} < P_m < P_0 - C_m + P_s,$$

$$1 - \frac{[(1 - \lambda_2) P_m - C_{r2}] A - C_{r1} - b_r B}{(1 - \lambda_2) P_m} \leqslant$$

$$\lambda_1 < 1 - \frac{(k - 1) \{[(1 - \lambda_2) P_m - C_{r2}] A - C_{r1} - b_r B\}}{(k + 1) (1 - \lambda_2) P_m},$$

$$1 - \frac{(P_m - C_{d2}) q(1 - \alpha) - C_{d1} A - b_d (1 - q) \beta}{A P_m} \leqslant$$

$$\lambda_2 < 1 - \frac{(k - 1) [(P_m - C_{d2}) q(1 - \alpha) - C_{d1} A - b_d (1 - q) \beta]}{(k + 1) A P_m}$$

满足时，π_m^L 是关于 P_m 的凹函数，π_r^L 是关于 λ_1 的凹函数，π_d^L 是关于 λ_2 的凹函数。用 $F2$ 来表示该条件下的定价策略集合，证明同引理 2.2。

由引理 2.3 得：

$$\pi_r^L = \frac{dk^{3k+2}}{(k+1)^{3k+3}} H_1^{k+1} \qquad (2.28)$$

$$\pi_d^L = \frac{dk^{3k+1}}{(k+1)^{3k+2}} H_1^{k+1} \qquad (2.29)$$

$$\pi_m^L = \frac{dk^{3k}}{(k+1)^{3k+1}} H_1^{k+1} - P_s D \qquad (2.30)$$

$$\pi^L = \pi_r^L + \pi_d^L + \pi_m^L \qquad (2.31)$$

$$P_r^L = \frac{k^3 H_1}{(k+1)^3} \qquad (2.32)$$

结论 2.3 由 $\pi^Y = \pi^L$、$\pi_m^Y > \pi_m^L$、$P_r^Y = P_r^L$ 可知：①再制造商作为主导者时，回收商缺乏主动性，其最优回收价格的决策依赖于再制造商所发出的市场信息，即不管惩罚与否，在原检测水平下，最优回收价格与最优回收量不变；②对于再制造商来说，选择惩罚能够使再制造供应链下游企业共同分担缺货损失；③由①与式（2.25）、式（2.26）、式（2.27）可知，回收商为了减少缺货惩罚，不得不改进检测技术，提高检测准确性，即提高可再制造废旧产品的数量，这对于再制造商、拆解中心与回收商都是有利的。

当然，关键在于改进检测技术的成本以及惩罚价格 P_c、P_h 的设定，若是惩罚力度过大将导致下游企业无利可图，则该再制造供应链无法顺利实施产品再制造。

2.2.2.2 满足再制造产品需求量的再制造供应链定价决策

用带有" f "的上标来表示再制造产品满足需求量 D 时的各方利润与最优解。为了便于分析，假设在满足了再制造产品的需求量 D 之后，即使仍旧有多余的再制造品，也可以放在下一个销售周期继续销售，其中多余的产品需支付库存费用（Δ）。

因此，再制造商利润目标函数为

$$
\begin{aligned}
\pi_m^f &= (P_0 - P_m - C_m)\, q(1-\alpha)\, Q - \Delta[q(1-\alpha)\, Q - D] \\
&= (P_0 - P_m - C_m - \Delta)\, q(1-\alpha)\, d\,(1-\lambda_1)^k (1-\lambda_2)^k P_m^k + \Delta D \qquad (2.33)
\end{aligned}
$$

拆解中心利润目标函数为

$$
\begin{aligned}
\pi_d^f &= [\,(P_m - C_{d2})\, q(1-\alpha) - C_{d1} A - b_d(1-q)\beta - P_d A\,]\, Q \\
&= [\,(P_m - C_{d2})\, q(1-\alpha) - C_{d1} A - b_d(1-q)\beta - (1-\lambda_2) P_m A\,]\, d\,(1-\lambda_1)^k (1-\lambda_2)^k P_m^k
\end{aligned}
$$

$$(2.34)$$

回收商利润目标函数为

$$\pi_r^f = [(P_d - C_{r2})A - (P_r + C_{r1}) - b_rB]Q$$

$$= [(1 - \lambda_2)P_mA - C_{r2}A - C_{r1} - (1 - \lambda_1)(1 - \lambda_2)P_m - b_rB]d(1 - \lambda_1)^k$$

$$(1 - \lambda_2)^k P_m^k \tag{2.35}$$

引理 2.3 再制造产品数量满足 D，当下列条件

$$\frac{(k - 1)(P_0 - C_m - \Delta)}{k + 1} < P_m < P_0 - C_m - \Delta,$$

$$1 - \frac{[(1 - \lambda_2)P_m - C_{r2}]A - C_{r1} - b_rB}{(1 - \lambda_2)P_m} \leqslant$$

$$\lambda_1 < 1 - \frac{(k - 1)\{[(1 - \lambda_2)P_m - C_{r2}]A - C_{r1} - b_rB\}}{(k + 1)(1 - \lambda_2)P_m},$$

$$1 - \frac{(P_m - C_{d2})q(1 - \alpha) - C_{d1}A - b_d(1 - q)\beta}{AP_m} \leqslant$$

$$\lambda_2 < 1 - \frac{(k - 1)[(P_m - C_{d2})q(1 - \alpha) - C_{d1}A - b_d(1 - q)\beta]}{(k + 1)AP_m}$$

满足时，π_m^f 是关于 P_m 的凹函数，π_r^f 是关于 λ_1 的凹函数，π_d^f 是关于 λ_2 的凹函数。用 F3 来表示该条件下的定价策略集合，证明同引理 2.2。

由引理 2.3 易得：

$$\pi_r^f = d\frac{k^{3k+2}}{(k + 1)^{3k+3}}H_2^{k+1} \tag{2.36}$$

$$\pi_d^f = d\frac{k^{3k+1}}{(k + 1)^{3k+2}}H_2^{k+1} \tag{2.37}$$

$$\pi_m^f = d\frac{k^{3k}}{(k + 1)^{3k+1}}H_2^{k+1} + \Delta D \tag{2.38}$$

$$P_r^f = \frac{k^3 H_2}{(k + 1)^3} \tag{2.39}$$

其中，$H_2 = (P_0 - C_{d2} - C_m - \Delta)q(1 - \alpha) - (C_{r2} + C_{d1})A - b_d(1 - q)\beta - C_{r1} - b_rB$。

从再制造商满足需求量 D 后，多余产品产生库存费用可以看出：再制造商要减少库存费用（因多余的废旧产品而产生），只能通过引导回收商降低回收价格来实现。

2.2.3　三级再制造供应链中检测误差率影响分析

本小节通过算例分析研究在废旧产品不满足需求量 D 的情况下，回收检测误差率 α、β 对回收价格、回收数量、系统内各方利润的影响。满足需求量 D 时的分析类似，在此不做赘述。现假定：$P_0 = 800$，$C_m = 190$，$C_{d1} = 120$，$C_{d2} = 10$，$C_{r1} = 10$，$P_s = 500$，$q = 0.9$，$C_{r2} = 10$，$b_d = 20$，$b_r = 20$，$d = 100$，$k = 0.9$，$P_h = 140$，$P_c = 280$，$D = 2\,600$。

其中 d、k、α、β 都为常数，需求量 D 的单位为"件"，其余参数的单位为"元/件"。

当回收检测误差率 $\alpha = 0.05$、$\alpha = 0.10$、$\alpha = 0.15$、$\alpha = 0.20$ 时，回收检测误差率 β 的变化对回收商回收价格与回收数量的影响如图 2.9 和图 2.10 所示。当 $\alpha = 0.05$、$\alpha = 0.15$、$\alpha = 0.2$，$\beta = 0$、$\beta = 0.1$、$\beta = 0.2$、$\beta = 0.3$ 时，回收检测误差率的变化对回收商、拆解中心与再制造商利润的影响如表 2.4 所示。$\beta = 0.1$ 时，回收检测误差率 α 对系统利润及各方利润的影响如图 2.11 所示。

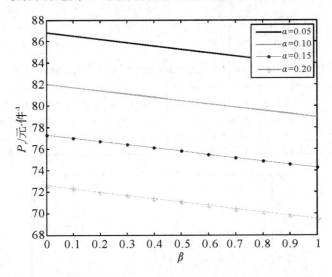

图 2.9　回收检测误差对回收商回收价格的影响（有惩罚）

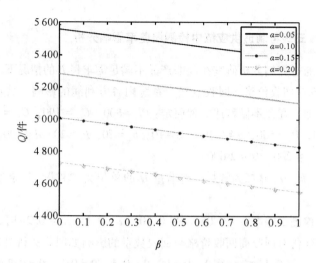

图 2.10　回收检测误差对回收商总回收数量的影响（有惩罚）

表 2.4　回收检测误差对再制造供应链各方利润的影响

利润/元	α = 5%				α = 15%				α = 20%			
	β/%				β/%				β/%			
	0	10	20	30	0	10	20	30	0	10	20	30
再制造商利润（10^6）	1.815	1.807	1.800	1.793	1.573	1.566	1.560	1.553	1.344	1.338	1.331	1.325
拆解中心利润（10^5）	7.679	7.645	7.611	7.576	6.534	6.502	6.469	6.437	5.448	5.417	5.386	5.355
回收商利润（10^5）	1.713	1.696	1.680	1.664	1,171	1.156	1.140	1.125	0.657	0.643	0.628	0.614

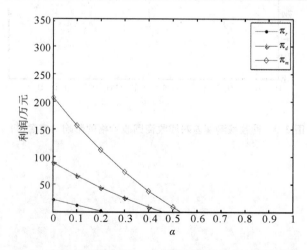

图 2.11　$\beta = 0.1$ 时回收检测误差 α 对系统利润及各方利润的影响（有惩罚）

由图 2.9、图 2.10、图 2.11 和表 2.4 可得出如下结论：

（1）由图 2.9、图 2.10 及表 2.4 可知，不管是可再制造废旧产品被误检为"不可再制造废旧产品"的误差率 α，还是不可再制造废旧产品被误检为"可再制造废旧产品"的误差率 β，回收商回收价格与回收商回收数量、再制造供应链各成员利润都随着它们的降低而增加，且 α 要比 β 灵敏度更高（误差率 α 对回收价格以及回收数量的影响更大）。

（2）由图 2.11 可知，当误差率 α 约等于 0.2 时，回收商利润为零；误差率 α 约等于 0.44 时，拆解中心利润为零；误差率 α 约等于 0.52 时，再制造商利润为零。从再制造供应链整体来看，误差率 α 应不大于 0.2，否则回收商无利可图，再制造供应链无法正常运行。

（3）在该数值分析中，再制造商对可再制造废旧产品的需求量 $D=2\,600$，在这样一种情况下，再制造商通过缺货损失以及双合约惩罚决策能够提高回收商的废旧产品回收数量，间接地提高了可再制造废旧产品数量。从图 2.10 中可知 $\alpha=0.2$、$\beta=0.1$ 时，回收商最大的总回收量约为 4 720 件，此时可再制造废旧产品数量 $[q(1-\alpha)Q]$ 约为 3 398>D。也就是说，对于再制造商而言，此时的决策会超出需求量 D，造成浪费。

以上分析都在一定的假设之下，根据模型能够得知再制造商、拆解中心和回收商的最优决策。但是作为主导者的再制造商如果收集的市场信息不够充分，即使有双合约惩罚，仍旧会产生新的损失。

2.3　二级与三级再制造供应链结论对比分析

基于前述分析，本节将从不同的视角来比较二级与三级再制造供应链之间的异同点，并做出相关管理策略的分析。鉴于检测误差率 β 对再制造供应链的敏感性较检测误差率 α 要低，为了更直观地表现出对比结果的不同，本节仅以检测误差率 α 为例进行对比分析。特别说明，不管是二级再制造供应链，还是三级再制造供应链，在本节分析中拆解费用相同，分别用 C_0、C_{d1} 表示。其他符号不同但代表含义与数值相同的有：b_0 对应 b_d，b_1 对应 b_r，C_1 对应 C_{r1}。

二级再制造供应链数值设置为：

$\beta=0\%$，$q=90\%$，$P_0=800$，$C_m=190$，$C_r=10$，$k=0.9$，$d=100$，$C_0=120$，$b_0=20$，$b_1=20$，$C_1=10$。

三级再制造供应链数值设置如下：

$P_0 = 800$，$C_m = 190$，$C_{d1} = 120$，$C_{d2} = 10$，$C_{r1} = 10$，$P_s = 500$，$q = 0.9$，$C_{r2} = 10$，$b_d = 20$，$b_r = 20$，$d = 100$，$k = 0.9$，$P_h = 140$，$P_c = 280$，$D = 2\,600$。

2.3.1 从回收价格的角度对比分析

检测误差率 $\beta = 0$ 时，随着 α 变化，回收价格的对比如图 2.12 所示。

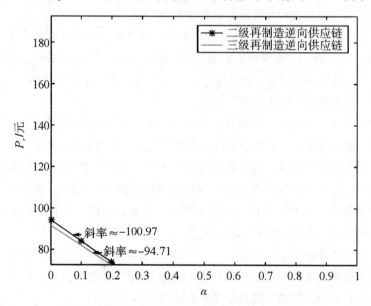

图 2.12 检测误差率 $\beta = 0$ 时，随着 α 变化的回收价格的对比

由图 2.12 可知，从曲线斜率角度来看，检测误差率变化时，三级再制造供应链废旧产品回收价格要比二级再制造供应链废旧产品回收价格低，曲线也更平滑。简言之，面对检测误差的不确定性，三级再制造供应链比二级再制造供应链更能适应这种不确定性的变化，也更容易在这种风险下顺利运营。特别地，随着废旧产品数量的增多，检测误差率所造成的浪费将进一步扩大，也即对于再制造供应链系统来说，造成的损失进一步扩大，这对于追求利润最大化的企业来说是必须改进的一点。

当然，从图 2.12 中可以看到，在相同数值设置下，二级再制造供应链的废旧产品回收价格要高于三级再制造供应链的废旧产品回收价格。关于这个问题，需要从总利润的角度来进行解释。

2.3.2 从总利润的角度对比分析

检测误差 $\beta = 0$ 时，随着 α 变化，总利润的对比如图 2.13 所示。

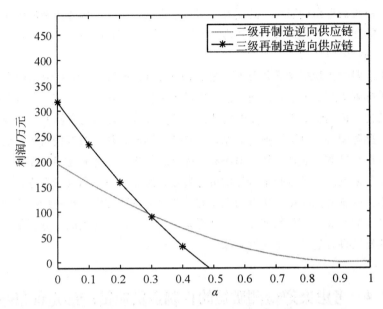

图 2.13   检测误差 $\beta = 0$ 时，随着 α 变化的总利润的对比

由图 2.13 可知，相同的数值设置下三级再制造供应链的总利润要远远大于二级再制造供应链的总利润，其中只考虑检测误差率 $\alpha < 0.3$ 的情况，详情参见图 2.11（当检测误差率 α 约等于 0.2 时，回收商无利可图，再制造供应链面临运作风险）。

结合上一小节的对比分析可知，二级再制造供应链在回收价格与回收数量上，均高于三级再制造供应链，但是两者的总利润对比中三级再制造供应链总利润更高。需要明确的一点是：本节的对比分析是建立在再制造品销售价格相同的基础之上的。且相同条件下，二级再制造供应链拥有更多的再制造品，即毛利润上二级再制造供应链更占优。综上可知，二级再制造供应链的运作成本要远高于三级再制造供应链的运作成本，因此造成了二级再制造供应链中废旧产品回收价格虽然要高一些，其总利润反而低于三级再制造供应链的总利润。这也从侧面说明，随着废旧产品市场规模的不断扩大，拆解中心的独立是大势所趋。独立的拆解中心不仅能降低整个再制造供应链的成本费用，而且能促使改进检测误差，提高再制造供应链的利润。

2.3.3   从额外拆解费用的角度对比分析

额外拆解费是指回收商的回收检测误差，使得不可再制造的废旧产品被当作"可再制造废旧产品"被拆解而造成无谓的浪费所产生的拆解费用。不管是在二级再制造供应链中，还是在三级再制造供应链中，额外拆解的废旧产品数量都为 $(1-q)\beta Q$，额外拆解费用分别为 $C_0(1-q)\beta d\ (P_r^{**})^{\ k}$、$C_{d1}(1-q)\beta d\ (P_r^{**})^{\ k}$。

由于假设单位拆解费用是相同的，由图 2.12 可知：二级再制造供应链中的额外拆解费用要大于三级再制造供应链中的额外拆解费用，这也从额外拆解费用的角度证明了 2.3.2 小节中的结论。且额外拆解费用的承担者由再制造商变成了拆解中心。对于再制造商来说，这一风险的转移，可以使得再制造商专注于废旧产品的再制造工作，而不必考虑拆解的成本，有利于自身发展。对于拆解中心来说，虽然承担了额外的拆解费用，但是换一个角度来考虑，这是拆解中心在再制造供应链中生存的主要方式和业务发展方向，拆解中心需要精确定位自己的发展地位和发展方向。这既是风险，也是一种挑战，克服了这个困难，其发展将会达到一个新的阶段。

2.4　考虑渠道检测质量的再制造供应链产品定价策略

2.4.1　引言

作为一种回收渠道，再制造供应链中废旧产品线上回收变得非常重要。如今，线上回收渠道与传统线下回收渠道在再制造供应链中共存，形成双渠道并存的局面。

本节研究的有检测误差的双渠道再制造供应链包括单一第三方回收商和单一再制造商，再制造商有自己的回收处理中心。第三方回收商通过传统线下回收渠道回收废旧产品，再制造商由回收处理中心通过线上回收渠道回收废旧产品。回收后，第三方回收商和线上回收处理中心分别对回收的废旧产品进行检测。技术和非技术原因，导致回收检测具有检测误差。

关于双渠道回收的再制造供应链管理，Zhang 等[1]考虑了在线渠道回收模型、传统渠道回收模型及其组合，研究给出最优回收价格。Feng 等[2]考虑了消

① ZHANG R, YANG Q, LIU B. Pricing decision of reverse logistics under different channel power structures [J]. Computer applications and software, 2018, 35 (10): 62-67, 93.

② FENG L, GOVINDAN K, LI C. Strategic planning: design and coordination for dual-recycling channel reverse supply chain considering consumer behavior [J]. European journal of operational research, 2017, 260 (2): 601-612.

费者行为研究双回收渠道逆向供应链设计与协调问题。李增禄等①研究传统回收决策模型和线上回收决策模型，讨论了线上回收商转售策略随制造商产品成本和转移价格的变化情况。Huang 等②认为双渠道回收具有较强的比较优势，并利用博弈论给出双渠道回收的闭环供应链优化策略。

对于再制造供应链检测误差，Wassenhove 等③针对由再制造商和多个独立收集点组成的逆向供应链，假定废旧产品分级和分类是有误差的，研究给出了再制造商在集中决策下的最优采购策略。Zikopoulos 等④研究了由单一翻新（再制造）点和两个回收点组成的逆向供应链的最佳采购和生产数量。其中，废旧产品由消费者退回，并在翻新现场进行分类和翻新。Gu 和 Gao⑤应用系统动力学方法探讨逆向供应链中的 IER（检测误差率）是否值得降低的问题。研究发现，逆向供应链的成员可以通过降低 IER 获得更多的利润。Gu 和 Tagaras⑥考虑了逆向供应链中，回收商负责对回收的废旧产品进行分类，且分类有分类误差，研究给出回收商的最优回收量和再制造商的最优订购量。

从查阅的文献来看，同时考虑回收检测误差率 IER 和双渠道回收的逆向供应链的研究很少。本部分综合考虑线下回收渠道和线上回收渠道，给出第三方回收商为再制造商提供的"再制造产品"的最优回收价格，以及回收处理中心和第三方回收商对废旧产品的最优回收价格，并分析 IER 和市场份额比例对最优决策的影响。

2.4.2 问题描述

2.4.2.1 有检测误差的双渠道回收再制造供应链

图 2.14 展示了本节研究的有检测误差的双渠道回收再制造供应链的结构。

---

① 李增禄，郭强，聂佳佳. 回收商回收再售策略研究：在线回收 VS 传统回收 [J]. 工业工程与管理，2019，24（6）：164-172.

② HUANG M, SONG M, LEE L H, et al. Analysis for strategy of closed-loop supply chain with dual recycling channel [J]. International journal of production economics, 2013, 144 (2): 510-520.

③ WASSENHOVE L N V, ZIKOPOULOS C. On the effect of quality overestimation in remanufacturing [J]. International journal of production research, 2010, 48 (18): 5263-5280.

④ ZIKOPOULOS C, TAGARAS G. Impact of uncertainty in the quality of returns on the profitability of a single-period refurbishing operation [J]. European journal of operational research, 2007, 182 (1): 205-225.

⑤ GU Q L, GAO T G. IERs in reverse supply chain: be worth lowering or not [J]. Computers & industrial engineering, 2017, 111: 289-302.

⑥ GU Q L, TAGARAS G. Optimal collection and remanufacturing decisions in reverse supply chains with collector's imperfect sorting [J]. International journal of production research, 2014, 52 (17): 5155-5170.

回收处理中心和第三方回收商分别通过线上回收渠道和线下回收渠道从废旧产品市场回收废旧产品。回收后,第三方回收商进行误差率为 $\text{IER}a_1$ 和 $\text{IER}b_1$ 的回收检测,回收处理中心进行误差率为 $\text{IER}a_2$ 和 $\text{IER}b_2$ 的回收检测。

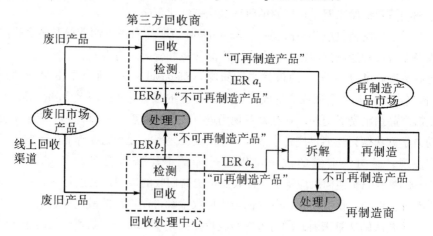

图 2.14　有检测误差的双渠道回收再制造供应链结构

在图 2.14 中,$\text{IER}a_1$ 和 $\text{IER}a_2$ 表示某些不能再制造的废旧产品(比例为 a_1 和 a_2)被检测为"可再制造产品",即"可再制造产品"中包含一些不可再制造废旧产品。$\text{IER}b_1$ 和 $\text{IER}b_2$ 表示某些可再制造的废旧产品(比例为 b_1 和 b_2)被检测为"不可再制造产品",即"不可再制造产品"中包含一些可再制造废旧产品。

再制造商从其回收处理中心和第三方回收商处获得"可再制造产品"。在拆解和再制造之后,再制造商将再制造产品销售到再制造产品市场。在线上(线下)回收渠道中,回收处理中心(第三方回收商)将检测后的"不可再制造产品"运送到处理厂。拆解中心拆解后的真正不可再制造产品也将被运送到处理厂。

在该再制造供应链中,再制造商决定第三方回收商为其提供的"可再制造产品"的最优回购价格,以及回收处理中心的废旧产品最优回收价格。第三方回收商决定其所回收的废旧产品的最优回收价格。

2.4.2.2　相关符号

双渠道回收的再制造供应链中使用的符号如下所示:

p_1 和 p_2:通过线下回收渠道和线上回收渠道从废旧产品市场回收的废旧产品的单位回收价格。第三方回收商需要决策得出 p_1 最优值,再制造商需要决策得出 p_2 最优值。

c_1 和 c_2：第三方回收商和回收处理中心对废旧产品的单位检测费用。

$S_1(p_1, p_2)$ 和 $S_2(p_1, p_2)$：第三方回收商和回收处理中心废旧产品供应量。其中，$S_1(p_1, p_2) = \lambda\varphi + \alpha p_1 - \beta p_2$，$S_2(p_1, p_2) = (1 - \lambda)\varphi + \alpha p_2 - \beta p_1$。这里，$\varphi$ 是废旧产品市场潜在供应量，λ 是第三方回收商废旧产品市场占有率，α 和 β 是消费者对第三方回收商和回收处理中心回收价格的敏感系数，$\alpha > 0$，$\beta > 0$。

q_1 和 q_2：线下回收渠道和线上回收渠道回收的废旧产品的可再利用率。

另外，p_r 是再制造商从第三方回收商回购"可再制造产品"的单位回购价格，再制造商决策得出 p_r。p_0 是再制造产品单位销售价格，c_m 是再制造产品的单位再制造成本。c_{dis} 是"可再制造产品"单位拆解成本，c_{td} 是不可再制造产品单位处理成本，c_t 是第三方回收商和回收处理中心对"不可再制造产品"的单位处理成本，Π_R 是再制造商总利润，Π_{TC} 是第三方回收商的利润。

2.4.3 最优定价决策

2.4.3.1 第三方回收商定价决策（线下回收渠道）

线下回收渠道中，第三方回收商应决策得出废旧产品回收价格。第三方回收商的问题可用式（2.40）描述。

$$\underset{p_1}{\text{Max}}\Pi_{TC} = \{p_r[(1 - b_1)q_1 + a_1(1 - q_1)] - $$
$$c_t[b_1 q_1 + (1 - a_1)(1 - q_1)] - $$
$$(p_1 + c_1)\}(\lambda\varphi + \alpha p_1 - \beta p_2) \qquad (2.40)$$

可以证明目标函数（2.40）是 p_1 的凹函数。第三方回收商的一阶条件可表示其最优反应，即

$$p_1 = \frac{1}{2\alpha}[\alpha(p_r\delta_1 - c_t\Delta_1 - c_1) - (\lambda\varphi - \beta p_2)] \qquad (2.41)$$

这里，$\delta_1 = (1 - b_1)q_1 + a_1(1 - q_1)$，$\Delta_1 = b_1 q_1 + (1 - a_1)(1 - q_1)$。

2.4.3.2 再制造商的问题（线上回收渠道和线下回收渠道）

在线上回收渠道中，再制造商决定由其回收处理中心回收的废旧产品的最优回收价格（p_2）。同时，再制造商还需要决策得出从第三方回收商回购"可再制造产品"的最优回购价格（p_r）。再制造商的问题可由式（2.42）描述。

$$\underset{p_r, p_2}{\text{Max}}\Pi_R = \{(p_0 - c_m)[(1 - b_1)q_1] - $$
$$(p_r + c_{dis})[(1 - b_1)q_1 + a_1(1 - q_1)] - $$
$$c_{td}a_1(1 - q_1)\}(\lambda\varphi + \alpha p_1 - \beta p_2) + $$
$$\{(p_0 - c_m)[(1 - b_2)q_2] - $$
$$c_{dis}[(1 - b_2)q_2 + a_2(1 - q_2)] - $$

$$c_{td}a_2(1 - q_2) - c_t[b_2q_2 + (1 - a_2)(1 - q_2)] -$$
$$(p_2 + c_2)\}[(1 - \lambda)\varphi + \alpha p_2 - \beta p_1] \tag{2.42}$$

目标函数（2.42）是 p_r、p_2 的凹函数，最优回购价格 p_r^* 和回收价格 p_2^* 如式（2.43）和式（2.44）所示。

$$p_r^* = \frac{2(\alpha^2 - \beta^2)\alpha A_1 - (2\alpha^2 - \beta^2)A_2 - \beta A_4}{4\alpha\delta_1(\alpha^2 - \beta^2)} \tag{2.43}$$

$$p_2^* = \frac{2(\alpha^2 - \beta^2)A_3 - A_4 - \beta A_2}{4(\alpha^2 - \beta^2)} \tag{2.44}$$

这里，式（2.43）和式（2.44）中涉及的符号位：$A_1 = (p_0 - c_m)\delta_{11} - c_{dis}\delta_1 - c_{td}\delta_{12}$，$\delta_{11} = (1 - b_1)q_1$，$\delta_{12} = a_1(1 - q_1)$；$A_2 = \lambda\varphi - \alpha c_t\Delta_1 - \alpha c_1$；$A_3 = (p_0 - c_m)\delta_{21} - c_{dis}\delta_2 - c_{td}\delta_{22} - c_t\Delta_2 - c_2$，$\delta_{21} = (1 - b_2)q_2\delta_2 = (1 - b_2)q_2 + a_2(1 - q_2)$，$\Delta_2 = b_2q_2 + (1 - a_2)(1 - q_2)$，$\delta_{22} = a_2(1 - q_2)$；$A_4 = [2\alpha(1 - \lambda) + \beta\lambda]\varphi + \alpha\beta c_t\Delta_1 + \alpha\beta c_1$。

第三方回收商的最优回收价格 p_1^* 可通过在式（2.41）中用 p_r^* 和 p_2^* 替代 p_r 和 p_2 得到，见式（2.45）：

$$p_1^* = [\alpha(p_r^*\delta_1 - c_t\Delta_1 - c_1) - (\lambda\varphi - \beta p_2^*)]/(2\alpha) \tag{2.45}$$

同时，容易得到每个渠道最优的供应量（S_1^* 和 S_2^*）、再制造商和第三方回收商的最优利润，见式（2.46）—式（2.49）：

$$S_1^* = \lambda\varphi + \alpha p_1^* - \beta p_2^* \tag{2.46}$$

$$S_2^* = (1 - \lambda)\varphi + \alpha p_2^* - \beta p_1^* \tag{2.47}$$

$$\Pi_R^* = [(p_0 - c_m)\delta_{11} - (p_r^* + c_{dis})\delta_1 - c_{td}\delta_{12}]S_1^* +$$
$$[(p_0 - c_m)\delta_{21} - c_{dis}\delta_2 - c_{td}\delta_{22} - c_t\Delta_2 -$$
$$(p_2^* + c_2)]S_2^* \tag{2.48}$$

$$\Pi_{TC}^* = [p_r^*\delta_1 - c_t\Delta_1 - (p_1^* + c_1)]S_1^* \tag{2.49}$$

2.4.4 数值算例与分析

2.4.4.1 数值算例

在有回收检测误差和双渠道回收的再制造供应链中，再制造商通过线上回收渠道和线下回收渠道获取"可再制造产品"，并将其拆解。然后，再制造商生产再制造产品并将其销售到再制造产品市场。再制造产品单位售价为 1 800 元，单位再制造成本为 200 元。

第三方回收商和回收处理中心从废旧产品市场回收废旧产品并进行检测。单位检测成本 c_{10} 和 c_{20} 均为 2 元，检测误差率 a_{10} 和 a_{20} 分别为 0.3 和 0.25，b_{10}

和 b_{20} 分别为 0.3 和 0.25。第三方回收商和回收处理中心废旧产品供应量存在竞争关系，供应链函数分别为 $S_1(p_1, p_2)$ 和 $S_2(p_1, p_2)$。

该算例中，$c_1 = c_{10}$，$a_1 = a_{10}$，$b_1 = b_{10}$，$c_2 = c_{20}$，$a_2 = a_{20}$，$b_2 = b_{20}$。参数设置如表 2.5 所示。

表 2.5　参数设置

参数	值	参数	值
c_m	200	p_0	1 800
c_{dis}	10	φ	200
c_{td}	1	α	10
c_{10}	2	β	3
a_{10}	0.3	q_1	70%
c_{20}	2	q_2	90%
a_{20}	0.25	λ	50%
c_t	1		

基于表 2.5 中的参数设置，可以得到如下结果：

（1）线下回收渠道中，再制造商从第三方回收商处回购"可再制造产品"时的单位回购价格为 $p_r^* = 660.6$ 元，第三方回收商从最终消费者手中回收废旧产品的单位回收价格为 $p_1^* = 264.6$ 元。

（2）线上回收渠道中，回收处理中心从最终消费者手中回收废旧产品的单位回收价格为 $p_2^* = 528.2$ 元。

（3）通过双渠道回收，第三方回收商和回收处理中心废旧产品最优供应量分别为 $S_1^* = 1\,161.2$ 件和 $S_2^* = 4\,588.2$ 件，再制造商和第三方回收商的最优利润分别为 $\Pi_R^* = 2.947\,7 \times 10^6$ 元和 $\Pi_{TC}^* = 1.348\,4 \times 10^5$ 元。

显然，再制造商从自己回收处理中心处获取的"可再制造产品"数量多于从第三方回收商处获取的"可再制造产品"数量。考虑到回收检测误差率（$a_{10} = 0.3$）大于回收处理中心的检测误差率，第三方回收商决定降低检测误差率以供应更多的"可再制造产品"，获取更多利润。下面将分析检测误差率的降低对第三方回收商最优决策的影响。

2.4.4.2　检测误差率的降低对最优值的影响

为了讨论检测误差率的降低对第三方回收商最优决策的影响，假定第三方回收商准备降低其检测误差率 $\mathrm{IER}a_{10}$ ，单位检测成本为 $c_1 = c_{10} + V \times (a_{10} - a_1)$ ，其中， V 的值为 10。

当第三方回收商回收检测误差率 $\mathrm{IER}\ a_1$ 从 0.3 （ $a_{10} = 0.3$ ）降低到 0，第三方回收商和再制造商的最优回收、回购价格以及废旧产品最优供应量和最优利润如图 2.15 到图 2.17 所示。

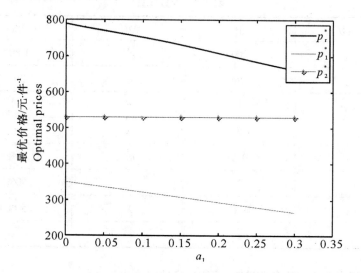

图 2.15 $\mathrm{IER}\ a_1$ 降低时最优价格的变化

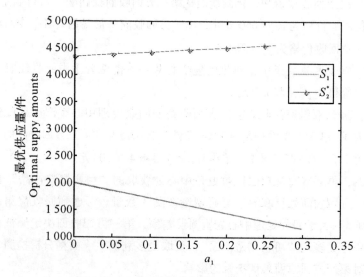

图 2.16 $\mathrm{IER}\ a_1$ 降低时最优供应量的变化

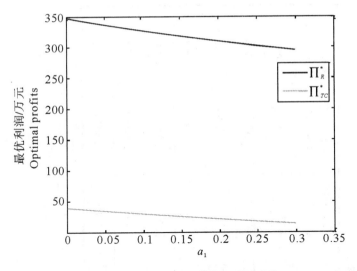

图 2.17　IER a_1 降低时最优利润的变化

根据图 2.15 至图 2.17，可得到如下结果：

（1）在线下回收渠道中，再制造商最优回购价格、第三方回收商最优回收价格随着检测误差率 IERa_1 从 0.3 降低到 0 而逐渐提高。

（2）在线上回收渠道中，回收处理中心的最优回收价格没有随着检测误差率 IERa_1 的降低而变化。

（3）双渠道回收中，随着检测误差率 IER a_1 从 0.3 降低到 0，回收处理中心废旧产品最优供应量减少，而第三方回收商废旧产品最优供应量增加，再制造商和第三方回收商的利润都增加。

从以上结果可以得到的管理和实践启示：如果第三方回收商将其检测误差率 IERa_1 从 0.3 降低到 0，即使通过线上回收渠道的"可再制造产品"供应量减少，再制造商也可以获得更多利润。然而，这也导致了回收处理中心面临市场份额下降的风险，下面将讨论这个问题。

2.4.4.3　市场占有率对最优值的影响

当回收处理中心的市场占有率（$1 - \lambda$）从 90% 降至 0，即第三方回收商的市场占有率（λ）从 10% 增至 100% 时，最优值的变化见表 2.6。

表 2.6 市场占有率变化时最优值的变化

最优值	$1-\lambda=0.9$, $\lambda=0.1$	$1-\lambda=0.75$, $\lambda=0.25$	$1-\lambda=0.6$, $\lambda=0.4$	$1-\lambda=0.45$, $\lambda=0.55$	$1-\lambda=0.3$, $\lambda=0.7$	$1-\lambda=0.15$, $\lambda=0.85$	$1-\lambda=0$, $\lambda=1.0$
p_r^*	665.8	663.8	661.9	659.9	657.9	655.9	653.9
p_1^*	269.6	267.8	265.8	263.9	262.0	260.1	258.2
p_2^*	525.1	526.3	527.4	528.6	529.7	530.9	532.0
S_1^*	1 141.2	1 148.7	1 156.2	1 163.7	1 171.2	1 178.7	1 186.2
S_2^*	4 622.2	4 609.5	4 596.7	4 584.0	4 571.2	4 558.5	4 545.7
$\Pi_R^*(\times 10^6)$	2.968 9	2.960 9	2.953 0	2.945 0	2.937 2	2.929 4	2.921 6
$\Pi_{rc}^*(\times 10^5)$	1.302 4	1.319 6	1.336 8	1.354 2	1.371 8	1.389 4	1.407 1

表 2.6 显示出当回收处理中心市场占有率从 90% 降至 0 时有如下结果：

（1）在线下回收渠道中，再制造商的最优回购价格和第三方回收商的回收价格将降低。

（2）在线上回收渠道中，回收处理中心的最优回收价格将升高。

（3）通过双渠道回收，回收处理中心废旧产品最优供应量将减少，而第三方回收商废旧产品最优供应量将增加。再制造商的利润将减少，而第三方回收商的利润将增加。

从研究结果可得到管理和实践启示：再制造商应更加关注第三方回收商的检测误差率 IER 的降低。因为 IER 的降低可能导致回收处理中心市场占有率减少，从而导致再制造商利润下降。

本章小结

本章对二级再制造供应链产品定价策略、三级再制造供应链产品定价策略以及考虑渠道检测质量的再制造供应链产品定价策略进行研究，研究结果如下：

（1）本章构建了包含回收商与再制造商的博弈模型，研究再制造商负责拆解时再制造供应链的定价策略。研究结果表明：在其他条件不变的情况下，回收商的最优回收价格、回收商与再制造商的最优利润都随着检测误差率 α 的减小而增加，且增加速度是逐渐加快的；在其他条件不变的情况下，回收商的最优回收价格、回收商与再制造商的最优利润也都随着检测误差率 β 的减小而增加，只是增加速度较慢。

（2）本章研究了有回收检测误差时，再制造供应链中回收商、拆解中心、再制造商的定价策略问题。研究结果表明：当可再制造的废旧产品数量不能满足再制造商的需求时，再制造商可以通过契约惩罚下游企业，来减少损失并提高自己的利润；同时，正是双合约惩罚以及回收检测误差的存在，使得再制造供应链下游企业利润减少，这就让下游企业不得不去考虑改进检测技术来提高检测的准确性，从而减少惩罚，提高利润。由于减少误差对各方皆有好处，因此再制造供应链成员应相互合作，分担改进技术的成本。

（3）本章考虑了一个具有回收检测误差的双渠道回收再制造供应链，研究给出了线下回收渠道中再制造商最优回购价格和第三方回收商最优回收价格，以及在线回收渠道中回收处理中心的最优回收价格。同时，本章给出了每个回收渠道的最优供应量以及第三方回收商和再制造商的最优利润；通过数值算例，讨论了 IER 和市场占有率对最优决策的影响。研究结果表明：第三方回收商愿意降低其检测误差率，以便提供更多的"可再制造产品"并获得更多的利润；如果第三方回收商降低其 IER，则再制造商可以获得更多利润；再制造商应更加关注第三方回收商 IER 的降低，以避免市场占有率和利润的减少。

3 市场进退策略

　　双渠道回收的再制造供应链中，线上回收渠道日益普及，线下回收商面临废旧产品市场份额竞争的问题。随着废旧产品市场份额的变化，线下回收商需要决定是否退出或何时退出市场；如果不退出市场，需要采取何种策略。针对线下回收商面临的现实问题，本章主要构建有双渠道回收检测质量差异的再制造供应链系统动力学模型，研究废旧产品市场份额减少对线下回收商利润的影响，同时讨论供应链其他成员利润的变化情况；研究降低检测误差率所需投资成本对线下回收商利润的影响，并针对"搭便车"行为制定成本分担机制。研究发现：从长远的角度考虑，如果废旧产品市场份额不断减少，当减少超过阈值时，线下回收商可以考虑退出废旧产品回收市场；如果能够保留部分回收市场份额，线下回收商可以通过投资以降低检测误差率，提高可再制造产品需求份额，并通过制定投资成本分担机制，确保所有供应链成员利润增加，达到双赢的目的。

3.1　引言

　　政府发布的一些文件强调要大力发展再制造产业，而再制造供应链在再制造产业中发挥着重要的作用。再制造供应链中，废旧产品的回收检测是关键环节。随着电子商务技术的不断发展，废旧产品线上回收日趋普遍，形成了线上回收和传统线下回收双渠道并存的局面。在双渠道回收情形下，线下回收商面临着诸多问题，比如，对于传统线下回收商而言，线上回收的出现势必影响其废旧产品回收市场份额，从而影响其利润。从长远角度考虑，如果废旧产品回收市场份额不断减少，是否要退出废旧产品回收市场；如果可以保留部分废旧产品回收市场份额，如何保障自身利润；等等。

　　关于废旧产品的线上和线下回收已有不少研究成果，研究主要集中在定价和回收模式选择上。Cao 等①针对零售商线上回收、线下回收和双渠道回收（线上回收和线下回收），研究了最优的产品定价和回收渠道的选择问题。李增禄等②研究了在线回收和传统回收模式下回收商的回收再售策略。朱晓东等③考虑了传统分销商回收和线上回收商之间的回收成本差异和回收产品的可再制造比例，构建博弈定价模型，给出双渠道最优回收定价策略。向泽华和许民利④在闭环供应链中纳入互联网回收平台作为博弈主体，基于有无信息分享的双渠道回收、信息分享下单渠道回收联盟的三种回收模式，研究回收平台预测信息分享下的闭环供应链回收模式选择问题。许民利等⑤结合消费者环保意识对 WEEE（报废的电子电气设备）双渠道回收模型进行研究后发现，若两条渠道在回收市场处于竞争状态，则当网络回收平台的单位收益增加到一个临界值时，网络回收平台可以利用自身优势垄断回收市场，流动回收商被挤出回收市场。若两条渠道合作，网络回收平台对流动回收商资源整合时，供应链的利润在一定条件下会增大。Gu 和 Gao 考虑了废旧产品检测误差率，研究了线上线下双渠道回收的再制造逆向供应链定价策略。

与现有研究不同，本章将针对线下回收商面临的问题，构建线上线下双渠道回收的再制造供应链系统动力学模型，研究废旧产品市场份额减少对线下回收商利润的影响、降低检测误差率所需投资成本对线下回收商可再制造产品需求份额和利润的影响，制定投资成本分担机制，研究给出线下回收商面对双渠道回收时的进退策略。

3.2　相关研究综述

与本书研究内容相关的文献包括两部分：双渠道供应链管理研究和有回收检测的供应链管理研究。

① CAO K, WANG J, DOU G W, et al. Optimal trade-in strategy of retailers with online and offline sales channels [J]. Computers & industrial engineering, 2018, 123：148-156.

② 李增禄，郭强，聂佳佳. 回收商的回收再售策略研究：在线回收 VS 传统回收 [J]. 工业工程与管理，2019，24（6）：164-172.

③ 朱晓东，吴冰冰，王哲. 双渠道回收成本差异下的闭环供应链定价策略与协调机制 [J]. 中国管理科学，2017，25（12）：188-196.

④ 向泽华，许民利. 回收平台预测信息分享下的闭环供应链回收模式选择研究 [J]. 软科学，2020，34（5）：101-107.

⑤ 许民利，向泽华，简惠云. 考虑消费者环保意识的 WEEE 双渠道回收模型研究 [J]. 控制与决策，2020，35（3）：713-720.

3.2.1 双渠道供应链管理研究

在双渠道正向供应链管理方面，Matsui① 研究了零售商通过双渠道供应链与制造商就批发价格进行讨价还价的问题。Li 和 Mizuno② 考虑双渠道供应链中制造商和零售商之间存在的三种权力结构，研究了需求随机且价格敏感的双渠道供应链的联合动态定价和库存管理。Wang 和 He③ 设定了大规模定制下的由一个制造商和一个零售商组成的双渠道供应链，考虑了两种在线分销策略，即制造商通过零售商的在线渠道选择直接销售或代理销售，研究定价和退货问题。Fan 等④ 构建传统零售渠道和双渠道结构下供应链博弈模型，探讨制造商是否以及何时采取委托回收策略，并给出最佳渠道选择。Liu 等⑤ 针对由一个制造商和两个零售商组成的双渠道供应链，基于企业定价和服务努力决策的时间，对三种不同的时间安排策略进行研究，结果表明制造商应在零售商宣布其服务努力水平和价格之前做出批发定价决策，这样对制造商、零售商和消费者都有利。Wang 等⑥ 考虑一种面向平台的双渠道供应链，其中，在线零售商在平台提供的市场上转售产品，制造商选择销售模式引入双渠道。他们针对制造商的三种可能的销售模式（转售模式、代理销售、直销模式），研究制造商的均衡策略，以及这种选择如何影响其他供应链成员的偏好。Tian 等⑦ 研究了面对"搭便车"者的制造商如何决定渠道差异化策略，即通过自己的在线渠道和独立零售商销售同质化或差异化的产品。

① MATSUI K J. Should a retailer bargain over a wholesale price with a manufacturer using a dual-channel supply chain? [J]. European journal of operational research, 2022, 300: 1050-1066.

② LI M M, MIZUNO S. Dynamic pricing and inventory management of a dual-channel supply chain under different power structures [J]. European journal of operational research, 2022, 303 (1): 273-285.

③ WANG J, HE S L. Optimal decisions of modularity, prices and return policy in a dual-channel supply chain under mass customization [J]. Transportation research part E, 2022, 160: 102675.

④ FAN X J, GUO X, WANG S S. Optimal collection delegation strategies in a retail-/dual-channel supply chain with trade-in programs [J]. European journal of operational research, 2022, 303 (2): 633-649.

⑤ LIU M Q, LIANG K, PERERA S, et al. Game theoretical analysis of service effort timing scheme strategies in dual-channel supply chains [J]. Transportation research part E, 2022, 158: 102-120.

⑥ WANG T Y, CHEN Z S, GOVINDAN K, et al. Manufacturer's selling mode choice in a platform-oriented dual channel supply chain [J]. Expert systems with applications, 2022, 198: 116-142.

⑦ TIAN C, XIAO T J, SHANG J. Channel differentiation strategy in a dual-channel supply chain considering free riding behavior [J]. European journal of operational research, 2022, 301: 473-485.

在双渠道逆向供应链管理方面，Savaskan 等①在零售竞争的背景下，分析不同回收模式对闭环供应链定价策略的影响。Mirzagoltabar 等②考虑价格和需求不确定性而构建多目标双渠道闭环供应链网络，并设计两种新的混合元启发式算法进行求解。Gu 等③针对制造商负责回收、零售商负责回收和第三方负责回收三种不同的回收渠道，研究了闭环供应链最优定价策略。Taleizadeh 等④研究了两个竞争的逆向供应链的定价策略，其中一个逆向供应链采用双渠道回收（直接回收渠道和传统回收渠道），另一个逆向供应链则仅有传统回收渠道。Modak 等⑤基于价格和与时间相关的随机需求研究了双渠道（传统零售渠道和在线销售渠道）供应链管理问题。Kazancoglu 等⑥设计绿色双渠道闭环供应链（CLSC）网络结构，提出一种复杂的混合整数线性规划模型（MILP）。提出该模型的主要目的是给出 CLSC 网络中层级的最佳选择以及这些层级之间运输方案的最佳选择。该网络包括基于经济和环境考虑的电子商务渠道结构。张桂涛等⑦针对存在缺陷品的双渠道闭环供应链结构，研究了双渠道、再制造率和产品缺陷对供应链各主体的运作策略的影响。林杰等⑧应用博弈理论，研究了当上下游企业分别为博弈领导者时，存在双回收渠道的闭环双渠道供应链的运作决策问题。赵静等⑨基于传统零售渠道和网络直销渠道，对零售商销售新产品并回收废旧产品、制造商开辟网络直销渠道的双渠道闭环供应链定价决策问题进行了研究。

① SAVASKAN R C, VAN WASSENHOVE L N V. Reverse channel design: the ease of competing retailers [J]. Management science, 2006, 52 (1): 1-14.

② MIRZAGOLTABAR H, SHIRAZI B, MAHDAVI I, et al. Sustainable dual-channel closed-loop supply chain network with new products for the lighting industry [J]. Computers & industrial engineering, 2021, 162: 107-181.

③ GU Q L, JI J H. Pricing management for closed-loop supply chain [J]. Journal of revenue & pricing management, 2008, 7 (1): 45-60.

④ TALEIZADEH A A, SADEGHI R. Pricing strategies in the competitive reverse supply chains with traditional and e-channels: a game theoretic approach [J]. International journal of production economics, 2019, 215: 48-60.

⑤ MODAK N M, KELLE P. Managing a dual-channel supply chain under price and delivery-time dependent stochastic demand [J]. European journal of operational research, 2019, 272: 147-161.

⑥ KAZANCOGLU Y, YUKSEL D, SEZER M D, et al. A green dual-channel closed-Loop supply chain network design model [J]. Journal of cleaner production, 2022, 332: 130-162.

⑦ 张桂涛, 胡劲松, 孙浩, 等. 具有缺陷产品的双渠道闭环供应链网络均衡 [J]. 中国管理科学, 2013, 21 (5): 68-79.

⑧ 林杰, 曹凯. 双渠道竞争环境下的闭环供应链定价模型 [J]. 系统工程理论与实践, 2014, 34 (6): 1416-1424.

⑨ 赵静, 肖亚倩. 不同渠道偏好和运营成本下双渠道闭环供应链定价决策研究 [J]. 运筹与管理, 2018, 27 (12): 108-114.

关于双渠道正向和逆向供应链管理的研究已有不少研究成果。与现有研究不同，本书考虑了双渠道回收检测质量差异，且质量差异影响线下回收商可再制造产品需求份额，在此基础上研究面向双渠道回收的线下回收商进退策略及协调机制。

3.2.2 有回收检测的供应链管理研究

在有回收检测的供应链管理的研究方面，Galbreth 等① 假设废旧产品分类准确无误，考虑确定需求和随机需求建立模型，给出独立再制造商的最优获取和分类策略。Teunter 等② 针对再制造商进行检测分类且假定分类准确无误，考虑到废旧产品的不同质量等级，研究给出确定需求和随机需求时最优获取和再制造策略。Zikopoulos 等③ 基于由一个再制造商和一个回收商构成的逆向供应链，考虑了废旧产品在拆解和再制造之前，已由再制造商进行快速但有差错的分类处理，研究给出最优的获取和再制造量。Wassenhove 和 Zikopoulos④ 基于由一个再制造商和多个相互独立的回收点构成的逆向供应链，考虑了回收商按照再制造商提供的列表对回收的废旧产品进行分级和分类的情况，研究给出集中决策情况下制造商最优的获取决策。Zikopoulos 和 Tagaras⑤ 考虑了废旧产品检测分类，建立了有多个回收点的逆向供应链的优化模型，分析了检测分类过程的准确性对供应链利润的影响。Panagiotidou 等⑥ 考虑到不可避免的质量评估检测的不准确性，基于仅与再制造间接相关的回收产品可用信息，研究了混合制造/再制造系统中回收产品分类过程的优化问题。Gu 和 Tagaras⑦ 针对由再制

① GALBRETH M, BLACKBURN J. Optimal acquisition and sorting policies for remanufacturing [J]. Production and operations management, 2006, 15 (3): 384-392.

② TEUNTER R H, FLAPPER S D P. Optimal core acquisition and remanufacturing policies under uncertain core quality fractions [J]. European journal of operational research, 2011, 210 (2): 241-248.

③ ZIKOPOULOS C, TAGARAS G. On the attractiveness of sorting before disassembly in remanufacturing [J]. IIE transactions, 2008, 40 (3): 313-323.

④ WASSENHOVE L N V, ZIKOPOULOS C. On the effect of quality overestimation in remanufacturing [J]. International journal of production research, 2010, 48 (18): 5263-5280.

⑤ ZIKOPOULOS C, TAGARAS G. Reverse supply chains: effects of collection network and returns classification on profitability [J]. European journal of operational research, 2015, 246: 435-449.

⑥ PANAGIOTIDOU S, NENES G, ZIKOPOULOS C, et al. Joint optimization of manufacturing/remanufacturing lot sizes under imperfect information on returns quality [J]. European journal of operational research, 2017, 258: 537-551.

⑦ GU Q L, TAGARAS G. Optimal collection and remanufacturing decisions in reverse supply chains with collector's imperfect sorting [J]. International journal of production research, 2014, 52 (17): 5155-5170.

造商和回收商构成的逆向供应链，研究有检测误差的回收商最优回收量和再制造商最优订单量，探讨检测误差率对最优值的影响。顾巧论和高铁杠[①]基于回收商和再制造商构成的逆向供应链，考虑了回收商负责对废旧产品进行检测的情况，研究检测误差率对供应链成员库存、利润和市场满足率的影响。Gu 和 Gao[②]通过构建有废旧产品检测误差和相关策略的逆向供应链系统动力学模型，制定三种策略和相应的利润均值期望增长率，针对不同情况进行仿真分析，给出最优的检测误差率和供应链成员平均利润增长率。

目前关于有回收检测的供应链的研究大多集中在单渠道供应链管理上。在已有研究基础上，本书结合双渠道回收检测质量差异，构建双渠道回收的再制造供应链系统动力学模型，研究面向双渠道回收的线下回收商的进退策略和协调机制。

3.3　问题描述与模型构建

3.3.1　问题描述

本节所研究的双渠道回收的再制造供应链结构如图 3.1 所示。供应链成员包括再制造商、线下回收商和专业拆解中心，其中再制造商拥有自营回收处理中心。双渠道是指传统线下（offline）回收渠道和线上（online）回收渠道。通过传统线下回收渠道，线下回收商对废旧产品进行回收检测（检测误差率分别为 a_1 和 b_1），并将检测后的"可再制造产品"运送到专业拆解中心等待拆解，对"不可再制造产品"进行废弃处理。通过线上回收渠道，再制造商利用自营回收处理中心对废旧产品进行回收检测（检测误差率分别为 a_2 和 b_2），并将检测后的"可再制造产品"运送到专业拆解中心等待拆解，对"不可再制造产品"进行废弃处理。专业拆解中心对来自线下渠道和线上渠道的"可再制造产品"进行拆解，并将拆解后的可再制造部件运送到再制造商进行再制造，对不可再制造部件进行废弃处理。再制造商对可再制造部件进行再制造，并装配成再制造产品销售到再制造产品市场。

---

① 顾巧论，高铁杠. 再制造逆向供应链检测误差率管理策略 [J]. 计算机集成制造系统，2016，22 (10)：2469-2477.

② GU Q L，GAO T G. IERs in reverse supply chain：be worth lowering or not [J]. Computers & industrial engineering，2017，111：289-302.

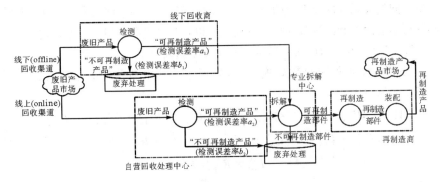

图 3.1 双渠道回收的再制造供应链结构

由图 3.1 可知，不论是线下回收商还是自营回收处理中心，回收的废旧产品中都有可再制造产品和不可再制造产品。线下回收商检测误差率 a_1 是将回收的废旧产品中的不可再制造产品误检为"可再制造产品"的比例，b_1 是将回收的废旧产品中可再制造产品误检为"不可再制造产品"的比例。再制造商自营回收处理中心的检测误差率 a_2 是将回收的废旧产品中不可再制造产品误检为"可再制造产品"的比例，b_2 是将回收的废旧产品中的可再制造产品误检为"不可再制造产品"的比例。基于技术和非技术的原因，线下回收商检测误差率和再制造商自营回收处理中心的检测误差率不同，即双渠道回收检测存在质量差异。依据这种质量差异，专业拆解中心将可再制造产品的需求按不同份额分配给每个渠道。

在双渠道回收的再制造供应链中，线下回收商面临如下问题：一方面，线上回收的出现势必减少其废旧产品市场份额，降低废旧产品回收量。另一方面，专业拆解中心依据每个渠道的检测质量分配需求份额，如果要增加可再制造产品需求份额，线下回收商需要通过投资以降低废旧产品检测误差率。针对线下回收商面临的实际问题，本章将构建双渠道回收的再制造供应链系统动力学模型，研究废旧产品市场份额的变化如何影响线下回收商和各成员的利润，检测误差率的降低如何影响线下回收商可再制造产品需求量和各成员的利润，降低检测误差率所需投资成本的变化如何影响线下回收商和各成员的利润。本章将根据研究结果，给出面对双渠道回收时线下回收商在废旧产品回收市场的进退策略。

3.3.2 存流图

依据图 3.1 给出的双渠道回收的再制造供应链结构，应用系统动力学软件 Vensim 5.10 建立双渠道回收的再制造供应链存流图如图 3.2 所示。存流图中变量之间的关系式即模型中的方程式。下面详细给出线下回收商、专业拆解中心和再制造商的利润函数等相关方程式，以及与关键参数相关的方程式。

3.3.2.1　线下回收商利润函数及相关方程式

线下回收商利润函数如式（3.1）所示，其中涉及的其他方程式见式（3.2）—式（3.7）。

$$\Pi_{col}^1 = (P_{remb}^{ofl} - C_{tran1}^{ofl}) \times R_{remb}^{ofl} \times T_{ins}^{ofl} - C_{ins}^{ofl} \times (R_{remb}^{ofl} + R_{unremb}^{ofl}) \times T_{ins}^{ofl} -$$
$$(C_{treat}^{ofl} + C_{tran2}^{ofl}) \times R_{treat}^{ofl} \times T_{treat}^{ofl} - H_{ci}^{ofl} \times I_{ci}^{ofl} - H_{unremb}^{ofl} \times I_{unremb}^{ofl} - \qquad (3.1)$$
$$P_{col}^{ofl} \times R_{col}^{ofl} \times T_{col}^{ofl}$$

其中：

$$R_{remb}^{ofl} = \begin{cases} \left[\min(I_{ci}^{ofl},\ Q_{should}^{ofl})/T_{ins}^{ofl} \right] \times \left[q_1 \times (1 - b_1) + (1 - q_1) \times a_1 \right] & I_{ci}^{ofl} > 0 \\ 0 & \text{其他} \end{cases}$$
$$(3.2)$$

$$R_{unremb}^{ofl} = \begin{cases} \left[\min(I_{ci}^{ofl},\ Q_{should}^{ofl})/T_{ins}^{ofl} \right] \times \left[q_1 \times b_1 + (1 - q_1) \times (1 - a_1) \right] & I_{ci}^{ofl} > 0 \\ 0 & \text{其他} \end{cases}$$
$$(3.3)$$

$$R_{treat}^{ofl} = I_{unremb}^{ofl}/T_{treat}^{ofl} \qquad (3.4)$$

$$R_{col}^{ofl} = \min(Q_{used} \times s/T_{col}^{ofl},\ R_{esati}^{ofl} + F_{eci-ci}^{ofl}/T_{col}^{ofl}) \qquad (3.5)$$

$$I_{ci}^{ofl} = I_{ci}^{ofl}(t = 0) + \int_0^t (R_{col}^{ofl} - R_{remb}^{ofl} - R_{unremb}^{ofl})\ dt \qquad (3.6)$$

$$I_{unremb}^{ofl} = I_{unremb}^{ofl}(t = 0) + \int_0^t (R_{unremb}^{ofl} - R_{treat}^{ofl})\ dt \qquad (3.7)$$

式（3.1）中，Π_{col}^1 为线下回收商的利润；P_{remb}^{ofl} 为线下回收商将可再制造产品销售给专业拆解中心的单位销售价格，C_{tran1}^{ofl} 为线下回收商将可再制造产品运送到专业拆解中心的单位运输费用，$R_{remb}^{ofl} \times T_{ins}^{ofl}$ 是运送的数量，其中 R_{remb}^{ofl} 是"可再制造品率（OFL）"、T_{ins}^{ofl} 为"检测时间（OFL）"；C_{ins}^{ofl} 是废旧产品单位检测成本，$(R_{remb}^{ofl} + R_{unremb}^{ofl}) \times T_{ins}^{ofl}$ 是检测的数量，其中 R_{remb}^{ofl}、R_{unremb}^{ofl} 和 T_{ins}^{ofl} 依次为"可再制造品率（OFL）"、"不可再制造品率（OFL）"和"检测时间（OFL）"；C_{treat}^{ofl} 和 C_{tran2}^{ofl} 分别为不可再制造产品单位处理成本和运输成本，$R_{treat}^{ofl} \times T_{treat}^{ofl}$ 是不可再制造产品处理量，其中 R_{treat}^{ofl} 和 T_{treat}^{ofl} 分别为"处理率（OFL）"和"处理时间（OFL）"；H_{ci}^{ofl} 和 I_{ci}^{ofl} 分别为回收品库存单位持有成本和"回收品库存（CI-OFL）"；H_{unremb}^{ofl} 和 I_{unremb}^{ofl} 分别为"不可再制造品库存单位持有成本（OFL）"和"不可再制造品库存（OFL）"；P_{col}^{ofl} 是废旧产品单位回收价格，$R_{col}^{ofl} \times T_{col}^{ofl}$ 是回收量，其中 R_{col}^{ofl} 和 T_{col}^{ofl} 分别为"期望回收率（OFL）"和"回收时间（OFL）"。

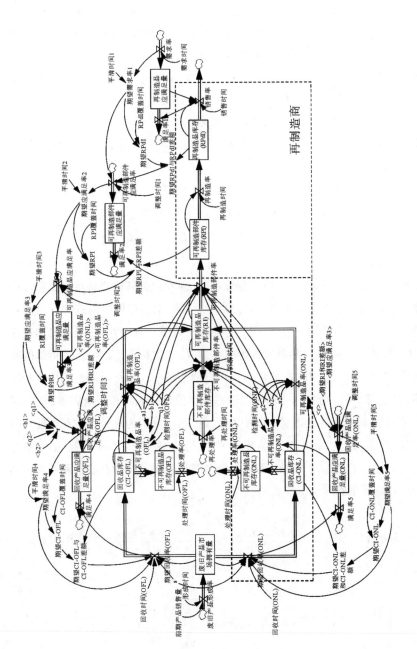

图3.2 双渠道回收的再制造供应链存流图

式（3.2）和式（3.3）中，Q_{should}^{ofl} 为"回收产品应满足量（OFL）"，q_1 为线下回收商回收的废旧产品可再利用率，a_1 为线下回收商将不可再制造废旧产品检测为"可再制造废旧产品"的检测误差率，b_1 为将可再制造废旧产品检测为"不可再制造废旧产品"的检测误差率。

式（3.5）中，Q_{used} 是废旧产品市场拥有量，s 是线下回收商废旧产品市场份额。R_{esati}^{ofl} 是期望满足率 4，F_{eci-ci}^{ofl} 是"期望 CI-OFL 与 CI-OFL 差额"。

3.3.2.2　专业拆解中心利润函数及相关方程式

专业拆解中心利润函数如式（3.8）所示，其中涉及的其他方程式见式（3.9）—式（3.14）。

$$\Pi_{dc}^1 = (P_{rembpa}^{dc} - C_{tran1}^{dc}) \times R_{rembpa}^{dc} \times T_{dis}^{dc} - C_{dis}^{dc} \times (R_{rembpa}^{dc} + R_{unrembpa}^{dc}) \times T_{dis}^{dc} -$$
$$(C_{retreat}^{dc} + C_{tran2}^{dc}) \times R_{retreat}^{dc} \times T_{retreat}^{dc} - P_{remb}^{ofl} \times R_{remb}^{ofl} \times T_{ins}^{ofl} -$$
$$P_{remb}^{onl} \times R_{remb}^{onl} \times T_{ins}^{onl} - H_{ri}^{dc} \times I_{ri}^{dc} - H_{unrembpa}^{dc} \times I_{unrembpa}^{dc}$$

$$(3.8)$$

式（3.8）中，Π_{dc}^1 为专业拆解中心利润；P_{rembpa}^{dc} 为专业拆解中心将可再制造部件销售给再制造商的单位销售价格，C_{tran1}^{dc} 为专业拆解中心将可再制造部件运送到再制造商的单位运输费用，$R_{rembpa}^{dc} \times T_{dis}^{dc}$ 是运送的数量，其中 R_{rembpa}^{dc} 是可再制造部件率、T_{dis}^{dc} 为拆解时间；C_{dis}^{dc} 是单位拆解成本，$(R_{rembpa}^{dc} + R_{unrembpa}^{dc}) \times T_{dis}^{dc}$ 是拆解的数量，其中 R_{rembpa}^{dc}、$R_{unrembpa}^{dc}$ 和 T_{dis}^{dc} 依次为可再制造部件率、不可再制造部件率和拆解时间；$C_{retreat}^{dcl}$ 和 C_{tran2}^{dc} 分别为不可再制造部件单位处理成本和运输成本，$R_{retreat}^{dc} \times T_{retreat}^{dc}$ 是不可再制造部件处理量，其中 $R_{retreat}^{dc}$ 和 $T_{retreat}^{dc}$ 分别为再处理率和再处理时间；H_{ri}^{dc} 和 I_{ri}^{dc} 分别为可再制造品库存单位持有成本和"可再制造品库存（RI）"；$H_{unrembpa}^{dc}$ 和 $I_{unrembpa}^{dc}$ 分别为不可再制造部件库存单位持有成本和不可再制造部件库存。其他符号含义见前面。

其中：

$$R_{rembpa}^{dc} = \begin{cases} (I_{ri}^{dc}/T_{dis}^{dc}) \times \left[\dfrac{q_1 \times (1-b_1)}{q_1 \times (1-b_1) + (1-q_1) \times a_1} + \dfrac{q_2 \times (1-b_2)}{q_2 \times (1-b_2) + (1-q_2) \times a_2} \right] & I_{ri}^{dc} > 0 \\ 0 & \text{其他} \end{cases}$$

$$(3.9)$$

$$R_{unrembpa}^{dc} = \begin{cases} (I_{ri}^{dc}/T_{dis}^{dc}) \times \left[\dfrac{(1-q_1) \times a_1}{q_1 \times (1-b_1) + (1-q_1) \times a_1} + \dfrac{(1-q_2) \times a_2}{q_2 \times (1-b_2) + (1-q_2) \times a_2} \right] & I_{ri}^{dc} > 0 \\ 0 & \text{其他} \end{cases}$$

$$(3.10)$$

式（3.9）和式（3.10）中，q_2 为线上回收处理中心的废旧产品可再利用率，a_2

为线上回收处理中心将不可再制造废旧产品检测为"可再制造废旧产品"的检测误差率，b_2 为将可再制造废旧产品检测为"不可再制造废旧产品"的检测误差率。

$$R_{retreat}^{dc} = I_{unrembpa}^{dc} / T_{retreat}^{dc} \tag{3.11}$$

$$R_{remb}^{onl} = \begin{cases} [\min(I_{ci}^{onl}, Q_{should}^{onl})/T_{ins}^{onl}] \times [q_2 \times (1-b_2) + (1-q_2) \times a_2] & I_{ci}^{onl} > 0 \\ 0 & \text{其他} \end{cases}$$
$$\tag{3.12}$$

$$I_{ri}^{dc} = I_{ri}^{dc}(t=0) + \int_0^t (R_{remb}^{ofl} + R_{remb}^{onl} - R_{rembpa}^{dc} - R_{unrembpa}^{dc})\, dt \tag{3.13}$$

$$I_{unrembpa}^{dc} = I_{unrembpa}^{dc}(t=0) + \int_0^t (R_{unrembpa}^{dc} - R_{retreat}^{dc})\, dt \tag{3.14}$$

式（3.12）中，Q_{should}^{onl} 为"回收产品应满足量（ONL）"。

3.3.2.3 再制造商利润函数及相关方程式

再制造商利润函数如式（3.15）所示，其中涉及的其他方程式见式（3.16）—式（3.25）。

$$\begin{aligned} \Pi_{rm}^1 = &[(P_{sal} - C_{tran3}) \times R_{sal} \times T_{sal} - C_{rem} \times R_{rem} \times T_{rem} - \\ &P_{rembpa}^{dc} \times R_{rembpa}^{dc} \times T_{dis}^{dc} - H_{rpdi} \times I_{rpdi} - H_{rpi} \times I_{rpi}] + \\ &[(P_{remb}^{onl} - C_{tran1}^{onl}) \times R_{remb}^{onl} \times T_{ins}^{onl} - C_{ins}^{onl} \times (R_{remb}^{onl} + R_{unremb}^{onl}) \times T_{ins}^{onl} - \\ &(C_{treat}^{onl} + C_{tran2}^{onl}) \times R_{treat}^{onl} \times T_{treat}^{onl} - H_{ci}^{onl} \times I_{ci}^{onl} - H_{unremb}^{onl} \times I_{unremb}^{onl} - \\ &P_{col}^{onl} \times R_{col}^{onl} \times T_{col}^{onl}] \end{aligned} \tag{3.15}$$

其中：

$$R_{sal} = \min(I_{rpdi}, Q_{should}^{rpd})/T_{sal} \tag{3.16}$$

$$R_{rem} = I_{rpi}/T_{rem} \tag{3.17}$$

$$I_{rpdi} = I_{rpdi}(t=0) + \int_0^t (R_{rem} - R_{sal})\, dt \tag{3.18}$$

$$I_{rpi} = I_{rpi}(t=0) + \int_0^t (R_{rembpa}^{dc} - R_{rem})\, dt \tag{3.19}$$

$$R_{remb}^{onl} = \begin{cases} [\min(I_{ci}^{onl}, Q_{should}^{onl})/T_{ins}^{onl}] \times [q_2 \times (1-b_2) + (1-q_2) \times a_2] & I_{ci}^{onl} > 0 \\ 0 & \text{其他} \end{cases}$$
$$\tag{3.20}$$

$$R_{unremb}^{onl} = \begin{cases} [\min(I_{ci}^{onl}, Q_{should}^{onl})/T_{ins}^{onl}] \times [q_2 \times b_2 + (1-q_2) \times (1-a_2)] & I_{ci}^{onl} > 0 \\ 0 & \text{其他} \end{cases}$$
$$\tag{3.21}$$

$$R_{treat}^{onl} = I_{unremb}^{onl}/T_{treat}^{onl} \tag{3.22}$$

$$R_{col}^{onl} = \min\left[Q_{used} \times (1-s)/T_{col}^{onl}, \ R_{esati}^{onl} + F_{eci-ci}^{onl}/T_{col}^{ofn} \right] \tag{3.23}$$

$$I_{ci}^{onl} = I_{ci}^{onl}(t=0) + \int_0^t (R_{col}^{onl} - R_{remb}^{onl} - R_{unremb}^{onl}) \, dt \tag{3.24}$$

$$I_{unremb}^{onl} = I_{unremb}^{onl}(t=0) + \int_0^t (R_{unremb}^{onl} - R_{treat}^{onl}) \, dt \tag{3.25}$$

式（3.15）中，Π_{rm}^1 为再制造商的利润；第一部分为再制造商再制造利润，P_{sal} 为再制造产品单位销售价格，C_{tran3} 为将再制造产品运送到消费区域的单位运输成本，$R_{sal} \times T_{sal}$ 为运输量，其中 R_{sal} 和 T_{sal} 分别为再制造产品销售率和销售时间；C_{rem} 为单位再制造成本，$R_{rem} \times T_{rem}$ 为再制造数量，其中 R_{rem} 和 T_{rem} 分别为再制造率和再制造时间；H_{rpdi} 为再制造品库存单位持有成本，I_{rpdi} 为"再制造品库存（RPdI）"；H_{rpi} 为可再制造部件库存单位持有成本，I_{rpi} 为"可再制造部件库存（RPI）"。第二部分为再制造线上回收处理中心运作部分，P_{remb}^{onl} 为回收处理中心将可再制造产品销售给专业拆解中心的单位销售价格，C_{tran1}^{onl} 为回收处理中心将可再制造产品运送到专业拆解中心的单位运输费用，$R_{remb}^{onl} \times T_{ins}^{onl}$ 是运送的数量，其中 R_{remb}^{onl} 是"可再制造品率（ONL）"、T_{ins}^{onl} 为"检测时间（ONL）"；C_{ins}^{onl} 是废旧产品单位检测成本，$(R_{remb}^{onl} + R_{unremb}^{onl}) \times T_{ins}^{onl}$ 是检测的数量，其中 R_{remb}^{onl}、R_{unremb}^{onl} 和 T_{ins}^{onl} 依次为"可再制造品率（ONL）"、"不可再制造品率（ONL）"和"检测时间（ONL）"；C_{treat}^{onl} 和 C_{tran2}^{onl} 分别为不可再制造产品单位处理成本和运输成本，$R_{treat}^{onl} \times T_{treat}^{onl}$ 是不可再制造产品处理量，其中 R_{treat}^{onl} 和 T_{treat}^{onl} 分别为"处理率（ONL）"和"处理时间（ONL）"；H_{ci}^{onl} 和 I_{ci}^{onl} 分别为回收品库存单位持有成本和"回收品库存（CI-ONL）"；H_{unremb}^{onl} 和 I_{unremb}^{onl} 分别为"不可再制造品库存单位持有成本（ONL）"和"不可再制造品库存（ONL）"；P_{col}^{onl} 是废旧产品单位回收价格，$R_{col}^{onl} \times T_{col}^{onl}$ 是回收量，其中 R_{col}^{onl} 和 T_{col}^{onl} 分别为"期望回收率（ONL）"和"回收时间（ONL）"。

3.3.2.4 关键参数相关方程式

关键参数是指线下回收商废旧产品市场份额 s 和可再制造产品需求份额 r。

（1）废旧产品市场份额 s 相关方程式。

前面给出的方程式中，式（3.5）和式（3.23）和废旧产品市场份额 s 有关，其中 Q_{used} 是废旧产品市场拥有量，其方程式为：

$$Q_{used} = Q_{used}(t=0) + \int_0^t (R_{used} - R_{col}^{ofl} - R_{col}^{onl}) \, dt \tag{3.26}$$

式（3.26）中，$R_{col}^{ofl} = \min(Q_{used} \times s/T_{col}^{ofl}, \ R_{esati}^{ofl} + F_{eci-ci}^{ofl}/T_{col}^{ofl})$ 是线下回收商的"期

望回收率（OFL）"，$R_{col}^{onl} = \min\left[Q_{used} \times (1-s)/T_{col}^{onl},\ R_{esati}^{onl} + F_{eci-ci}^{onl}/T_{col}^{ofn} \right]$ 是线上回收处理中心的"期望回收率（ONL）"，具体见前面的式（3.5）和式（3.23）。R_{used} 是废旧产品形成率，其方程式为

$$R_{used} = Q_{sold}/T_{used} \tag{3.27}$$

式（3.27）中，Q_{sold} 是前期产品销售量，即新产品销售量，T_{used} 是销售的新产品经使用后成为废旧产品的形成周期。

（2）可再制造产品需求份额 r 相关方程式。

式（3.2）、式（3.3）中 Q_{should}^{ofl} 是线下回收商回收产品应满足量，其方程式为

$$Q_{should}^{ofl} = Q_{should}^{ofl}(t=0) + \int_0^t \left(R_{should}^{ofl} - R_{sati4}^{ofl} \right) dt \tag{3.28}$$

式（3.28）中，R_{should}^{ofl} 为线下回收商"回收产品应满足率（OFL）"，R_{sati4}^{ofl} 为满足率4，且

$$R_{should}^{ofl} = \max\left[\left(R_{esati3}^{dc} + F_{eri-ri}^{dc}/T_{just3}^{ofl} \right) \times r,\ 0 \right] \tag{3.29}$$

式（3.29）中，R_{esati3}^{dc} 为专业拆解中心可再制造品"期望应满足率3"，F_{eri-ri}^{dc} 为"期望 RI 和 RI 差额"，T_{just3}^{ofl} 为线下回收商的"调整时间3"，r 线下回收商可再制造产品需求份额，是由专业拆解中心依据线上线下回收检测误差率分配的。

专业拆解中心可再制造产品需求份额分配原则：第三方回收商和再制造商自营回收处理中心将检测后的可再制造产品供应给专业拆解中心。由于线下回收渠道和线上回收渠道回收检测存在质量差异，即两渠道回收检测误差率不同，拆解中心会制定可再制造产品需求分配机制：根据拆解后从每个渠道获得的真正可再制造产品的比率分配可再制造产品的需求份额，即：

$$r = \frac{q_1 \times (1-b_1)}{q_1 \times (1-b_1) + q_2 \times (1-b_2)} \tag{3.30}$$

其中，q_1 和 b_1 为线下回收商回收的废旧产品可再利用率和将可再制造废旧产品检测为"不可再制造废旧产品"的检测误差率，q_2 和 b_2 为自营回收处理中心回收的废旧产品可再利用率和将可再制造废旧产品检测为"不可再制造废旧产品"的检测误差率。

式（3.20）、式（3.21）中 Q_{should}^{onl} 是线上回收处理中心回收产品应满足量，其方程式为

$$Q_{should}^{onl} = Q_{should}^{onl}(t=0) + \int_0^t \left(R_{should}^{onl} - R_{sati5}^{onl} \right) dt \tag{3.31}$$

式（3.31）中，R_{should}^{onl} 为线上回收处理中心"回收产品应满足率（ONL）"，R_{sati5}^{onl} 为满足率5，且

$$R_{should}^{onl} = \max\left[\left(R_{esati3}^{dc} + F_{eri-ri}^{dc}/T_{just5}^{onl}\right) \times (1-r),\ 0\right] \tag{3.32}$$

式（3.32）中，R_{esati3}^{dc} 为专业拆解中心"期望应满足率3"，F_{eri-ri}^{dc} 为"期望 RI 和 RI 差额"，T_{just5}^{onl} 为线上回收处理中心"调整时间5"，$1-r$ 为线上回收处理中心可再制造产品需求份额，是由专业拆解中心依据线上线下回收检测误差率分配的。

另外，存流图中其他方程式见附录3.1。存流图中的常量设置：CI-OFL 覆盖时间、RI 覆盖时间、RPdI 覆盖时间、RPI 覆盖时间、CI-ONL 覆盖时间为1.2周；再制造时间、再处理时间、"回收时间（OFL）"、"回收时间（ONL）"、"处理时间（OFL）"、"处理时间（ONL）"、形成时间、拆解时间、"检测时间（OFL）"、"检测时间（ONL）"、销售时间和需求时间为1周；平滑时间1、平滑时间2、平滑时间3、平滑时间4、平滑时间5为2周；调整时间1、调整时间2、调整时间3、调整时间5为2周。

基于本节构建的双渠道回收的再制造供应链存流图，下面通过数值仿真，分析废旧产品市场份额 s 对线下回收商利润的影响，可再制造产品需求份额 r 对线下回收商利润的影响，投资成本分担机制对线下回收商利润的影响，以及每种情况对供应链其他成员利润的影响，并给出面向双渠道回收时线下回收商的进退策略。

3.4　仿真分析

原始制造商持续生产一种新产品并销售到消费市场。经过一轮使用周期，新产品陆续进入废旧产品市场等待回收。该制造商已建立再制造厂（再制造商）对其废旧产品进行回收再制造。再制造商通过自营回收处理中心线上回收废旧产品，经检测将"可再制造产品"运送到专业拆解中心，检测误差率 $a_2 = 25\%$、$b_2 = 20\%$。线下回收商通过线下回收渠道回收废旧产品，经检测将"可再制造产品"运送至专业拆解中心，检测误差率 $a_1 = 35\%$、$b_1 = 28\%$。专业拆解中心对来自再制造商自营回收处理中心和线下回收商的"可再制造产品"进行拆解，将可再制造部件销售给再制造商。再制造商对可再制造部件实施再制造并组装成为再制造产品，销售到再制造产品市场。再制造产品市场需求是随机的。

3.4.1 废旧产品市场份额 s 对线下回收商利润的影响

已知线下回收商回收的废旧产品可再利用率 q_1 为 60%，检测误差率分别为 $a_1 = 35\%$ 和 $b_1 = 28\%$。自营回收处理中心回收的废旧产品的可再利用率 q_2 为 80%，检测误差率分别为 $a_2 = 25\%$ 和 $b_2 = 20\%$。线下回收商废旧产品市场份额 s 分别为 100%、90%、70%、50%、30% 和 10%，其中 s 为 100% 即只有线下回收渠道。此时，线下回收商可再制造产品需求份额 $r = 40\%$。

废旧产品市场份额 s 的变化对线下回收商利润的影响如图 3.3 所示。

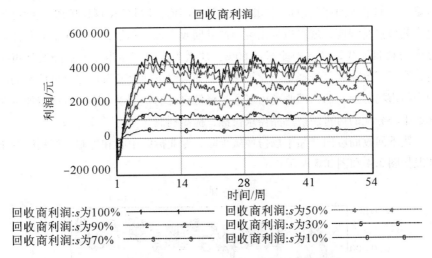

回收商利润

回收商利润:s 为 100% —+—　　　回收商利润:s 为 50% —4—
回收商利润:s 为 90% —2—　　　回收商利润:s 为 30% —5—
回收商利润:s 为 70% —3—　　　回收商利润:s 为 10% —6—

图 3.3　废旧产品市场份额 s 对线下回收商利润的影响

由图 3.3 可以看出：随着废旧产品市场份额 s 的减少，线下回收商的利润随之降低。这个结论显而易见，因为废旧产品市场份额减少导致回收量减少，进而导致利润降低。关键问题是，面对废旧产品市场份额的减少、利润的降低，线下回收商将采取怎样的策略。为此，下面探讨随着废旧产品市场份额的减少，线下回收商平均利润的变化情况。表 3.1 给出随着废旧产品市场份额的减少，线下回收商平均利润及其降低的幅度。

表 3.1　线下回收商平均利润及降低幅度

废旧产品市场份额 s/%	平均利润/元	降低幅度/%
100	375 796	0.00
90	338 865	9.83

表3.1(续)

废旧产品市场份额 s/%	平均利润/元	降低幅度/%
70	263 567	29.86
50	188 262	49.90
30	112 957	69.94
10	37 652	89.98

依据上面的研究结果，线下回收商可以做出废旧产品回收市场进退策略。
策略一：如果废旧产品市场份额降低到某个阈值，回收商的利润的降低幅度超过了其可接受程度，就可以退出废旧产品回收市场。例如，如果线下回收商可接受的利润降低幅度是不能超过60%，那么当废旧产品市场份额降低到40%时，线下回收商就可选择退出。策略二：如果线下回收商可以保有可接受的废旧产品市场份额，那么回收商可以通过降低自己的检测误差率，以便增加专业拆解中心分配的可再制造产品需求份额，提高利润。

线下回收商废旧产品市场份额减少时，专业拆解中心和再制造商利润变化情况如图3.4和图3.5所示。

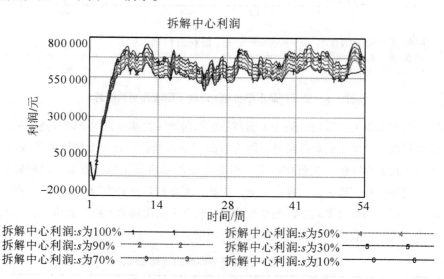

图3.4 废旧产品市场份额 s 对专业拆解中心利润的影响

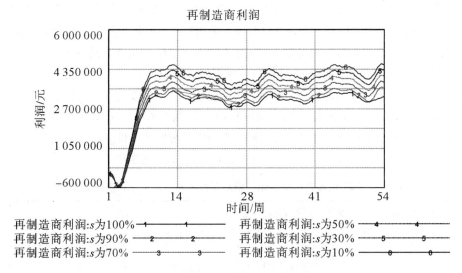

再制造商利润

再制造商利润:s为100% —1————1—   再制造商利润:s为50% —4————4—
再制造商利润:s为90% —2————2—   再制造商利润:s为30% —5————5—
再制造商利润:s为70% —3————3—   再制造商利润:s为10% —6————6—

图3.5   废旧产品市场份额 s 对再制造商利润的影响

由图 3.4 不难发现，随着回收商废旧产品市场份额 s 的减少，拆解中心的利润增加。原因是线下回收商废旧产品检测误差率比再制造商自营回收处理中心检测误差率高，回收商废旧产品市场份额减少可以增加可再制造废旧产品的数量，减少拆解费用，从而导致拆解中心利润增加。

由图 3.5 可以看出，随着线下回收商废旧产品市场份额 s 的减少，再制造商的利润也增加。原因有两个：一是，线下回收商废旧产品市场份额 s 的减少，说明再制造商废旧产品市场份额增加，利润随之增加；二是，线下回收商检测误差率的降低使得再制造商获取的可再制造部件数量增加，生产的再制造产品数量增加，提高了再制造产品的市场满足率，从而导致再制造商利润增加。

从专业拆解中心和再制造商的角度考虑，二者偏向于线下回收商废旧产品市场份额减少或退出废旧产品回收市场。对线下回收商而言，只要有可能，线下回收商会选择策略二，即降低检测误差率，以便从专业拆解中心获取较多的可再制造产品需求份额，增加利润。

下面将通过仿真模拟，探讨线下回收商选择策略二时，随着可再制造产品需求份额的增加，线下回收商利润的变化情况，以及专业拆解中心和再制造商的利润情况。

3.4.2   可再制造产品需求份额 r 对线下回收商的影响

对于线下回收商，当废旧产品市场份额 s 降低到 50% 时，回收商平均利润降低 50% 左右（见表 3.1）。如果线下回收商可承受的平均利润降低幅度为 50%，此时，为了提高利润，回收商决定采用策略二，即增加投资以降低检测误差率。投资成本与检测误差率的关系：$C = v \times (a_1 - a_{1inv})$，其中 a_{1inv} 是投资后的检测误差率，v 为大于 0 的整数。线下回收商投资成本、检测误差率和可再制造产品需求份额如表 3.2 所示。其中包括：线下回收商投资前废旧产品检测误差率 a_1、b_1 和可再制造产品需求份额 r，检测误差率 a_1 和 b_1 如前设置，需求份额 r 依式（3.30）计算；线下回收商投资后废旧产品检测误差率 a_{1inv}、b_{1inv} 和可再制造产品需求份额 r_{inv}，需求份额 r_{inv} 来自式（3.30）。

表 3.2　线下回收商投资成本、检测误差率和可再制造产品需求份额

检测误差率和需求份额（投资前）/%			检测误差率和需求份额（投资后）/%			投资 C/元				
a_1	b_1	r	a_{1inv}	b_{1inv}	r_{inv}	$v=20$	$v=40$	$v=60$	$v=80$	$v=100$
35	28	40	35	28	40	0	0	0	0	0
			30	24	42	1	2	3	4	5
			25	20	43	2	4	6	8	10
			20	16	44	3	6	9	12	15
			15	12	45	4	8	12	16	20
			10	8	46	5	10	15	20	25
			5	4	47	6	12	18	24	30

线下回收商投资后，其利润函数如式（3.33）所示，即原来的利润减去投资成本。专业拆解中心和再制造商的利润函数不变。

$$\Pi_{col}^2 = \Pi_{col}^1 - C_{inv}^{ofl} \times (R_{remb}^{ofl} + R_{unremb}^{ofl}) \times T_{ins}^{ofl} \tag{3.33}$$

$$\Pi_{dc}^2 = \Pi_{dc}^1 \tag{3.34}$$

$$\Pi_{rm}^2 = \Pi_{rm}^1 \tag{3.35}$$

这里，Π_{col}^2 为线下回收商通过投资降低检测误差率后的利润，C_{inv}^{ofl} 为单位投资成本。Π_{dc}^2 和 Π_{rm}^2 分别为线下回收商投资后专业拆解中心和再制造商的利润。其他符号如前所述。

图 3.6、图 3.7 和图 3.8 是 v 为 100 时，可再制造产品需求份额 r 对线下回收商、专业拆解中心和再制造商利润的影响。

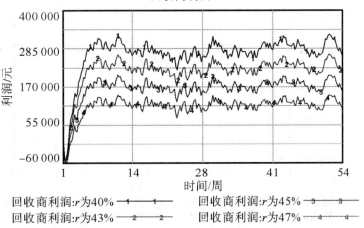

图 3.6 可再制造产品需求份额 r 对线下回收商利润的影响

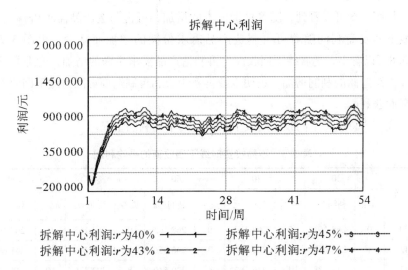

图 3.7 需求市场份额 r 对拆解中心利润的影响

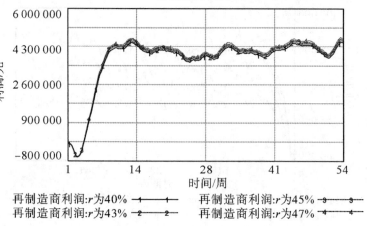

再制造商利润

再制造商利润:r为40% —+—+—   再制造商利润:r为45% —3——3—
再制造商利润:r为43% —2——2—   再制造商利润:r为47% —4——4—

图 3.8 需求市场份额 r 对再制造商利润的影响

从图 3.6 可以看到，随着投资成本的增加，可再制造产品需求份额增加，但线下回收商利润随着可再制造产品需求份额的增加而减少。由图 3.7 和图 3.8 可以看出，随着线下回收商可再制造产品需求份额的增加，专业拆解中心和再制造商的利润增加，说明专业拆解中心和再制造商都因为线下回收商的投资而获利。

表 3.3 总结了不同投资时线下回收商的平均利润情况。

表 3.3 不同投资时线下回收商的平均利润

r_1/%	$v = 20$		$v = 40$		$v = 60$		$v = 80$		$v = 100$	
	成本	利润/元	成本	利润/元	成本	利润/元	成本	利润/元	成本	利润/元
40	0	268 163	0	268 163	0	268 163	0	268 163	0	268 163
42	1	256 069	2	252 462	3	248 856	4	245 249	5	241 643
43	2	243 975	4	236 762	6	229 549	8	222 336	10	215 123
44	3	231 881	6	221 061	9	210 242	12	199 423	15	188 603
45	4	219 787	8	205 361	12	190 935	16	176 509	20	162 083
46	5	207 693	10	189 660	15	171 628	20	153 596	25	135 563
47	6	195 598	12	173 960	18	152 321	24	130 682	30	109 044

由表 3.3 可知，随着投资成本的增加，线下回收商的平均利润会减少。例如，当 v 为 100 时，随着可再制造产品需求份额 r 从 40% 增加到 47%，线下回收商的利润从 268 163 元降低到 109 044 元。考虑到专业拆解中心和再制造商

从线下回收商的投资中获利，即出现了"搭便车"行为，下面将给出线下回收商与专业拆解中心和再制造商制定的投资成本分担机制。

3.4.3 投资成本分担机制对线下回收商的影响

线上回收渠道的出现会减少线下回收渠道的废旧产品市场份额，从而影响到线下回收商的废旧产品回收量和利润。针对废旧产品市场份额的减少，结合专业拆解中心的可再制造产品需求份额分配原则，线下回收商决定采用策略二，即通过投资以降低检测误差率。但新的问题是，线下回收商投资降低废旧产品检测误差率，虽然增加了可再制造产品需求份额，但线下回收商的利润并未增加。因此，经过协商，线下回收商、专业拆解中心和再制造商之间达成投资成本分担机制：线下回收商承担投资成本的一定比例，而再制造商和专业拆解中心各分担投资剩余成本的50%。

采用投资成本分担机制后，线下回收商、专业拆解中心和再制造商的利润函数如下：

$$\Pi_{col}^{3} = \Pi_{col}^{1} - C_{inv}^{ofl} \times k \times (R_{remb}^{ofl} + R_{unremb}^{ofl}) \times T_{ins}^{ofl} \tag{3.36}$$

$$\Pi_{dc}^{3} = \Pi_{dc}^{1} - C_{inv}^{ofl} \times [(1-k)/2] \times (R_{remb}^{ofl} + R_{unremb}^{ofl}) \times T_{ins}^{ofl} \tag{3.37}$$

$$\Pi_{rm}^{3} = \Pi_{rm}^{1} - C_{inv}^{ofl} \times [(1-k)/2] \times (R_{remb}^{ofl} + R_{unremb}^{ofl}) \times T_{ins}^{ofl} \tag{3.38}$$

这里，Π_{col}^{3} 为采用投资成本分担机制后线下回收商的利润，k 为线下回收商承担的投资成本的比例。Π_{dc}^{3} 和 Π_{rm}^{3} 分别为采用投资成本分担机制后专业拆解中心和再制造商的利润。其他符号如前文所述。

随着线下回收商投资成本承担比例 k 的变化，线下回收商、专业拆解中心和再制造商三者平均利润情况见表3.4。其中，废旧产品市场份额 s 为50%，v 为100，线下回收商通过投资，将废旧产品检测误差率 a_{1inv} 变为25%，即和线上再制造商的回收处理中心的检测误差率相同。

表3.4 投资成本分担机制下线下回收商、专业拆解中心和再制造商的平均利润

k/%	回收商平均利润/元	拆解中心平均利润/元	再制造商平均利润/万元
100	215 123	741 205	369.4
80	222 336	737 599	368.7
60	229 549	733 992	368.0
40	236 762	730 386	367.3
20	243 975	726 779	366.6

通过对没有投资的情况进行仿真，我们发现，当线下回收商废旧产品市场份额 s 为 50% 时，线下回收商平均利润为 188 262 元，专业拆解中心平均利润为 588 351 元，再制造商平均利润为 330.6 万元。将仿真结果与表 3.4 对比，可以看出，应用投资成本分担机制，当线下回收商通过投资以降低检测误差率时，线下回收商、专业拆解中心和再制造商都能获得更高的利润。

3.4.4 线下回收商进退策略

依据以上研究结果，面对双渠道回收时，线下回收商可采取如下进退策略：策略一，如果废旧产品市场份额降低到某个阈值，线下回收商利润的降低幅度超过了其可接受程度，则线下回收商可以考虑退出废旧产品回收市场。例如，如果线下回收商可接受的利润降低幅度不能超过 60%，那么当废旧产品市场份额降低到 40% 时，线下回收商就可选择退出。策略二，如果线下回收商可以保有可接受的废旧产品市场份额，那么回收商可以通过投资降低自己的检测误差率，以便增加专业拆解中心分配的可再制造产品需求份额，并通过制定投资成本分担机制，以确保供应链成员利润的提高，达到双赢的目的。

本章小结

本章基于废旧产品线下回收和线上回收双渠道并存的现实，针对由再制造商、线下回收商和专业拆解中心构成的双渠道再制造供应链，考虑了双渠道回收检测质量差异和线下回收商面临的实际问题，构建双渠道回收的再制造供应链系统动力学模型，研究线下回收商面对双渠道回收时的进退策略。

在双渠道回收的再制造供应链中，线下回收商面临的实际问题包括：一是废旧产品市场份额问题。线上回收的出现导致线下回收商废旧产品市场份额减少、利润降低。二是可再制造产品需求份额问题。由于双渠道回收检测具有质量差异，专业拆解中心依据每个渠道的检测质量分配需求份额。如果要增加可再制造产品需求份额，线下回收商需要通过投资以降低废旧产品检测误差率。

针对线下回收商面临的问题，本章通过构建双渠道回收的再制造供应链系统动力学模型，研究了如下内容：分析废旧产品市场份额减少对线下回收商利润的影响，探讨线下回收商废旧产品市场份额减少时供应链其他成员利润的变化情况；分析可再制造产品需求份额对线下回收商的影响，即分析降低检测误差率所需投资成本对线下回收商利润的影响，并针对"搭便车"行为制定投资成本分担机制。研究发现：如果废旧产品市场份额降低到某个阈值，利润的降低幅度超过了其可接受程度，线下回收商可以考虑退出废旧产品回收市场（策略一）。如果可以保有可接受的废旧产品市场份额，线下回收商可以通过降低检测误差率，增加专业拆解中心分配的可再制造产品需求份额，并通过制定投资成本分担机制，确保供应链成员利润的提高，达到双赢的目的（策略二）。

附录 3.1：存流图中的其他方程式

再制造品应满足量＝INTEG（需求率−满足率1，0）

期望 RPdI＝期望需求率1×RPdI 覆盖时间

期望 RPdI 与 RPdI 差额＝期望 RPdI−"再制造品库存（RPdI）"

期望需求率1＝SMOOTHI（需求率，平滑时间1，需求率）

满足率1＝销售率

需求率＝RANDOM NORMAL（4 000，8 000，6 000，250 000，4 000）/需求时间

可再制造部件应满足率＝MAX（期望需求率1＋期望 RPdI 与 RPdI 差额/调整时间1，0）

可再制造部件应满足量＝INTEG（可再制造部件应满足率−满足率2，0）

期望 RPI＝期望应满足率2×RPI 覆盖时间

期望 RPI 与 RPI 差额＝期望 RPI−"可再制造部件库存（RPI）"

期望应满足率2＝SMOOTHI（可再制造部件应满足率，平滑时间2，可再制造部件应满足率）

满足率2＝可再制造部件率

可再制造品应满足率＝MAX（期望应满足率2＋期望 RPI 与 RPI 差额/调整时间2，0）

可再制造品应满足量＝INTEG（可再制造品应满足率−满足率3，0）

期望 RI 和 RI 差额＝期望 RI−"可再制造品库存（RI）"

期望应满足率3＝SMOOTHI（可再制造品应满足率，平滑时间3，可再制造品应满足率）

期望 RI＝期望应满足率3×RI 覆盖时间

满足率3＝"可再制造品率（OFL）"＋"可再制造品率（ONL）"

"期望 CI-OFL"＝期望满足率4＊"CI-OFL 覆盖时间"

"期望 CI-OFL 与 CI-OFL 差额"＝"期望 CI-OFL"－"回收品库存（CI-OFL）"

"期望 CI-ONL"＝期望满足率 5×"CI-ONL 覆盖时间"

"期望 CI-ONL 和 CI-ONL 差额"＝"期望 CI-ONL"－"回收品库存（CI-ONL）"

期望满足率 4＝SMOOTHI［"回收产品应满足率（OFL）"，平滑时间 4，"回收产品应满足率（OFL）"］

期望满足率 5＝SMOOTHI［"回收产品应满足率（ONL）"，平滑时间 5，"回收产品应满足率（ONL）"］

"可再制造品购买价格（OFL）"＝"可再制造品价格（OFL）"

前期产品销售量＝RANDOM NORMAL（5 000，10 000，7 000，160 000，5 000）

附录 3.2：存流图中的常量

（1）回收商利润相关常量。

"不可再制造品库存持有成本（OFL）"＝1（单位：元）

"可再制造品价格（OFL）"＝200（单位：元）

"回收价格（OFL）"＝50（单位：元）

回收品库存持有成本＝2（单位：元）

"处理费用（OFL）"＝2（单位：元）

"检测费用（OFL）"＝5（单位：元）

"运输成本（OFL1）"＝3（单位：元）

"运输成本（OFL2）"＝3（单位：元）

（2）拆解中心利润相关常量。

"可再制造品购买价格（ONL）"＝200（单位：元）

可再制造部件价格＝500（单位：元）

运输成本 1＝5（单位：元）

运输成本 2＝5（单位：元）

（3）再制造商利润相关常量。

"不可再制造品库存持有成本（ONL）"＝3（单位：元）

不可再制造部件库存持有成本＝3（单位：元）

再制造品库存持有成本＝20（单位：元）

再制造成本＝100（单位：元）

再处理费＝2（单位：元）

可再制造品库存持有成本＝5（单位：元）

可再制造部件库存持有成本 = 8（单位：元）

"回收价格（ONL）" = 60（单位：元）

"回收品库存持有成本（ONL）" = 2（单位：元）

"处理费（ONL）" = 1（单位：元）

"检测费用（ONL）" = 2（单位：元）

"运输成本（ONL1）" = 3（单位：元）

"运输成本（ONL2）" = 8（单位：元）

"运输成本（ONL3）" = 3（单位：元）

销售价格 = 1 500（单位：元）

（4）其他常量。

"CI-OFL 覆盖时间" = 1.2（单位：周）

"CI-ONL 覆盖时间" = 1.2（单位：周）

RI 覆盖时间 = 1.2（单位：周）

RPdI 覆盖时间 = 1.2（单位：周）

RPI 覆盖时间 = 1.2（单位：周）

再制造时间 = 1（单位：周）

再处理时间 = 1（单位：周）

"回收时间（OFL）" = 1（单位：周）

"回收时间（ONL）" = 1（单位：周）

"处理时间（OFL）" = 1（单位：周）

"处理时间（ONL）" = 1（单位：周）

平滑时间 1 = 2（单位：周）

平滑时间 2 = 2（单位：周）

平滑时间 3 = 2（单位：周）

平滑时间 4 = 2（单位：周）

平滑时间 5 = 2（单位：周）

形成时间 = 1（单位：周）

拆解时间 = 1（单位：周）

"检测时间（OFL）" = 1（单位：周）

"检测时间（ONL）" = 1（单位：周）

调整时间 1 = 2（单位：周）

调整时间 2 = 2（单位：周）

调整时间 3 = 2（单位：周）

调整时间 4 = 2（单位：周）

调整时间 5 = 2（单位：周）

销售时间 = 1（单位：周）

需求时间 = 1（单位：周）

4　成本控制策略

在再制造供应链中，废旧产品的回收质量具有高度的不确定性，这种不确定性会对再制造商再投入成本的决策产生影响。针对再制造供应链中的成本控制问题，本章研究要点如下：

要点 1：有回收质量差异的再制造供应链成本控制策略。由于回收的废旧产品有质量差异，再制造商利用回收的废旧产品进行再制造时，将根据废旧产品质量水平控制再投入成本。本章针对这种回收废旧产品存在质量差异的情况，研究再制造投入成本控制的最优决策。

要点 2：有回收检测的再制造供应链成本控制策略。本章在回收质量检测存在误差的情况下，分析回收检测成本的投入对再制造供应链的影响，得出再制造供应链的成本优化策略。为此，本章应用博弈论方法，构建再制造供应链博弈模型，研究再制造供应链的成本控制最优决策。

要点 3：有回收检测质量差异的再制造供应链成本控制策略。随着互联网技术的进步和物流网络能力的提高，消费者开始倾向于选择利用线上渠道进行废旧产品回收的方式。双渠道回收模式得到发展，成为控制成本、提高供应链利润的一个重要因素。因此，本章基于双渠道回收模式研究具有回收检测质量差异的再投入成本控制最优决策。

4.1　有回收质量差异的再制造供应链成本控制策略

在再制造供应链中，废旧产品回收再制造需要先对废旧产品进行初始的分类检测。然而，在废旧产品未经拆解时的简易分类检测是一定会存在偏差的。检测环境、设备等检测条件不同，会产生不同的检测结果，质量检测结果达不到完全准确。由于存在检测误差，一些本可以进行再制造的产品可能会被误检为"不可再制造产品"，被直接进行废弃处理，从而造成资源浪费；还可能存在一些需要进行废弃处理的不可再制造废旧产品被误检为"可再制造产品"，而继续进行再制造流程，导致不必要的成本增加。因此，根据废旧产品回收质量的检测误差进行再制造供应链成本控制变得尤为重要。由于废旧产品回收检测误差的存在会对再制造成本产生波动影响，从而影响供应链企业的利润。控制与优化再制造成本成为研究重点。废旧产品回收是产品再制造的基础，企业提高市场竞争力的关键是解决再制造供应链的成本控制与优化问题。本节应用博弈论方法，构建再制造供应链博弈论模型，研究基于回收质量差异的再制造投入成本控制策略[①]。

4.1.1 引言

关于供应链成本管理，由于供应链间的整体竞争逐渐取代了企业间的单一竞争，因此供应链成本管理受到了国内外很多学者的关注。供应链成本管理最早的理论指出，在整个供应链上研究作业成本法能够实现成本控制和优化，并提出整合物流与供应链的过程以降低整体作业成本。

Handfield 等[②]、Seuring[③]、Bayindir 等[④]、Ellram[⑤] 对供应链成本管理进行了研究。Zhou[⑥] 引入信息共享力度构建了供应链库存成本的模型并进行研究。McLaren 和 Head[⑦] 指出合作是供应链管理的新趋势，降低成本、提高满足市场需求能力的关键就是合作。他们提供了一个模型框架反映企业的成本，将成本分为系统的总固定成本和不稳定的合作成本，进而为企业降低成本获得更多利

① GU Q L, WANG M Y. Analysis of the influence of reinvestment cost correlation factors on optimal decision of reverse supply chain [J]. International journal of modelling in operations management, 2021, 8 (3): 233-250.

② HANDFIELD R B, NICHOLS E L. Introduction to supply chain management [J]. Prentice-Hall, upper saddle river, 1999, 28 (3): 205-218.

③ SEURING S. Supply chain costing with target costing and aetivity based costing [M]. Munchen: verlag franz vahlen, 2001.

④ BAYINDIR Z P, BIRBIL S I, FRENK J B G. A deterministic inventory/production model with general inventory cost rate function and piecewise linear concave production costs [J]. European journal of operational research, 2007, 179: 114-123.

⑤ ELLRAM L M. The implementation of target costing in the United States: theory versus practice [J]. Journal of supply chain management, 2006, 42 (1): 13-26.

⑥ ZHOU H. Supply chain practice and information sharing [J]. Journal of operations management, 2007, 25: 1348-1365.

⑦ MCLAREN T, HEAD M. Supply chain collaboration alternatives: understanding theexpectedcosts and benefits, internet research [J]. Internet research: electronic networking applications and policy, 2013, (5) 12: 348-364.

润提供了参考方案。Anderson 等①、Wu 等②等研究了再制造成本对企业生产和利润的影响。

纪作哲③重新对供应链成本进行分类，提出供应链成本应包含交易成本与其他相关的原材料、物流、人工等所有成本，构建了成本管理体系。他指出要从提高客户满意度出发，才可以在保持利润的前提下最大限度地降低成本，并建议使用总成本管理模式对成本把控进行动态调整。杜红等④提出应该以顾客满意度为基准进行供应链管理，介绍了两种成本控制方法与供应链成本管理相辅相成的表现，最后提出要结合两种成本管理法来控制供应链上下游的每一道环节。田博和欧光军⑤、洪莘等⑥也对成本控制进行了研究。丁杨科等⑦研究了逆向供应链的定价决策问题，探讨垄断模式和竞争模式下的回收成本差异，并提出相关策略以使供应链企业达成共赢。曹栋等⑧研究再制造产品成本对产品废弃后回收渠道选择的影响，分别基于企业收益、消费者剩余和回收率的视角展开回收渠道偏好分析。

回收商从最终消费市场回收废旧产品并以一定的价格销售给再制造商。再制造商针对从回收商处购买的废旧产品，加工处理形成再制造产品并投放入市场。本节中的模型仅讨论单个回收商和单个再制造商的情形，再制造商、回收商均为独立的定价决策者，其目标为各自利润的最大化。

在再制造供应链中，所有的成员都面临决策的问题，而且这些决策是相互影响、相互作用的。回收商的决策是依据回收废旧产品的质量需要付出多少成

① ANDERSON S W, CHRIST M H, DEKKER H C, et al. Do extant management control frameworks fit the alliance setting? A descriptive analysis [J]. Industrial marketing management, 2015, (46): 36-53.

② WU H, HAN X, YANG Q, et al. Production and coordination decisions in a closed-loop supply chain with remanufacturing cost disruptions when retailers compete [J]. Journal of intelligent manufacturing, 2018, 29 (1): 227-235.

③ 纪作哲. 供应链成本管理：利润增长的新源泉 [J]. 商业研究, 2002 (1): 71-72.

④ 杜红, 冯明. 基于作业的目标成本法在供应链成本控制中的应用 [J]. 建筑经济, 2006 (12): 59-62.

⑤ 田博, 欧光军. 经销商企业物流成本控制与优化：以 D 公司为例 [J]. 财会月刊, 2017 (13): 90-99.

⑥ 洪莘, 廖联凯, 贾晓佳. 基于价值链理论的联想 PC 业务成本管理研究 [J]. 财会通讯, 2017 (5): 80-84.

⑦ 丁杨科, 冯定忠, 金寿松, 等. 基于博弈论的再制造逆向物流定价决策 [J]. 控制与决策, 2018, 33 (4): 749-758.

⑧ 曹栋, 杨晓丽, 吴思思, 等. 考虑再制造成本的闭环供应链回收渠道决策 [J]. 工业工程与管理, 2020, 25 (1): 152-160, 179.

本，再制造商是依据废旧产品回收质量决定再制造成本的投入。回收商还需要决定，依据废旧产品市场需求和拆解中心的计划，需要回收多少废旧产品等。针对这些问题，本节将应用博弈论方法给出再制造供应链的最优决策。

4.1.2 问题描述

4.1.2.1 概念模型

本节研究的有回收质量差异的二级再制造供应链模型结构如图4.1所示，其成员包括再制造商和回收商，回收的废旧产品存在质量差异。废旧产品回收再制造需要对原有产品有一定的了解，再制造商根据废旧产品的回收质量水平控制再投入成本。以再制造商为领导者对再投入成本进行决策能够更加合理、准确。本节建立一个以再制造商为主导者、回收商为跟随者的序贯非合作Stackelberg模型，这种博弈模型的解被称为斯坦克尔伯格均衡。

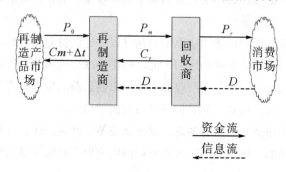

图4.1 有回收质量差异的二级再制造供应链

在图4.1所示的二级再制造供应链中，再制造商、回收商都基于完全信息进行决策，即彼此都清楚双方的成本、定价与策略等信息。回收量无约束，即不考虑废旧产品回收中断的情况。相较于新产品，废旧产品存在一定的不可再制造比例，因此本节只分析再制造产品能够实现连续供应的情形。再制造商对所回收的废旧产品进行加工，形成再制造产品，即没有废弃处理，本节不需要考虑处理成本。

再制造商根据市场分析制定废旧产品的回收计划，确定回收价格，使自己的利润最大化。然后，回收商根据再制造商的决策及市场分析确定废旧产品的定价决策，按既定价格进行回收，达到利润最大化。废旧产品的回收质量是不确定的，导致对废旧产品进行加工再制造的再投入成本存在差异。因此，本节建立定价和利润模型，分析质量差异对再投入成本和最优决策的影响。

依据此概念模型，下面将给出再制造供应链的利润模型。

4.1.2.2 利润模型

这里根据前面的问题描述，构建回收利润模型。π_m 是再制造商的再制造产品在市场上的单位销售价格减去单位加工成本、再投入制造成本和单位回收成本后所得的单位利润乘以回收量；π_r 是回收商销售单位废旧产品所得去掉单位运营成本、从废旧产品市场购入的成本后的单位利润乘以回收量；π 是指供应链系统的整体利润，即再制造商和回收商的总利润。

对于给定的回收价格 P_m 和 P_r，二级再制造供应链成员的利润函数如下：

$$\pi_m = \left[P_0 - C_m - \Delta t - P_m\right]f\left[\left(1 - r\right)P_m\right] \tag{4.1}$$

$$\pi_r = \left[P_m - C_r - \left(1 - r\right)P_m\right]f\left[\left(1 - r\right)P_m\right] \tag{4.2}$$

$$\pi = \pi_m + \pi_r = \left[P_0 - \left(1 - r\right)P_m - C_m - C_r - \Delta t\right]f\left[\left(1 - r\right)P_m\right] \tag{4.3}$$

4.1.2.3 符号说明

本模型是在顾巧论等[1]的研究成果的基础上，考虑回收质量差异因素构建的博弈模型，分析再投入成本差异对再制造逆向供应链的影响，其中的重要符号如下所述：

P_0：再制造产品的单位销售价格，是确定的常量（单位：元/件）。

C_m：再制造商加工再生产品的单位边际成本（单位：元/件）。

P_m：再制造商从回收商处购买的废旧产品的单位回收价格，为再制造商的决策变量，$P_m \le P_0 - C_m - \Delta t$。

C_r：回收商单位边际运营成本（包括运输、库存成本）（单位：元/件）。

P_r：$P_r = (1 - r)P_m$，回收商从消费市场回收废旧产品的单位回收价格，为回收商的决策变量，r（$0 < r < 1$）是边际利润率（单位：元/件）。

Q：当单位回收价格为 P_r 时废旧产品的回收量，依假设，$Q = f(P_r) = d(P_r)^k$。其中 d 是换算常数，k 为回收价格弹性，$d > 0$，$0 < k < 1$。

h：废旧产品回收的质量成本系数，表示随废旧产品回收质量水平的提升，再制造成本的降低程度，$h > 0$。

q：废旧产品回收质量水平，表示废旧产品回收时可用零部件的比例，$0 \le q \le 1$。

Δt：再制造商因废旧产品回收质量差异而额外投入的再制造成本，$\Delta t = h \cdot (1 - q)^u$，$0 \le u \le 1$。

D：废旧产品的市场拥有量。

---

① 顾巧论，高铁杠，石连栓. 基于博弈论的逆向供应链定价策略分析 [J]. 系统工程理论与实践，2005，25（3）：20-25.

π_m：再制造商的利润。

π_r：回收商的利润。

π：二级逆向供应链系统的利润，$\pi = \pi_m + \pi_r$。

下面将给出最优的 r^* 以及最优 r^* 下的最优决策，并分析最优值 r^* 对成本控制的影响。

4.1.3 基于 r^* 的最优决策

为了得到斯坦克尔伯格均衡，下面采用逆向归纳法求解，首先求出该博弈第二阶段的反应函数。回收商的利润函数如下：

$$
\begin{aligned}
\pi_r &= [P_m - C_r - (1 - r)P_m]f[(1 - r)P_m] = \\
&\quad [P_m - C_r - (1 - r)P_m] \cdot d(1 - r)^k P_m{}^k = \\
&\quad dP_m{}^k[r(1 - r)^k P_m - C_r(1 - r)^k]
\end{aligned}
\tag{4.4}
$$

对其求一阶导得，

$$
\frac{\partial \pi_r}{\partial r} = dP_m{}^k\left[(1-r)^k P_m + r \cdot k(1-r)^{k-1} \cdot (-1)P_m - k(1-r)^{k-1} \cdot (-1)C_r\right]
\tag{4.5}
$$

令 $\dfrac{\partial \pi_r}{\partial r} = 0$，得，

$$
r_0 = \frac{1}{k+1} + \frac{kC_r}{(k+1)P_m}
\tag{4.6}
$$

当 $r < r_0$ 时，$\dfrac{\partial \pi_r}{\partial r} > 0$，$\pi_r$ 是关于 r 的单调递增函数。

当 $r > r_0$ 时，$\dfrac{\partial \pi_r}{\partial r} < 0$，$\pi_r$ 是关于 r 的单调递减函数。

所以，π_r 是关于 r 的凹函数。

因此，回收商的最优边际利润率由 π_r 的一阶条件可得。当再制造商的回收价格 P_m 给定时，式（4.6）是回收商的最优决策，称为回收商的反应函数。

将式（4.6）代入 π_m 可以得到，

$$
\begin{aligned}
\pi_m &= [P_0 - C_m - \Delta t - P_m]f\left[\frac{k(P_m - C_r)}{k+1}\right]^k = \\
&\quad d\left(\frac{k}{k+1}\right)^k(P_0 - C_m - \Delta t - P_m)(P_m - C_r)^k = \\
&\quad d\left(\frac{k}{k+1}\right)^k\left[P_0(P_m - C_r)^k - C_m(P_m - C_r)^k - \right.\\
&\quad \left. \Delta t(P_m - C_r)^k - P_m(P_m - C_r)^k\right]
\end{aligned}
\tag{4.7}
$$

对上式求一阶导，

$$\frac{\partial \pi_m}{\partial P_m} = d\left(\frac{k}{k+1}\right)^k \left[P_0 \cdot k(P_m - C_r)^{k-1} - C_m \cdot k(P_m - C_r)^{k-1} - \right.$$
$$\left. \Delta t \cdot k(P_m - C_r)^{k-1} - (P_m - C_r)^k - P_m \cdot k(P_m - C_r)^{k-1} \right] \tag{4.8}$$

令 $\frac{\partial \pi_m}{\partial P_m} = 0$ 得到再制造商的最优定价策略，

$$P_m^* = \frac{k(P_0 - C_m - \Delta t) + C_r}{k+1} \tag{4.9}$$

将 P_m^* 代入 r_0 可得，

$$r^* = \frac{1}{k+1} + \frac{k \cdot C_r}{k(P_0 - C_m - \Delta t) + C_r} \tag{4.10}$$

由于 $\Delta t = h \cdot (1-q)^u$，因此，斯坦克尔伯格均衡为

$$(P_m^*, r^*) = \left\{ \frac{k[P_0 - C_m - h(1-q)^u] + C_r}{k+1}, \frac{1}{k+1} + \frac{k \cdot C_r}{k[P_0 - C_m - h(1-q)^u] + C_r} \right\}$$
$$\tag{4.11}$$

于是，将斯坦克尔伯格均衡解式（4.11）代入 π_m、π_r、P_r，可以得出再制造商和回收商的利润、废旧产品的回收价格及逆向供应链系统的总利润的最优决策，如表 4.1 所示。

表 4.1 最优决策

变量	最优结果
π_m^*	$d \dfrac{k^{2k}[P_0 - C_m - C_r - h(1-q)^u]^{k+1}}{(k+1)^{2k+1}}$
π_r^*	$d \dfrac{k^{2k+1}[P_0 - C_m - C_r - h(1-q)^u]^{k+1}}{(k+1)^{2k+2}}$
π^*	$\pi_m^* + \pi_r^*$
P_m^*	$\dfrac{k[P_0 - C_m - h(1-q)^u] + C_r}{k+1}$
P_r^*	$\dfrac{k^2[P_0 - C_m - C_r - h(1-q)^u]}{(k+1)^2}$

4.1.4 相关参数灵敏度分析

4.1.4.1 参数 q 对最优决策的影响

假设某再制造商对废旧产品进行回收，经加工处理和再制造形成再制造产品。再制造产品的单位销售价格是 $P_0 = 500$ 元/件；再制造商加工再制造产品的单位边际再生产成本 $C_m = 180$ 元/件；回收商单位边际运营成本 $C_r = 60$ 元/件；换算常数 $d = 25$，价格弹性 $k = 0.5$，质量成本系数 $h = 10$。

回收质量水平 $0 < q < 1$，其利润和价格的变化情况如图 4.2 至图 4.4 所示。

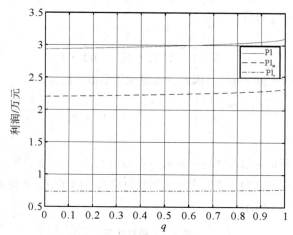

图4.2 参数 q 对利润 π^*、π_m^*、π_r^* 的影响

（注：图中 Pl、Pl$_m$、Pl$_r$ 分别表示利润 π^*、π_m^*、π_r^*，下同）

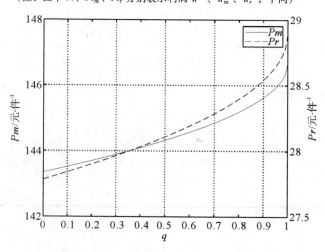

图4.3 参数 q 对价格 P_m^*、P_r^* 的影响

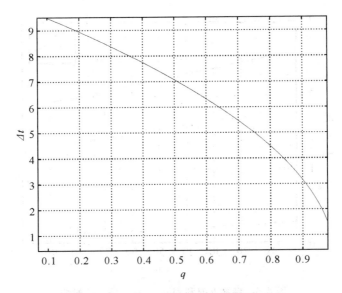

图 4.4　参数 q 对再投入成本 Δt 的影响

由图 4.2 至图 4.4 可知回收质量水平 q 对成本的影响，即废旧产品的回收质量水平越高，再制造商和回收商能够获得的利润就越高。回收质量水平对再制造商定价决策的影响程度高于对回收商定价决策的影响程度。当废旧产品的回收质量高时，再制造商能够控制再投入成本，提高利润。随着回收质量水平 q 的提高，对再投入成本的影响越小，再制造商、回收商及整个供应链的利润越高。

4.1.4.2　参数 h 对最优决策的影响

某再制造商对废旧产品进行回收并加工处理形成再制造产品，其再制造产品的单位销售价格是 $P_0 = 500$ 元/件；再制造商加工再制造产品的单位边际再生产成本 $C_m = 180$ 元/件；回收商单位边际运营成本 $C_r = 60$ 元/件；换算常数 $d = 25$，价格弹性 $k = 0.5$，回收质量水平 $q = 0.8$。

质量成本系数 $0 < h < 100$，其利润和价格的变化情况如图 4.5 至图 4.7 所示。

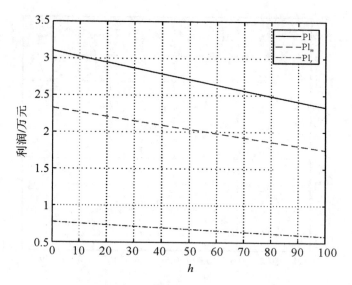

图 4.5 参数 h 对利润 π^*、π_m^*、π_r^* 的影响

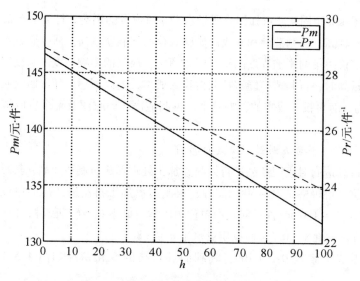

图 4.6 参数 h 对价格 P_m^*、P_r^* 的影响

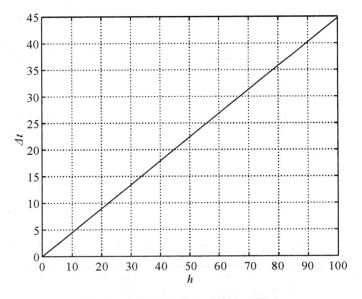

图 4.7 参数 h 对再投入成本 Δt 的影响

从图 4.5 至图 4.7 可知，质量成本系数 h 对利润和定价的影响：质量成本系数越大，对再投入成本的影响则越大。再制造商和回收商的定价随着 h 的增加而降低，供应链成员可得到的利润就越少。这表明质量成本系数 h 是控制再投入成本的一个重要因素，随着参数 h 的增加，再投入成本随之增加。也就是说，当质量成本系数 h 达到最小状态时为最优控制。

4.1.4.3 参数 u 对最优决策的影响

某再制造商对废旧产品进行回收并加工处理形成再制造产品，再制造产品的单位销售价格是 $P_0 = 500$ 元/件；再制造商加工再制造产品的单位边际再生产成本 $C_m = 180$ 元/件；回收商单位边际运营成本 $C_r = 60$ 元/件；换算常数 $d = 25$，价格弹性 $k = 0.5$，回收质量水平 $q = 0.8$，质量成本系数 $h = 10$。

当 $0 < u < 1$ 时，其利润和价格的变化情况如图 4.8 至图 4.10 所示。

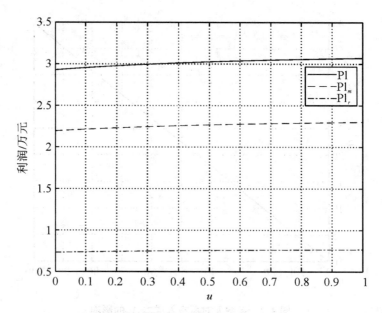

图 4.8　参数 u 对利润 π^{*}、π_m^{*}、π_r^{*} 的影响

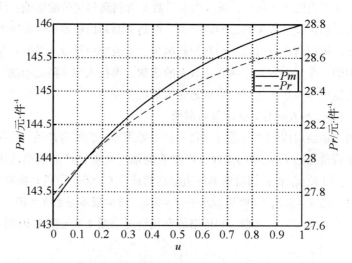

图 4.9　参数 u 对价格 P_m^{*}、P_r^{*} 的影响

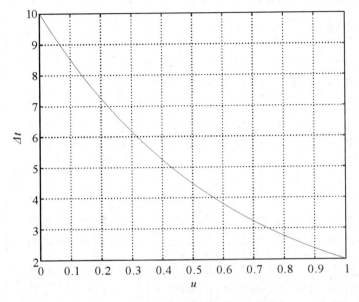

图 4.10 参数 u 对再投入成本 Δt 的影响

从图 4.8 至图 4.10 可以看出参数 u 对再制造商、回收商及供应链系统的利润和定价的影响。随着参数 u 的增加，其对再制造商和回收商的利润也随之增加，与回收商利润相比，再制造商利润的变化幅度较为明显。随着参数 u 的增加，其对再制造商和回收商的定价决策的影响程度随之不断提升。参数 u 越大，则再投入成本越少，供应链利润越高。

4.1.5 多组数据对比分析

废旧产品的回收质量具有高度的不确定性。一般情况下，废旧产品的实际质量水平只有在拆解之后才能清楚，然而拆解需要时间成本及拆解费用。因此，在拆解之前借助检测分类技术获得废旧产品的质量信息，可以有效地降低拆解费用，并节省时间。但是，质量检测环节受技术和非技术等多方面因素的影响，废旧产品可能会产生质量检测误差，从而导致运输、拆解等费用增加，或者造成可再制造产品的浪费。这将影响到再制造商的成本控制和投资决策。这体现出了质量差异在废旧产品回收再制造中的重要作用。

为了探讨废旧产品质量差异对再投入成本 Δt 及再制造供应链成本控制最优决策的影响，本章对多组 Δt 相关因素的数据进行了对比分析，其结果如表 4.2 和表 4.3 所示。

表 4.2　参数 h 取不同值时，再制造商 π_m 和回收商 π_r 的利润对比

单位：元

($u=0.5$)		$q=0$	$q=0.1$	$q=0.2$	$q=0.3$	$q=0.4$	$q=0.5$	$q=0.6$	$q=0.7$	$q=0.8$	$q=0.9$	$q=1$
$h=10$	π_m	21 960	22 028	22 100	22 176	22 258	22 347	22 446	22 559	22 693	22 867	23 291
	π_r	7 320	7 343	7 367	7 392	7 419	7 449	7 482	7 520	7 564	7 622	7 764
$h=20$	π_m	20 656	20 789	20 929	21 079	21 241	21 417	21 612	21 835	22 100	22 446	23 291
	π_r	6 885	6 930	6 976	7 026	7 080	7 139	7 204	7 278	7 367	7 482	7 764
$h=30$	π_m	19 378	19 573	19 780	20 001	20 239	20 499	20 789	21 118	51 215	22 028	23 291
	π_r	6 459	6 524	6 593	6 667	6 746	6 833	6 930	7 039	7 171	7 343	7 764
$h=40$	π_m	18 128	18 383	18 653	18 942	19 254	19 596	19 976	20 410	20 929	21 612	23 291
	π_r	6 043	6 128	6 218	6 314	6 418	6 532	6 659	6 803	6 976	7 204	7 764
$h=50$	π_m	16 907	17 217	17 548	17 902	18 286	18 706	19 174	19 710	20 352	21 199	23 291
	π_r	5 636	5 739	5 849	5 967	6 095	6 235	6 391	6 570	6 784	7 066	7 764
$h=60$	π_m	15 713	16 078	16 466	16 883	17 334	17 829	18 383	19 018	19 780	20 789	23 291
	π_r	5 238	5 359	5 489	5 628	5 778	5 943	6 128	6 339	6 593	6 930	7 764
$h=70$	π_m	14 550	14 964	15 407	15 883	16 399	16 967	17 603	18 334	19 214	20 381	23 291
	π_r	4 850	4 988	5 136	5 294	5 466	5 656	5 868	6 111	6 405	6 794	7 764
$h=80$	π_m	13 416	13 878	14 372	14 904	15 482	16 120	16 835	17 659	18 654	19 976	23 291
	π_r	4 472	4 626	4 791	4 968	5 161	5 373	5 612	5 886	6 218	6 659	7 764
$h=90$	π_m	12 314	12 819	13 611	13 945	14 583	15 287	16 078	16 992	18 908	19 573	23 291
	π_r	4 105	4 273	4 454	4 648	4 861	5 096	5 839	5 664	6 033	6 524	7 764
$h=100$	π_m	11 244	11 789	12 375	13 009	13 701	14 468	15 333	16 334	17 548	19 174	23 291
	π_r	3 748	3 930	4 125	4 336	4 567	4 823	5 111	5 445	5 849	6 391	7 764

表 4.3　参数 u 取不同值时，不同回收质量水平下再制造商 π_m 和回收商 π_r 的利润

单位：元

(h=10)		q=0	q=0.1	q=0.2	q=0.3	q=0.4	q=0.5	q=0.6	q=0.7	q=0.8	q=0.9	q=1
u=0.1	π_m	21 960	21 974	21 989	22 006	22 026	22 049	22 076	22 110	22 156	22 232	23 291
	π_r	7 320	7 325	7 330	7 335	7 342	7 350	7 359	7 370	7 385	7 411	7 764
u=0.2	π_m	21 960	21 988	22 018	22 051	22 088	22 131	22 181	22 243	22 324	22 448	23 291
	π_r	7 320	7 329	7 339	7 350	7 363	7 377	7 394	7 414	7 441	7 483	7 764
u=0.3	π_m	21 960	22 001	22 046	22 094	22 148	22 208	22 278	22 361	22 467	22 621	23 291
	π_r	7 320	7 334	7 349	7 365	7 383	7 403	7 426	7 454	7 489	7 540	7 764
u=0.4	π_m	21 960	22 015	22 073	22 136	22 204	22 280	22 366	22 466	22 589	22 758	23 291
	π_r	7 320	7 338	7 358	7 379	7 401	7 427	7 455	7 489	7 530	7 586	7 764
u=0.5	π_m	21 960	22 028	22 100	22 176	22 258	22 347	22 446	22 559	22 693	22 867	23 291
	π_r	7 320	7 343	7 367	7 392	7 419	7 449	7 482	7 520	7 564	7 622	7 764
u=0.6	π_m	21 960	22 041	22 126	22 215	22 309	22 410	22 520	22 642	22 781	22 954	23 291
	π_r	7 320	7 347	7 375	7 405	7 436	7 470	7 507	7 547	7 594	7 651	7 764
u=0.7	π_m	21 960	22 054	22 151	22 252	22 358	22 469	22 587	22 715	22 857	23 023	23 291
	π_r	7 320	7 351	7 384	7 417	7 453	7 490	7 529	7 572	7 619	7 674	7 764
u=0.8	π_m	21 960	22 067	22 176	22 288	22 404	22 523	22 648	22 780	22 921	23 078	23 291
	π_r	7 320	7 356	7 392	7 429	7 468	7 508	7 549	7 593	7 640	7 693	7 764
u=0.9	π_m	21 960	22 080	22 200	22 323	22 448	22 575	22 704	22 838	22 976	23 122	23 291
	π_r	7 320	7 360	7 400	7 441	7 483	7 525	7 568	7 613	7 659	7 707	7 764
u=1	π_m	21 960	22 092	22 224	22 357	22 489	22 622	22 756	22 889	23 023	23 157	23 291
	π_r	7 320	7 364	7 408	7 452	7 496	7 541	7 585	7 630	7 674	7 719	7 764

由表4.2的数据对比结果可知,质量成本系数 h 越小、回收质量水平 q 越高,再制造商和回收商能够得到越可观的利润。表4.3的数据对比结果显示,参数 u 对利润的影响变化幅度很小,但在接近 $u = 1$ 时,其对供应链产生的利润呈陡然上升趋势。结果说明:相比参数 q 的变化对利润的影响,参数 u 对供应链利润的影响明显更小,回收质量水平 q 与质量成本系数 h 是更需要关注的因素。要降低再投入成本 Δt,就要从控制再投入成本的相关因素着手。废旧产品进行回收再制造时,回收质量水平 q 越高,质量成本系数 h 越小,就越能达到供应链效益最大化。

4.2　有回收检测的再制造供应链成本控制策略

依据上一节的研究结果,废旧产品回收质量差异对于再制造供应链的再制造投入成本的影响显著,控制回收质量水平能够有效降低成本投入,帮助回收商和再制造商做出有益的决策。本节将在上一节研究的基础上,基于回收质量检测误差研究检测投入成本控制问题。

4.2.1　引言

目前国外关于回收质量的研究中,Christos 和 George[①] 考虑了拆解回收产品之前有限准确性的分类,研究其对整个二级逆向供应链的影响,结果表明废旧产品分类受多种费用和回收质量水平的影响。Wassenhove 等[②]以一个再制造商和多个回收商构成的逆向供应链为研究对象,在确定性需求和随机性需求下,即在高估废旧产品质量的前提下,研究 Re Cellular 公司移动手机的质量分类产生的回收质量检测误差是如何影响再制造商的最优回收决策的,以及回收质量检测误差在单周期情形下是如何影响企业收益的。Teunter 和 Flapper[③] 研究未经质量无差错分类的废旧产品,在集中决策情形下考虑到废旧产品不同的

①　CHRISTOS Z, GEORGE T. On the attractiveness of sorting before disassembly in remanufacturing [J]. IIE transactions, 2008, 40 (3): 313-323.

②　WASSENHOVE L N V, ZIKOPOULOS C. On the effect of quality overestimation in remanufacturing [J]. International journal of production research, 2010, 48 (18): 5263-5280.

③　TEUNTER R H, FLAPPER S D P. Optimal core acquisition and remanufacturing policies under uncertain core quality fractions [J]. European journal of operational research, 2011, 210 (2): 241-248.

质量等级，给出了确定需求和随机需求的最优获取和再制造策略。Gu 和 Taga-ras① 运用博弈理论研究了二级逆向供应链在确定或随机需求下，有检测误差的回收商最优回收量和再制造商最优订单量，并分析了检测误差的情况对最优回收量的影响。Gu 和 Gao② 构建系统动力学模型进行了三种仿真，探究降低检测误差率的意义，并分析了有检测误差率的逆向供应链这三种仿真策略，得出的结论是，该方案设计能够降低检测误差率和提升逆向供应链成员的平均收益，且仿真结果能够为回收商和再制造商的决策提供支持。

国内对回收质量相关内容的研究中，袁开福等③研究了再制造废旧产品的质量与回收定价的关系，他们基于废旧产品回收质量系数，给出制造商收购废旧产品需满足的最低质量水平。顾巧论和高铁杠④研究了二级逆向供应链中检测误差对供应链系统利润的影响，通过系统动力学 Vensim 进行数值仿真，分析出不同的检测误差率对逆向供应链成员利润的影响，给出检测误差率缩小的合理范围。薛宁和顾巧论⑤在二级逆向供应链系统中，考虑了回收检测误差因素，应用博弈理论研究了再制造商主导下的废旧产品回收定价策略，分析了该因素对废旧产品回收价格及逆向供应链各方利润的影响。顾巧论和薛宁⑥在由单一回收商、拆解中心和再制造商构成的三级逆向供应链系统中，运用博弈论方法研究了由再制造商主导的定价策略，构建了有回收检测误差的逆向供应链定价模型，利用MATLAB 分析了回收检测误差对回收价格、回收数量及逆向供应链成员利润的影响。黄帝和周泓⑦在一个存在多种回收质量等级的两阶段回收再制造系统中，研究了再制造联合优化决策问题，给出了不同决策情形下再制造商的最优回收数量、销售定价的解，并分析了参数对再制造商最优决策的影响。

---

① GU Q L, TAGARAS G. Optimal collection and remanufacturing decisions in reverse supply chains with collector's imperfect sorting [J]. International journal of production research, 2014, 52 (17): 5155–5170.

② GU Q L, GAO T G. IERs in reverse supply chain: be worth lowering or not [J]. Computers & industrial engineering, 2017, 111 (7): 289–302.

③ 袁开福, 马士华, 何波, 等. 考虑回收质量的再制造旧件定价机理研究 [J]. 组合机床与自动化加工技术, 2015 (12): 151–155.

④ 顾巧论, 高铁杠. 再制造逆向供应链检测误差率管理策略 [J]. 计算机集成制造系统, 2016, 22 (10): 2469–2477.

⑤ 薛宁, 顾巧论. 基于回收检测误差的逆向供应链定价策略分析 [J]. 天津职业技术师范大学学报, 2017, 27 (3): 1–6.

⑥ 顾巧论, 薛宁. 有检测误差的双合约逆向供应链定价策略研究 [J]. 天津职业技术师范大学学报, 2017, 27 (2): 1–7.

⑦ 黄帝, 周泓. 考虑不同回收质量等级的再制造系统回收生产决策 [J]. 中国管理科学, 2018, 26 (10): 102–112.

本节将在回收质量检测存在误差的情况下，构建有回收检测误差的二级再制造供应链回收利润模型，分析回收检测成本的投入对再制造供应链的影响，得出再制造供应链的成本优化策略。

4.2.2 问题描述

4.2.2.1 概念模型

本节研究的有回收检测误差的二级再制造供应链模型结构如图 4.11 所示。回收商在传统回收渠道从最终消费者处以一定的价格回收废旧产品，经过初步的质量检测之后，对"不可再制造产品"进行废弃处理，将"可再制造产品"销售给再制造商。再制造商对从回收商处购买的废旧产品进行拆解，拆解后对不可再制造产品进行废弃处理，并将可再制造产品加工处理形成再制造产品并投放入市场。

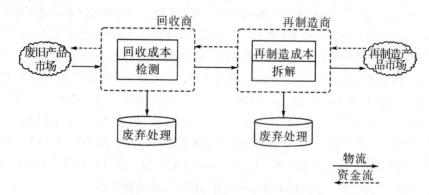

图 4.11　有回收检测误差的二级再制造供应链

在图 4.11 所示的有回收检测误差的二级再制造供应链中，再制造商、回收商均为独立的定价决策者，其目标为各自利润的最大化。市场供应量假定为回收信息流价格的增加函数。本节建立以再制造商为主导者、回收商为跟随者的一个 Stackelberg 模型，模型解被称为斯坦克尔伯格均衡。再制造商根据市场对回收计划进行分析，确定废旧产品价格，最大化自身利润。回收商根据再制造商的决策做出自己回收价格的定价决策，按既定价格进行回收，达到利润最大化。废旧产品的回收质量是不确定的，回收商会对废旧产品进行质量检测，而由于技术和非技术因素的影响，可能会出现检测误差。为了降低检测误差率，回收商会追加检测环节的投资，即增加再投入检测成本。本节通过构建回收博弈模型，研究再投入成本对检测误差率和供应链系统利润的影响，分析如何进行合理的成本控制与优化。

4.2.2.2 假设和符号说明

本节设定回收商和再制造商均为独立的决策者，其中再制造商为Stackelberg领导者，回收商为跟随者。再制造商和回收商均基于完全信息，即双方彼此清楚对方的成本、定价与策略等信息。回收量无约束，即不考虑废旧产品回收中断的情况，回收的废旧产品中可进行再制造的废旧产品要大于不可进行再制造的废旧产品。

本节是在上一节的基础上考虑回收检测误差进行扩展研究，为便于分析，现采用上一节内容中所使用的符号含义；同时，因研究需要，加入了回收商的检测费用与废弃处理费用以及再制造商的拆解费用与废弃处理费用。本节用到的相关符号见表4.4。

表4.4　符号说明

符号	符号含义
P_0	再制造产品的单位销售价格（元/件），是确定的常量
C_{dis}	再制造商废旧产品的单位拆解成本（元/件）
C_{td}	经拆解之后不可再制造产品的单位处理成本
C_m	再制造商对废旧产品进行加工再制造的单位再制造成本（元/件）
P_m	再制造商从回收商处回收"可再制造产品"的单位回收价格（元/件），是再制造商的决策变量，$0 < P_m \leqslant P_0 - C_m - C_{dis}$
C_r	回收商的单位运营成本（包括库存、运输等）（元/件）
P_r	回收商从消费者处回收废旧产品的单位回收价格（元/件），是回收商的决策变量。其中，r（$0 < r < 1$）是回收商的边际利润率，$P_r = (1 - r) P_m$
C_{ins}	回收商对废旧产品的检测成本（元/件），$C_{ins} = C_0 + v/a$
C_0	回收商对初始状态下废旧产品的单位固定检测成本（元/件）
v	回收商为降低检测误差而对废旧产品额外投入的检测成本（元/件）
C_t	回收商对检测后的"不可再制造"产品进行废弃处理的单位成本（元/件）
q	可再制造的废旧产品占回收商从消费者处回收的全部产品的比例，即可再制造率
a	回收检测误差 I，是将不可再制造产品检测为"可再制造产品"的比例，$0 < a < 1$

表4.4(续)

符号	符号含义
b	回收检测误差 II，是将可再制造产品检测为"不可再制造产品"的比例，$0 < b < 1$
D	废旧产品的市场拥有量
Q	当单位回收价格为 P_r 时废旧产品的回收量。依假设：$Q = f(P_r) = d(P_r)^k$，其中 d 是换算常数，k 为价格弹性，$d > 0，0 < k < 1$
π_m	再制造商的利润
π_r	回收商的利润
π	有回收检测误差的逆向供应链二级系统的总利润，$\pi = \pi_m + \pi_r$

4.2.2.3　利润模型

再制造商对回收有检测误差的废旧产品进行拆解并加工处理后，形成再制造产品或者进行废弃处理。因此，对已给定的回收价格 P_m 和 P_r，利润函数为

$$\pi_m = \{(P_0 - C_m) \cdot q(1 - b) - C_{td} \cdot (1 - q)a - $$
$$(P_m + C_{dis}) \cdot [q(1 - b) + (1 - q)a]\} f[(1 - r)P_m] \tag{4.12}$$

$$\pi_r = \{(P_m - C_r) \cdot [q(1 - b) + (1 - q)a] - [(1 - r)P_m + C_{ins}] - $$
$$C_t[q \cdot b + (1 - q)(1 - a)]\} f[(1 - r) \cdot P_m] \tag{4.13}$$

$$\pi = \pi_m + \pi_r$$

为了方便计算和书写，后面求解部分用符号定义以下式子：

$A = q(1 - b) + (1 - q)a$

$B = q \cdot b + (1 - q)(1 - a)$

$A_m = (P_0 - C_m)q(1 - b) - C_{td}(1 - q)a$

$Q = AC_r + C_{ins} + C_t B = AC_r + C_0 + \dfrac{v}{a} + C_t B$

4.2.3　基于 r^* 的最优决策

根据给出的利润函数模型进行求解，首先求解出该博弈第二阶段的反应函数：

由式（4.13）可得，

$$\pi_r = \{(P_m - C_r) \cdot A - [(1 - r)P_m + C_{ins}] - C_t \cdot B\} f[(1 - r) \cdot P_m] = $$

$$dA \cdot (1 - r)^k P_m^{k+1} - A \cdot C_r (1 - r)^k P_m^k - (1 - r)^{k+1} P_m^{k+1} -$$

$$C_{ins}(1 - r)^k P_m^k - C_t B (1 - r)^k P_m^k \tag{4.14}$$

对式（4.14）求一阶导数可以得到回收商的最优利润决策，即回收商的反应函数如下：

$$\frac{\partial \pi_r}{\partial r} = d (1 - r)^{k-1} P_m^k [- A P_m k + A C_r k + (k + 1)(1 - r) P_m + C_{ins} k + C_t B k] \tag{4.15}$$

令上式 $\frac{\partial \pi_r}{\partial r} = 0$，可以得到回收商决策变量的最优值：

$$r_0 = 1 - \frac{k(A P_m - A C_r - C_{ins} - C_t B)}{(k + 1) P_m} \tag{4.16}$$

当 $r > r_0$ 时，$\frac{\partial \pi_r}{\partial r} > 0$，$\pi_r$ 是关于 r 的单调递增函数；当 $r < r_0$ 时，$\frac{\partial \pi_r}{\partial r} < 0$，$\pi_r$ 是关于 r 的单调递减函数。

由此可知，π_r 是关于 r 的凹函数，回收商的最优边际利润率可由 π_r 的一阶条件得到。当再制造商的回收价格 P_m 给定时，式（4.15）是回收商的最优决策，称为回收商的反应曲线。

将 r_0 代入式（4.12）得到，

$$\pi_m = d \left(\frac{k}{k + 1} \right)^k (A_m - A C_0 - A P_m) (A P_m - Q)^k \tag{4.17}$$

$$\frac{\partial \pi_m}{\partial P_m} = d \left(\frac{k}{k + 1} \right)^k A [k(A_m - A C_{dis}) (A P_m - Q)^{k+1} - (A P_m - k)^k - k P_m A (A P_m - Q)^{k+1}] \tag{4.18}$$

令 $\frac{\partial \pi_m}{\partial P_m} = 0$ 得，

$$P_m^* = \frac{k(A_m - A C_{dis}) + Q}{A(1 + k)} \tag{4.19}$$

由此可得出再制造商的最优定价策略，即斯坦克尔伯格均衡：

$$(P_m^*, r^*) = \left\{ \frac{k(A_m - A C_{dis}) + Q}{A(1 + k)}, 1 - \frac{k^2 A [(A_m - A C_{dis}) - Q]}{(k + 1)[k(A_m - A C_{dis}) + Q]} \right\} \tag{4.20}$$

于是，将式（4.20）代入 π_m、π_r、P_r 可以得出，在最优定价时再制造商和回收商的利润、废旧产品的回收价格及逆向供应链系统的总利润：

$$\pi_m^* = dk^{2k} \frac{\left[A_m - AC_{dis} - (AC_r + C_0 + \dfrac{v}{a} + C_t B) \right]^{k+1}}{(k+1)^{2k+1}} \qquad (4.21)$$

$$\pi_r^* = dk^{2k+1} \frac{\left[A_m - AC_{dis} - (AC_r + C_0 + \dfrac{v}{a} + C_t B) \right]^{k+1}}{(k+1)^{2k+2}} \qquad (4.22)$$

$$P_r^* = \frac{k^2 \left[A_m - AC_{dis} - (AC_r + C_0 + \dfrac{v}{a} + C_t B) \right]}{(k+1)^2} \qquad (4.23)$$

$$\pi^* = \pi_m^* + \pi_r^* \qquad (4.24)$$

4.2.4 相关参数灵敏度分析

为了分析废旧产品的回收质量检测误差率 a 对回收价格及供应链系统利润的影响，以及模型中的成本投入对回收检测误差率 a 的影响，本节基于现实情况，运用 MATLAB 对上述模型的求解结果进行仿真运算。对相关参数的数值设定见表 4.5。

表 4.5 相关参数数值设置

参数	数值
P_0	1 600
C_m	200
C_r	60
C_{dis}	20
C_{td}	4
C_t	1
C_0	20
q	0.8
d	10
k	0.8

设定回收检测误差率 b 随着检测误差率 a 的变化而浮动，即 $b = 0.8 \times a$。当成本投入 $v = 10$ 时，回收检测误差率 a 对供应链利润、废旧产品回收价格和回收数量的影响如图 4.12 至图 4.14 所示。

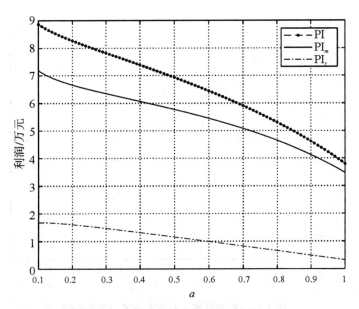

图 4.12　检测误差 a 对再制造商、回收商及总利润 π^*、π_m^*、π_r^* 的影响

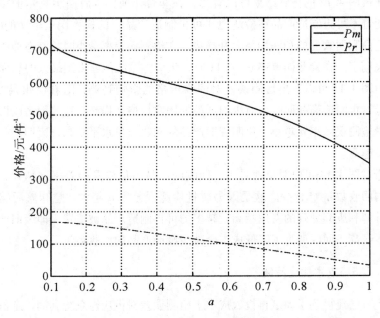

图 4.13　检测误差 a 对再制造商、回收商价格 P_m^*、P_r^* 的影响

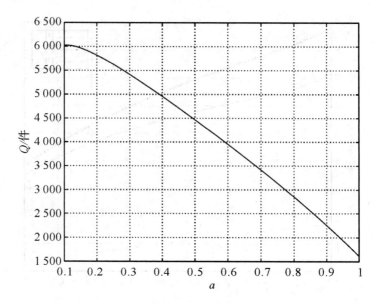

图 4.14　检测误差 a 对回收数量 Q 的影响

通过图 4.12 的仿真结果可以看出，在非合作博弈求解斯坦克尔伯格均衡中，随着不可再制造产品被检测为"可再制造产品"的检测误差率 a 的降低，再制造商和回收商的利润均呈上升趋势，在检测误差率最小时再制造商能够获得最大利润。在检测误差率 $a \approx 0.11$ 时，供应链系统能够得到最大的利润。

由图 4.13 可以看出检测误差对回收价格的影响趋势，随着检测误差率 a 的降低，再制造商和回收商对废旧产品的回收价格在提高。这是因为废旧产品的质量检测误差率 a 越小，说明废旧产品的回收质量水平越高，废旧产品的回收价格越高。

通过图 4.14 可以明显地看出，回收的产品质量检测误差率 a 越大，废旧产品的回收数量 Q 越少。这是因为质量检测误差率 a 越大，意味着后续的运输、拆解和废弃处理的费用越高，越多的可再制造产品被浪费，即废旧产品回收成本越高，回收商为了降低成本会减少废旧产品的回收数量。

4.2.5　成本优化策略

上节已经得到了固定再投入成本下检测误差对供应链系统利润、定价和数量决策的影响。为了分析再投入成本 v 对利润的影响，本节在上一节的基础上对参数 v 进行灵敏度分析，结果如表 4.6 和表 4.7 所示。

表 4.6 参数 v 取不同值时，检测误差率 a 的变化对价格、数量的影响对比

v		a										
		0.1	0.2	0.3	0.4	0.5	0.6	0.7	0.8	0.9	1
10	P_m^*	718.5	666.5	635.3	607.1	577.8	545.5	508.4	464.8	412.2	347.3
	P_r^*	167.8	160.7	146.9	131.6	115.5	99.14	82.58	65.91	49.16	32.35
	Q	6 024	5 818	5 416	4 958	4 468	3 954	3 416	2 852	2 256	1 614
12	P_m^*	733.2	674.3	640.8	611.5	581.6	548.9	511.6	467.9	415.3	350.4
	P_r^*	163.9	158.7	145.6	130.6	114.7	98.48	82.02	65.42	48.72	31.95
	Q	5 910	5 760	5 377	4 928	4 443	3 933	3 397	2 835	2 239	1 598
14	P_m^*	747.9	682.1	646.3	616	585.5	552.4	514.8	471	418.4	353.5
	P_r^*	159.9	156.7	144.3	129.6	113.9	97.83	81.46	64.92	48.28	31.56
	Q	5 796	5 703	5 338	4 898	4 419	3 912	3 379	2 818	2 223	1 582
16	P_m^*	762.6	689.9	651.9	620.4	589.3	555.8	518.1	474.1	421.4	356.5
	P_r^*	156	154.7	143	128.6	113.1	97.17	80.89	64.43	47.84	31.16
	Q	5 681	5 645	5 299	4 868	4 394	3 891	3 360	2 801	2 207	1 566
18	P_m^*	777.3	697.7	657.4	624.9	593.1	559.3	521.3	477.2	424.5	359.6
	P_r^*	152	152.8	141.7	127.6	112.4	96.51	80.33	63.93	47.4	30.77
	Q	5 566	5 588	5 260	4 838	4 370	3 869	3 341	2 783	2 191	1 551
20	P_m^*	792	705.5	663	629.3	597	562.7	524.5	480.3	427.5	362.7
	P_r^*	148.1	150.8	140.3	126.6	111.6	95.85	79.76	63.44	46.96	30.37
	Q	5 450	5 530	5 221	4 808	4 345	3 848	3 322	2 766	2 175	1 535

表 4.7 参数 v 取不同值时，检测误差率 a 的变化对利润的影响对比

v		a=0.1	0.2	0.3	0.4	0.5	0.6	0.7	0.8	0.9	1
10	π_m	71 852	66 645	63 525	60 707	57 780	54 545	50 839	46 480	41 225	34 728
	π_r	16 782	16 067	14 693	13 155	11 551	9 914	8 258	6 591	4 916	3 235
	π	88 634	82 712	78 218	73 862	69 331	64 459	59 098	53 071	46 140	37 963
12	π_m	73 322	67 426	64 080	61 152	58 163	54 891	51 162	46 790	41 530	35 037
	π_r	16 387	15 869	14 562	13 056	11 472	9 848	8 202	6 542	4 872	3 195
	π	89 709	83 295	78 641	74 208	69 635	64 739	59 364	53 331	46 402	38 232
14	π_m	74 792	68 206	64 634	61 597	58 546	55 236	51 485	47 100	41 836	35 346
	π_r	15 992	15 672	14 430	12 958	11 393	9 783	8 146	6 492	4 828	3 156
	π	90 784	83 878	79 064	74 555	69 939	65 019	59 630	53 592	46 664	38 501
16	π_m	76 261	68 986	65 188	62 042	58 929	55 582	51 807	47 410	42 142	35 654
	π_r	15 597	15 474	14 298	12 859	11 314	9 717	8 089	6 443	4 784	3 116
	π	91 858	84 461	79 487	74 901	70 243	65 298	59 896	53 853	46 926	38 771
18	π_m	77 731	69 767	65 743	62 487	59 312	55 927	52 130	47 720	42 447	35 963
	π_r	15 202	15 277	14 167	12 760	11 235	9 651	8 033	6 393	4 740	3 077
	π	92 933	85 043	79 910	75 247	70 547	65 578	60 163	54 113	47 187	39 040
20	π_m	79 201	70 547	66 297	62 932	59 695	56 273	52 453	48 030	42 753	36 272
	π_r	14 807	15 079	14 035	12 661	11 156	9 585	7 976	6 344	4 696	3 037
	π	94 008	85 626	80 332	75 594	70 852	65 858	60 429	54 374	47 449	39 309

由表4.6可以看出，在斯坦克尔伯格均衡决策下通过对比再制造供应链的再投入成本 v，可得出其对回收价格、数量及供应链各方利润的影响。再制造供应链的再投入成本 v 越低，回收商的回收价格越高，这是因为不需要投入太多额外成本，说明废旧产品的回收质量较高，这非常符合现实回收情形。在回收过程中，对于回收质量较高的废旧产品，回收商所付出的回收价格会相应较高；随着再投入成本 v 的增加，回收数量增加，这是因为废旧产品的回收质量水平较低时，回收价格较低，回收商会提高产品的数量需求。

由表4.7能够看出，再制造供应链的再投入成本 v 越低，则不可再制造废旧产品被误检为"可再制造产品"回收的质量检测误差率 a 越高。检测误差率 a 随着额外投入成本 v 的增加而降低，再制造供应链整体的利润在不断提高，再制造商的利润也随之增加，而回收商的利润是在不断减少的。

根据表4.6和表4.7的多组数据进行表中参数 v 的灵敏度分析，可得到再投入检测成本对利润、价格和数量的影响的变化幅度，具体的影响结果如图4.15至图4.20所示。

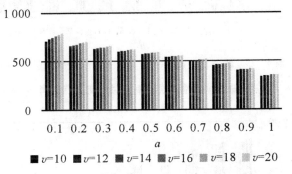

图4.15　再投入成本 v 和检测误差率 a 对再制造商定价决策 P_m 的影响幅度

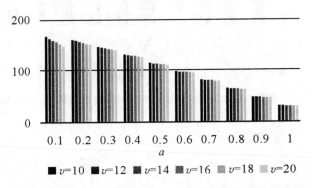

图4.16　再投入成本 v 和检测误差率 a 对回收商定价决策 P_r 的影响幅度

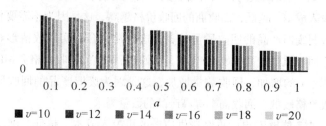

图 4.17　再投入成本 v 和检测误差率 a 对回收数量 Q 的影响幅度

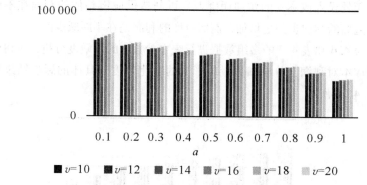

图 4.18　再投入成本 v 和检测误差率 a 对再制造商利润 π_m 的影响幅度

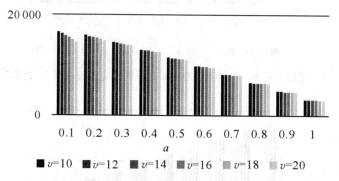

图 4.19　再投入成本 v 和检测误差率 a 对回收商利润 π_r 的影响幅度

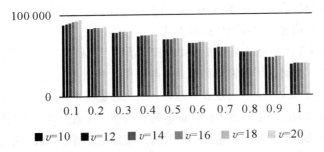

图 4.20　再投入成本 v 和检测误差率 a 对供应链利润 π 的影响幅度

由图 4.15 至图 4.20 可以看出，不同程度的检测误差率会影响回收商价格和数量决策，以及供应链系统及各成员的利润。要将检测成本投入控制在合理范围，就要根据逆向供应链系统中检测误差的具体情形进行分析和决策。也就是说，同样的成本投入在不同的检测误差条件下对价格和数量的影响是不同的，对供应链成员和系统整体的利润的影响也是有差别的。因此再制造供应链的检测成本的控制投入要考虑检测误差因素，在检测误差率 a 为 0.1 时控制再投入检测成本，对回收价格、数量和利润产生的作用更加明显和重要。

4.3　有回收检测质量差异的再制造供应链成本控制策略

4.3.1　引言

国外学者 Savaskan 和 Wassenhoveet[1] 对比分析了制造商、零售商和第三方负责回收的再制造闭环供应链模型，发现零售商间的竞争程度会影响制造商回收渠道的选择。Huang 等[2]基于博弈论构建了零售商和第三方回收商共同回收的闭环供应链模型，并将最优解与零售商、第三方回收商单渠道回收的情形进行了对比分析。Huang 等[3]研究了闭环供应链在生产成本中断时，集中式和分

①　SAVASKAN R C, WASSENHOVEET L N V. Reverse channel design: the case of competing retailers [J]. Management science, 2006, 52 (1): 1–14.

②　HUANG M, SONG M, LEE L H, et al. Analysis for strategy of closed-loop supply chain with dual recycling channel [J]. International journal of production economics, 2013, 144 (2): 510–520.

③　HUANG S, YANG C, LIU H. Pricing and production decisions in a dual-channel supply chain when production costs are disrupted [J]. Economic modelling, 2013, 30: 521–538.

散式对双渠道供应链的定价和生产决策的影响。Atasu 等①研究了回收成本结构驱动逆向供应链回收渠道选择的方法。

张爱萍②在产品可以全部被回收的假设条件下，研究了随机需求情况下的闭环供应链，并对比了单渠道和双渠道两种回收模式。朱晓东等③基于线上回收与传统回收方式产生的回收成本差异，引入收益成本共享契约，构建了制造商、批发商及回收商之间的 Stackelberg 博弈模型，并通过数值仿真分析了分散决策和集中决策下回收竞争系数、回收价格敏感系数等对回收价格、回收数量及企业利润的影响。徐朗等④将回收渠道竞争因素引入由单一制造商和零售商构成的闭环供应链中，运用 Stackelberg 博弈理论比较了集中决策和分散决策下的再制造定价和回收决策，提出了提高整体利润的方法是收益成本共享契约。司凤山等⑤在考虑回收率和再制造成本差异的情形下，建立单周期静态博弈模型和时滞动态博弈模型，分析了集中决策和分散决策下再制造成本差异对最优策略的影响。雷倩等⑥通过引入顾客效用函数，运用博弈论方法构建了双周期双渠道模型需求函数，并在该需求函数下制定了制造商和零售商的最优定价策略。

本节将在前面研究的基础上，考虑不同渠道回收检测的质量差异，研究再制造供应链成本控制策略。

4.3.2　问题描述

4.3.2.1　概念模型

有回收检测质量差异的再制造供应链如图 4.21 所示。该供应链由单一回收商和单一再制造商构成，回收渠道包括线上回收渠道和传统的线下回收渠道。

---

①　ATASU A, TOKTAY L B, WASSENHOVE L N V. How collection cost structure drives a manufacturer's reverse channel choice [J]. Production and operations management, 2013, 22 (5): 1089-1102.

②　张爱萍. 需求不确定下带混合渠道的闭环供应链模型研究 [D]. 广州：暨南大学, 2011.

③　朱晓东, 吴冰冰, 王哲. 双渠道回收成本差异下的闭环供应链定价策略与协调机制 [J]. 中国管理科学, 2017, 25 (12): 188-196.

④　徐朗, 汪传旭, 程茜, 等. 考虑回收渠道竞争下闭环供应链的决策与协调 [J]. 工业工程与管理, 2018, 23 (6): 26-32, 42.

⑤　司凤山, 王晶, 戴道明. 基于制造商回收的双渠道闭环供应链博弈分析 [J]. 计算机集成制造系统, 2020, 26 (3): 849-859.

⑥　雷倩, 何娟, 马超. 考虑策略顾客的双周期双渠道供应链定价决策 [J]. 计算机集成制造系统, 2020, 26 (10): 2838-2850.

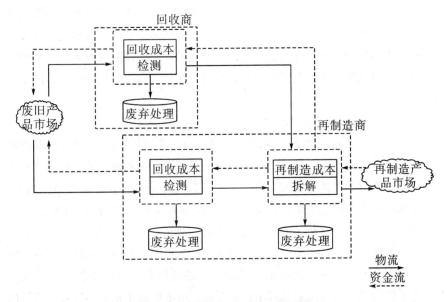

图 4.21　有回收检测质量差异的再制造供应链

在图 4.21 所示的有回收检测质量差异的再制造供应链中，回收商以传统的线下回收渠道方式支付一定的价格从最终消费者处进行废旧产品的回收，经过质量检测之后，对"不可再制造产品"进行废弃处理，将"可再制造产品"销售给再制造商。再制造商通过自营的回收处理中心对线上回收渠道回收的废旧产品进行检测，对"不可再制造产品"进行废弃处理。再制造商会对自己检测后的"可再制造产品"和从回收商处购买的废旧产品均进行拆解，拆解之后对真正的不可再制造产品进行废弃处理，并加工处理可再制造产品以形成再制造产品并投放市场。

该模型仅讨论单个再制造商和单个回收商的情形，再制造商、回收商均为独立的定价决策者，其目标为各自利润的最大化。市场供应量被假定为回收信息流价格的增函数，回收市场存在线上、线下两种回收渠道，其中线上渠道由再制造商自营的回收处理中心对回收的废旧产品进行回收检测、拆解、再制造，回收商仍负责从传统的线下渠道进行回收检测，将"可再制造产品"以一定的价格销售给再制造商。此模型是一个以再制造商为主导者、回收商为跟随者的 Stackelberg 模型，模型的解被称为斯坦克尔伯格均衡。再制造商根据市场对双渠道的回收计划进行分析，确定废旧产品价格，以达到自身利润最大化。回收商根据再制造商的决策做出自己回收的定价决策，按既定价格从传统回收渠道进行回收，达到利润最大化。

由于回收废旧产品存在质量差异，成本的投入对供应链系统利润的影响是值得研究的内容。因此基于上一节单渠道回收的博弈模型，本节建立了双渠道回收模式下的博弈模型，来分析不同回收渠道的检测误差率对投入成本控制的影响及后续对供应链系统利润的影响，并进行相关参数灵敏度分析，为成本控制决策提供参考。

4.3.2.2 假设与符号说明

为解决本节研究的问题，本节做如下假设：回收商和再制造商均为独立的决策者，其中再制造商为领导者，回收商为跟随者。再制造商和回收商均基于完全信息，即双方彼此清楚对方的成本、定价与策略等信息。回收量无约束，即不考虑废旧产品回收中断的情况，回收的废旧产品中可进行再制造的废旧产品的数量要大于不可进行再制造的废旧产品的数量。

本节沿用前面小节中所使用的符号含义，在再制造逆向供应链单渠道回收模式的基础上考虑了线上回收渠道的废旧产品的回收检测成本控制与优化问题。为了区分线上回收渠道和线下回收渠道，本节增加了相应的符号，符号的具体含义如表 4.8 所示。

表 4.8　符号说明

符号	具体含义
P_m	再制造商从回收商处回收"可再制造产品"的单位回收价格（元/件），是再制造商的决策变量，$0 < P_m \leqslant P_0 - C_m - C_{dis}$
C_r	单位运营成本（包括库存、运输等）（元/件）
P_{r1}	线下传统回收渠道的废旧产品单位回收价格（元/件），是回收商的决策变量。其中，$r(0 < r < 1)$ 是边际利润率，$P_{r1} = \alpha \cdot (1 - r) P_m$
P_{r2}	线上回收渠道的废旧产品单位回收价格（元/件），是再制造商的决策变量。其中，$r(0 < r < 1)$ 是边际利润率，$P_{r2} = \beta \cdot (1 - r) P_m$
C_{ins1}	回收商对线下传统回收渠道回收的废旧产品的检测成本，$C_{ins1} = C_0 + v/a_1$
C_{ins2}	再制造商对线上回收渠道回收的废旧产品的检测成本，$C_{ins2} = C_0 + v/a_2$
C_0	对废旧产品初始状态下的单位固定检测成本
v	为降低检测误差而对废旧产品额外投入的检测成本
α	消费者对于线下传统回收渠道价格的敏感系数，$\alpha > 0$
β	消费者对于线上回收渠道价格的敏感系数，$\beta > 0$

表4.8(续)

符号	具体含义
q_1	可进行再制造的废旧产品占回收商从消费者处回收的全部产品的比例，即线下传统回收渠道的可再制造率
q_2	可进行再制造的废旧产品占再制造商从消费者处回收的全部产品的比例，即线上回收渠道的可再制造率，$q_2 > q_1$
a_1	回收检测误差Ⅰ，是将线下传统回收渠道回收的不可再制造产品检测为"可再制造产品"的比例，$0 < a_1 < 1$
a_2	回收检测误差Ⅰ，是将线上回收渠道回收的不可再制造产品检测为"可再制造产品"的比例，$0 < a_2 < 1$
b_1	回收检测误差Ⅱ，是将线下传统回收渠道回收的可再制造产品检测为"不可再制造产品"的比例，$0 < b_1 < 1$
b_2	回收检测误差Ⅱ，是将线上回收渠道回收的可再制造产品检测为"不可再制造产品"的比例，$0 < b_2 < 1$
Q_1	当单位回收价格为 P_{r1} 时废旧产品的回收量。依假设：$Q = f(P_r) = d(P_r)^k$，其中 d 是换算常数，k 为价格弹性，$d > 0$，$0 < k < 1$
Q_2	当单位回收价格为 P_{r2} 时废旧产品的回收量。依假设：$Q = f(P_r) = d(P_r)^k$，其中 d 是换算常数，k 为价格弹性，$d > 0$，$0 < k < 1$

4.3.2.3 利润模型

再制造商的回收利润模型由两部分组成：一部分是从线上回收渠道由自营的回收处理中心回收的废旧产品，另一部分是从线下回收渠道由回收商回收的废旧产品。对从双渠道回收的废旧产品进行再制造之后，再制造产品市场的所有销售所得去掉废旧产品的再制造成本、拆解成本、处理成本和检测成本，即得到再制造商的利润 π_m。回收商的利润 π_r 是销售废旧产品所得去掉运营成本、从市场购入废旧产品的成本、产品回收质量检测成本、不可再制造产品的废弃处理成本之后而得到。供应链系统的整体利润即再制造商和回收商的利润总和。

对于双渠道回收模式下的再制造供应链系统，再制造商、回收商以及供应链系统整体的利润函数分别为

$$\pi_m = \{ (P_0 - C_m) \cdot q_1 (1-b_1) - C_{td} \cdot (1-q_1) a_1 -$$
$$(P_m + C_{dis}) \cdot [q_1 (1-b_1) + (1-q_1) a_1] \} \cdot f [\alpha \cdot (1-r) P_m] +$$
$$\{ (P_0 - C_m) \cdot q_2 (1-b_2) - C_{td} \cdot (1-q_2) a_2 - C_{dis} [q_2 (1-b_2) + (1-q_2) a_2] -$$
$$C_t [q_2 \cdot b_2 + (1-q_2) (1-a_2)] - P_{r2} - C_{ins2} \} \cdot f [\beta \cdot (1-r) P_m]$$

$$(4.25)$$

$$\pi_r = \{(P_m - C_r) \cdot [q_1(1-b_1) + (1-q_1)a_1] - P_{r1} - C_{ins1} - C_t[q_1 b_1 + (1-q_1)(1-a_1)]\} \cdot f[(1-r) \cdot P_m]$$

$$(4.26)$$

$$\pi = \pi_m + \pi_r$$

所以（P_m^*，r^*）是斯坦克尔伯格均衡。

4.3.3 基于 r^* 的最优决策

为了方便模型求解，本节用以下符号代替复杂的式子进行计算：

$$A_1 = q_1(1-b_1) + (1-q_1)a_1$$

$$B_1 = q_1 \cdot b_1 + (1-q_1)(1-a_1)$$

$$A_2 = q_2(1-b_2) + (1-q_2)a_2$$

$$B_2 = q_2 \cdot b_2 + (1-q_2)(1-a_2)$$

$$A_{m1} = (P_0 - C_m) \cdot q_1(1-b_1) - C_{td} \cdot (1-q_1)a_1$$

$$A_{m2} = (P_0 - C_m) \cdot q_2(1-b_2) - C_{td} \cdot (1-q_2)a_2$$

$$Q_1 = A_1 C_r + C_{ins1} + C_t B_1 = A_1 C_r + C_0 + \frac{v}{a_1} + C_t B_1$$

$$Q_2 = A_2 C_r + C_{ins2} + C_t B_2 = A_2 C_r + C_0 + \frac{v}{a_2} + C_t B_2$$

$$O = A_{m1} - A_1 \cdot C_{dis} + (\frac{\beta}{\alpha})^k$$

首先求出该博弈第二阶段的反应函数，通过对式（4.26）进行化简，可以得出以下结果：

$$\pi_r = [P_m A_1 - C_r A_1 - \alpha(1-r)P_m - C_{ins1} - C_t B_1] \cdot d \cdot \alpha^k (1-r)^k P_m^k =$$
$$d[A_1 \alpha^k (1-r)^k P_m^{k+1} - C_r A_1 \alpha^k (1-r)^k P_m^k - \alpha^{k+1} (1-r)^{k+1} P_m^{k+1} -$$
$$C_{ins1} \alpha^k (1-r)^k P_m^k - C_t B_1 \alpha^k (1-r)^k P_m^k]$$

$$(4.27)$$

回收商的最优边际利润率由其求一阶导可得，即回收商的反应函数：

$$\frac{\partial \pi_r}{\partial r} = d \left[-A_1 P_m^{k+1} \alpha^k k \ (1-r)^{k-1} + A_1 C_r \alpha^k P_m^k k \ (1-r)^{k-1} + \alpha^{k+1} P_m^{k+1} \ (k+1) \ (1-r)^k + \right.$$

$$\left. C_{ins1} \alpha^k P_m^k k \ (1-r)^{k-1} + C_t B_1 \alpha^k P_m^k k \ (1-r)^{k-1} \right]$$

$$(4.28)$$

令式（4.28）为零，即令 $\frac{\partial \pi_r}{\partial r} = 0$，可以得到回收商决策变量的最优值：

$$r_0 = 1 - \frac{k(A_1 P_m - Q_1)}{(k+1)\alpha \cdot P_m} \tag{4.29}$$

当 $r > r_0$ 时，$\frac{\partial \pi_r}{\partial r} > 0$，$\pi_r$ 是关于 r 的单调递增函数。

当 $r < r_0$ 时，$\frac{\partial \pi_r}{\partial r} < 0$，$\pi_r$ 是关于 r 的单调递减函数。

由此可知，π_r 是关于 r 的凹函数，回收商的最优边际利润率可由 π_r 的一阶条件得出。当制造商的回收价格 P_m 给定时，式（4.29）是回收商的最优决策，被称为回收商的反应曲线。

将 r_0 代入 π_m 得到，

$$\pi_m = \left[A_{m1} - (P_m + C_{dis}) A_1 \right] \cdot d \left[\alpha (1-r) P_m \right]^k + (A_{m2} - C_{dis} A_2 -$$

$$C_t B_2 - P_{r2} - C_{ins2}) \cdot d \left[\beta (1-r) P_m \right]^k =$$

$$\left[A_{m1} - (P_m + C_{dis}) A_1 \right] \cdot d \left[\frac{k\alpha (A_1 P_m - Q_1)}{\alpha(k+1)} \right]^k + (A_{m2} - C_{dis} A_2 -$$

$$C_t B_2 - P_{r2} - C_{ins2}) \cdot d \left[\frac{k\beta (A_1 P_m - Q_1)}{k+1} \right]^k =$$

$$d \left(\frac{k}{k+1} \right)^k (A_1 P_m - Q_1)^k \left[A_{m1} - (P_m + C_{dis}) A_1 \right] +$$

$$d \left(\frac{k}{k+1} \right)^k \left(\frac{\beta}{\alpha} \right)^k (A_1 P_m - Q_1)^k (A_{m2} - P_r - Q_2)$$

$$(4.30)$$

对式（4.30）求一阶导数可得，

$$\frac{\partial \pi_m}{\partial P_m} = d \left(\frac{k}{k+1} \right)^k A_1 \left[A_{m1} k (A_1 P_m - Q_1)^{k-1} - (A_1 P_m - Q_1)^{k-1} \right.$$

$$\left. (P_m + C_{dis}) k (A_1 P_m - Q_1)^{k-1} A_1 + \left(\frac{\beta}{\alpha} \right)^k (A_1 P_m - Q_1)^{k-1} \right]$$

$$(4.31)$$

令 $\frac{\partial \pi_m}{\partial P_m} = 0$ 得，

$$P_m^* = \frac{k\left[A_{m1} - A_1 C_{dis} + \left(\frac{\beta}{\alpha}\right)^k\right] + Q_1}{(1+k)A_1} \tag{4.32}$$

由此可得出制造商的最优定价策略，即斯坦克尔伯格均衡为

$$
(P_m^*, r^*) = \left(\frac{k\left[A_{m1} - A_1 C_{dis} + \left(\frac{\beta}{\alpha}\right)^k\right] + Q_1}{(1+k)A_1}\right.,
$$

$$
\left. 1 - \frac{k^2 A_1\left[A_{m1} - A_1 C_{dis} + \left(\frac{\beta}{\alpha}\right)^k - Q_1\right]}{\alpha(1+k)\left\{k\left[A_{m1} - A_1 C_{dis} + \left(\frac{\beta}{\alpha}\right)^k\right] + Q_1\right\}}\right) \tag{4.33}
$$

于是，将 (P_m^*, r^*) 代入 π_m、π_r、P_{r1}、P_{r2} 可以得出，在最优定价时制造商和回收商的利润、废旧产品的回收价格及逆向供应链系统的总利润。

$$
\pi_m^* = dk^{2k}\left\{\frac{(O - Q_1)^k\left[\left(A_{m1} - \frac{kO + Q_1}{1+k} - A_1 C_{dis}\right)\right]}{(k+1)^{2k}} + \right.
$$

$$
\left. \frac{\left(\frac{\beta}{\alpha}\right)^k\left(A_{m2} - C_{dis}A_2 - C_t B_2 - P_{r2} - C_{ins2}\right)\right]}{(k+1)^{2k}}\right\} \tag{4.34}
$$

$$
\pi_r^* = dk^{2k}\frac{(O - Q_1)^k\left(\frac{kO + Q_1}{1+k} - C_r A_1 - P_{r1} - C_{ins1} - C_t B_1\right)}{(k+1)^{2k}} \tag{4.35}
$$

$$
P_{r1}^* = \frac{k(A_1 P_m - Q_1)}{(k+1)} \tag{4.36}
$$

$$
P_{r2}^* = \frac{\beta}{\alpha} \cdot \frac{k(A_1 P_m - Q_1)}{(k+1)} \tag{4.37}
$$

$$
\pi^* = \pi_m^* + \pi_r^* \tag{4.38}
$$

4.3.4 相关参数灵敏度分析

下面根据上述模型及求解得到的最优值，通过 MATLAB 进行仿真，分析模型中废旧产品回收质量检测误差率对回收价格及利润的影响、成本投入对回收检测误差率 a 的影响。相关参数的数值具体设定见表 4.9。其中，设定回收检测误差率 b 随着检测误差率 a 的变化而浮动。考虑到检测误差率不会很高的事实，本节设置检测误差率 a_2 的值为 0.1、0.2 和 0.3，以此来分析检测误差对回收价格和利润的影响。

表 4.9 参数数值设置

参数	数值
P_0	1 600
C_m	200
C_r	60
C_{dis}	20
C_{td}	4
C_t	1
C_0	20
q_1	0.6
q_2	0.8
d	10
k	0.8
α	0.3
β	0.7
b_1	$0.8 \times a_1$
b_2	$0.8 \times a_2$

为了方便进行对比分析，下面首先给出三种情况下的仿真图，即图 4.22 至图 4.27，之后进行整体分析。

（1）当成本投入 $v = 10$、检测误差率 $a_2 = 0.3$ 时，回收检测误差率 a_1 对废旧产品回收价格和利润的影响如图 4.22、图 4.23 所示。

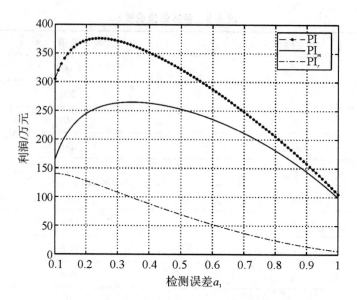

图 4.22　a_1 对 π^*、π_m^*、π_r^* 利润的影响

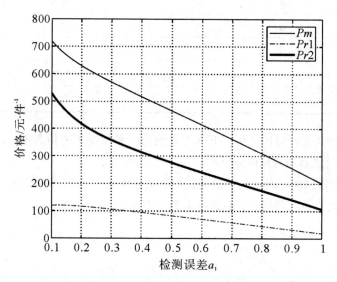

图 4.23　a_1 对 P_m^*、P_{r1}^*、P_{r2}^* 价格的影响

（2）当成本投入 $v = 10$、检测误差 $a_2 = 0.2$ 时，回收检测误差 a_1 对废旧产品回收价格和利润的影响如图 4.24、图 4.25 所示。

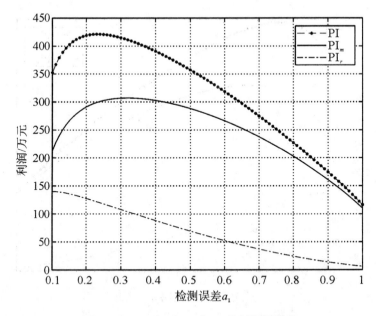

图 4.24　a_1 对 π^*、π_m^*、π_r^* 利润的影响

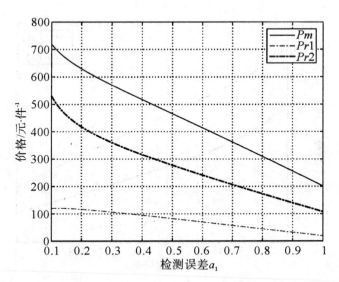

图 4.25　a_1 对 P_m^*、P_{r1}^*、P_{r2}^* 价格的影响

（3）当成本投入 $v = 10$、检测误差 $a_2 = 0.1$ 时，回收检测误差 a_1 对废旧产品回收价格和利润的影响如图 4.26、图 4.27 所示。

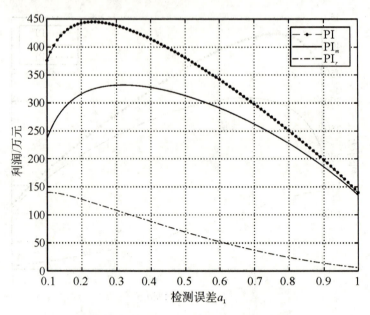

图 4.26　a_1 对 π^*、π_m^*、π_r^* 利润的影响

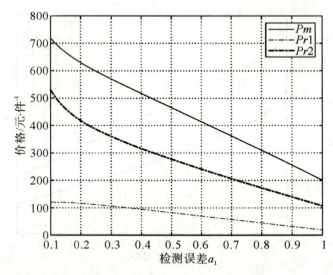

图 4.27　a_1 对 P_m^*、P_{r1}^*、P_{r2}^* 价格的影响

由图 4.22、图 4.24 和图 4.26 可以看出，在有检测误差存在的双渠道回收供应链中，检测误差率 a_1 变化时制造商、回收商及供应链总利润整体的变化趋势。随着检测误差率 a_1 的降低，回收商的利润上升，这是因为检测误差率 a_1 越小，回收商对检测成本 v 的投入则越少，回收商获得的利润越高；随着检测误差率 a_1 的降低，再制造商利润的变化趋势是先上升后下降，这是因为检测误差率 a_1 越高，意味着不可再制造产品被检测为"可再制造产品"的比例越高，相应地会增加很多不必要的运输和拆解费用；并且检测误差率 b 也会随着 a 的增加而增加，即可再制造产品被检测为"不可再制造产品"的比例上升，会有更多的可再制造产品被直接进行废弃处理，造成资源的浪费，因此再制造商的成本升高，供应链系统的利润空间减少。

由图 4.23、图 4.25 和图 4.27 可以看出有检测误差存在的再制造供应链数值算例的仿真分析结果，不同检测误差率 a_1 对双渠道下再制造商、回收商定价决策影响的变化趋势。再制造商直接从线上渠道回收的价格 P_m 和再制造商从回收商处进行回收的价格 P_{r2} 随着检测误差率的降低而不断提高；随着检测误差率的减小，由回收商负责回收的线下传统回收渠道的回收价格 P_{r1} 在平稳地升高，其回收价格随检测误差率而波动的幅度较小。由于检测误差率越小，意味着废旧产品的回收质量水平越高，回收商和再制造商回收废旧产品的定价就越高，即随着检测误差率的减小，回收商和再制造商的定价会随之提高。

4.3.5 多组数据对比分析

4.3.5.1 多组数据对比分析表

为了深入分析双渠道模式不同检测误差率的情况下，再投入检测成本的变化对回收价格和供应链利润的影响的变化幅度，本节基于上一节对参数的灵敏度分析的内容，采取了多组数据进行对比分析，对比分析结果如表 4.10 至表 4.13 所示。

表 4.10 参数 v 取不同值时，检测误差率 a_1 的变化对价格的影响对比

v							a_1				
		0.1	0.2	0.3	0.4	0.5	0.6	0.7	0.8	0.9	1
10	P_m^{*}	719	630	570	517	465	414	363	310	256	201
	P_{r1}^{*}	120	117	107	95	83	70	58	45	32	19
	P_{r2}^{*}	529	418	360	316	277	241	207	173	140	108
12	P_m^{*}	738	639	576	522	469	418	365	313	258	203
	P_{r1}^{*}	116	115	105	94	82	70	57	44	32	19
	P_{r2}^{*}	562	434	371	324	284	247	211	177	144	111
14	P_m^{*}	757	649	583	527	473	421	368	315	261	205
	P_{r1}^{*}	112	113	104	93	81	69	57	44	31	18
	P_{r2}^{*}	594	450	382	332	290	252	216	181	147	114
16	P_m^{*}	775	658	589	532	477	424	371	318	263	207
	P_{r1}^{*}	108	111	103	92	81	68	56	43	31	18
	P_{r2}^{*}	626	466	393	340	297	257	221	185	151	117
18	P_m^{*}	794	668	596	536	481	428	374	320	265	209
	P_{r1}^{*}	104	109	101	91	80	68	55	43	30	17
	P_{r2}^{*}	658	483	403	348	303	263	225	189	154	121
20	P_m^{*}	813	677	602	541	485	431	377	323	268	212
	P_{r1}^{*}	100	107	100	90	79	67	55	42	30	17
	P_{r2}^{*}	691	499	414	357	310	268	230	193	158	124

注：当 $a_2 = 0.3$，$a_2 = 0.2$、$a_2 = 0.1$ 时，参数 v 和 a_1 对价格决策的影响相同。

表 4.11 当 $a_2=0.3$ 时，再投入成本 v 和检测误差率 a_1 的变化对利润的影响对比

v		a_1									
		0.1	0.2	0.3	0.4	0.5	0.6	0.7	0.8	0.9	1
10	π_m	1 650 722	2 448 624	2 636 219	2 633 477	2 529 513	2 352 829	2 113 161	1 811 685	1 443 052	992 055
	π_r	1 400 952	1 278 789	1 081 354	880 792	692 274	521 336	370 832	242 730	138 791	60 992
	π	3 051 673	3 727 413	3 717 572	3 514 270	3 221 788	2 874 165	2 483 994	2 054 415	1 581 843	1 053 047
12	π_m	1 293 886	2 239 155	2 487 172	2 518 280	2 436 827	2 276 829	2 050 500	1 760 288	1 401 554	959 416
	π_r	1 347 894	1 253 498	1 065 721	870 084	684 565	515 657	366 631	239 664	136 638	59 606
	π	2 641 781	3 492 653	3 552 893	3 388 364	3 121 392	2 792 487	2 417 131	1 999 952	1 538 192	1 019 022
14	π_m	953 888	2 034 439	2 340 522	2 404 605	2 345 234	2 201 679	1 988 536	1 709 488	1 360 584	927 256
	π_r	1 295 459	1 228 367	1 050 161	859 417	676 882	509 998	362 444	236 609	134 494	58 228
	π	2 249 347	3 262 806	3 390 684	3 264 022	3 022 116	2 711 677	2 350 980	1 946 097	1 495 078	985 484
16	π_m	630 896	1 834 500	2 196 278	2 292 455	2 254 737	2 127 380	1 927 269	1 659 284	1 320 142	895 575
	π_r	1 243 643	1 203 394	1 034 673	848 791	669 227	504 358	358 272	233 566	132 360	56 859
	π	1 874 540	3 037 894	3 230 952	3 141 247	2 923 964	2 631 738	2 285 541	1 892 851	1 452 502	952 434
18	π_m	325 090	1 639 363	2 054 448	2 181 837	2 165 339	2 053 934	1 866 703	1 609 680	1 280 232	864 376
	π_r	1 192 446	1 178 580	1 019 258	838 207	661 599	498 737	354 115	230 535	130 236	55 497
	π	1 517 536	2 817 943	3 073 706	3 020 044	2 826 938	2 552 671	2 220 818	1 840 215	1 410 467	919 873
20	π_m	36 659	1 449 050	1 915 041	2 072 753	2 077 042	1 981 344	1 806 840	1 560 677	1 240 853	833 660
	π_r	1 141 866	1 153 925	1 003 914	827 665	653 999	493 136	349 972	227 516	128 121	54 144
	π	1 178 524	2 602 975	2 918 955	2 900 417	2 731 041	2 474 480	2 156 812	1 788 192	1 368 974	887 804

表 4.12 当 $a_2 = 0.2$ 时，再投入成本 v 和检测误差率 a_1 的变化对利润的影响对比

v		a_1 0.1	0.2	0.3	0.4	0.5	0.6	0.7	0.8	0.9	1
10	π_m	2 123 739	2 911 182	3 067 108	3 026 672	2 881 850	2 661 929	2 376 762	2 027 267	1 607 424	1 100 517
	π_r	1 400 952	1 278 789	1 081 354	880 792	692 274	521 336	370 832	242 730	138 791	60 992
	π	3 524 691	4 189 971	4 148 462	3 907 465	3 574 125	3 183 265	2 747 595	2 269 998	1 746 215	1 161 510
12	π_m	1 733 124	2 674 359	2 894 098	2 890 199	2 770 329	2 569 447	2 299 959	1 964 103	1 556 611	1 061 147
	π_r	1 347 894	1 253 498	1 065 721	870 084	684 565	515 657	366 631	239 664	136 638	59 606
	π	3 081 018	3 927 857	3 959 819	3 760 282	3 454 893	3 085 104	2 666 589	2 203 767	1 693 249	1 120 753
14	π_m	1 360 423	2 442 850	2 723 869	2 755 542	2 660 144	2 478 024	2 224 038	1 901 706	1 506 488	1 022 415
	π_r	1 295 459	1 228 367	1 050 161	859 417	676 882	509 998	362 444	236 609	134 494	58 228
	π	2 655 882	3 671 217	3 774 030	3 614 959	3 337 026	2 988 022	2 586 482	2 138 315	1 640 982	1 080 643
16	π_m	1 005 816	2 216 682	2 556 430	2 622 709	2 551 299	2 387 663	2 149 004	1 840 079	1 457 057	984 323
	π_r	1 243 643	1 203 394	1 034 673	848 791	669 227	504 358	358 272	233 566	132 360	56 859
	π	2 249 459	3 420 076	3 591 104	3 471 500	3 220 527	2 892 021	2 507 276	2 073 645	1 589 417	1 041 182
18	π_m	669 490	1 995 880	2 391 793	2 491 703	2 443 799	2 298 366	2 074 858	1 779 223	1 408 321	946 874
	π_r	1 192 446	1 178 580	1 019 258	838 207	661 599	498 737	354 115	230 535	130 236	55 497
	π	1 861 936	3 174 460	3 411 050	3 329 910	3 105 398	2 797 103	2 428 973	2 009 758	1 538 556	1 002 372
20	π_m	351 644	1 780 472	2 229 966	2 362 531	2 337 646	2 210 137	2 001 603	1 719 141	1 360 281	910 071
	π_r	1 141 866	1 153 925	1 003 914	827 665	653 999	493 136	349 972	227 516	128 121	54 144
	π	1 493 510	2 934 397	3 233 880	3 190 195	2 991 644	2 703 272	2 351 575	1 946 657	1 488 402	964 216

表 4.13 当 $a_2=0.1$ 时，再投入成本 v 和检测误差率 a_1 的变化对利润的影响对比

v		a_1 0.1	0.2	0.3	0.4	0.5	0.6	0.7	0.8	0.9	1
10	π_m	2 378 306	3 160 118	3 299 002	3 238 280	3 071 469	2 828 279	2 518 626	2 143 288	1 695 885	1 158 889
	π_r	1 400 952	1 278 789	1 081 354	880 792	692 274	521 336	370 832	242 730	138 791	60 992
	π	3 779 257	4 438 907	4 380 355	4 119 072	3 763 744	3 349 615	2 889 458	2 386 019	1 834 676	1 219 881
12	π_m	1 917 154	2 856 699	3 064 590	3 046 024	2 910 058	2 692 047	2 404 476	2 049 497	1 621 577	1 103 770
	π_r	1 347 894	1 253 498	1 065 721	870 084	684 565	515 657	366 631	239 664	136 638	59 606
	π	3 265 048	4 110 197	4 130 312	3 916 107	3 594 623	3 207 704	2 771 107	2 289 160	1 758 214	1 163 376
14	π_m	1 477 362	2 560 329	2 834 138	2 856 489	2 750 727	2 557 514	2 291 780	1 956 997	1 548 458	1 049 787
	π_r	1 295 459	1 228 367	1 050 161	859 417	676 882	509 998	362 444	236 609	134 494	58 228
	π	2 772 820	3 788 696	3 884 299	3 715 906	3 427 610	3 067 512	2 654 224	2 193 606	1 682 952	1 108 015
16	π_m	1 059 144	2 271 042	2 607 658	2 669 683	2 593 482	2 424 685	2 180 543	1 865 794	1 476 532	996 946
	π_r	1 243 643	1 203 394	1 034 673	848 791	669 227	504 358	358 272	233 566	132 360	56 859
	π	2 302 787	3 474 437	3 642 331	3 518 475	3 262 709	2 929 043	2 538 815	2 099 361	1 608 892	1 053 805
18	π_m	662 724	1 988 876	2 385 166	2 485 616	2 438 328	2 293 564	2 070 769	1 775 892	1 405 804	945 253
	π_r	1 192 446	1 178 580	1 019 258	838 207	661 599	498 737	354 115	230 535	130 236	55 497
	π	1 855 170	3 167 456	3 404 423	3 323 823	3 099 928	2 792 301	2 424 883	2 006 427	1 536 040	1 000 751
20	π_m	288 342	1 713 866	2 166 675	2 304 294	2 285 272	2 164 156	1 962 461	1 687 295	1 336 279	894 715
	π_r	1 141 866	1 153 925	1 003 914	827 665	653 999	493 136	349 972	227 516	128 121	54 144
	π	1 430 207	2 867 791	3 170 589	3 131 959	2 939 271	2 657 292	2 312 433	1 914 810	1 464 400	948 859

如表 4.10 所示，通过多组数据对比我们能够得知检测误差率 a_2 在变化情况下，检测成本 v 的投入和检测误差率 a_1 对再制造商和回收商价格决策的影响是相同的。也就是说，对再制造商通过线上回收渠道回收的废旧产品进行质量检测时，其检测误差率 a_2 与回收商定价决策没有关联。再制造商和回收商定价决策和回收数量决策变化的主要影响因素仍是线下传统回收模式的废旧产品质量检测误差率 a_1 和再投入成本 v。

通过表 4.11 至表 4.13 可以得出，在检测误差率 a_2 为 0.3、0.2、0.1 三种情况下，检测误差率 a_1 和投入成本 v 对供应链系统利润的影响结果。表 4.11 至表 4.13 能够清楚地反映出，再投入的检测成本 v 越低，供应链获得的利润越高。但在成本投入相同的情况下，再制造商在检测误差率 $a_1 = 0.3$ 时能够获得最高的利润，回收商在 $a_1 = 0.1$ 时获得的利润最高。

4.3.5.2　相关参数对价格和利润的影响的变化幅度

为了更加直观地分析其影响的增长/降低幅度，笔者根据多组数据分析表的结果绘制了柱状图，得到了再投入检测成本 v 和检测误差率 a_1 对价格和利润的影响的变化幅度，结果如图 4.28 至图 4.30 所示。

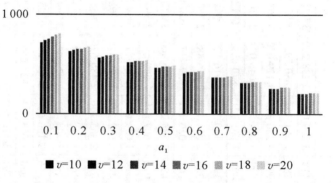

图 4.28　再投入成本 v 和检测误差率 a_1 对再制造商定价决策 P_m 的影响的变化幅度

从图 4.28 至图 4.30 可以看出，再投入检测成本 v 的控制需要根据回收质量检测误差的情况来决定，再制造商和回收商的定价随着检测误差率 a_1 的降低而不断增高。再投入检测成本 v 越低，再制造商从回收商处和线上渠道处回收的废旧产品的回收价格越低。这是因为当废旧产品的回收质量水平较高时，不会出现太高的检测误差，产品的回收价格相应较高，因此再制造商控制成本投入的主要考虑因素是检测误差率。再制造商根据不同的检测误差率的情况来控制成本的投入，以降低回收价格，节约逆向供应链的运作成本。

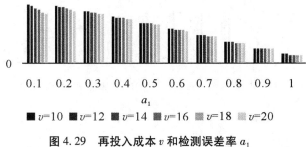

图 4.29　再投入成本 v 和检测误差率 a_1
对回收商线下回收渠道定价决策 p_m 的影响的变化幅度

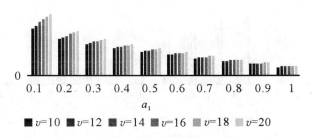

图 4.30　再投入成本 v 和检测误差率 a_1
对再制造商线上回收渠道定价决策 p_m 的影响的变化幅度

　　为分析三种不同情况下的变化幅度，下面首先给出各种情况下的结果图，即图 4.31 至图 4.39，之后整体进行分析。

　　（1）当检测误差率 $a_2 = 0.3$ 时，再投入成本 v 和检测误差率 a_1 对利润的影响如图 4.31 至图 4.33 所示。

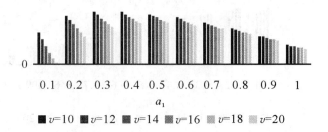

图 4.31　再投入成本 v 和检测误差率 a_1 对再制造商利润 π_m 的影响的变化幅度

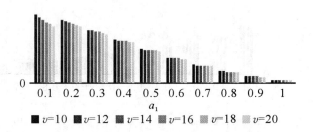

图 4.32　再投入成本 v 和检测误差率 a_1 对回收商利润 π_r 的影响的变化幅度

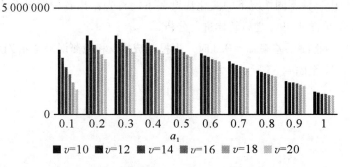

图 4.33　再投入成本 v 和检测误差率 a_1 对供应链利润 π 的影响的变化幅度

（2）当检测误差 $a_2 = 0.2$ 时，再投入成本 v 和检测误差 a_1 对利润的影响如图 4.34 至图 4.36 所示。

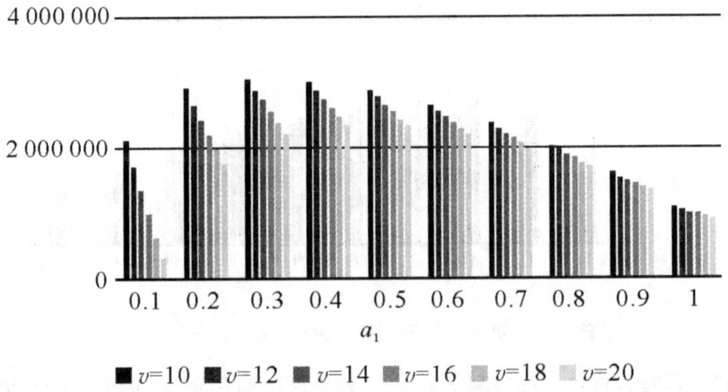

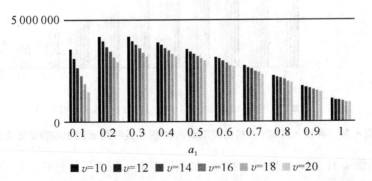

图 4.34　再投入成本 v 和检测误差率 a_1 对再制造商利润 π_m 的影响的变化幅度

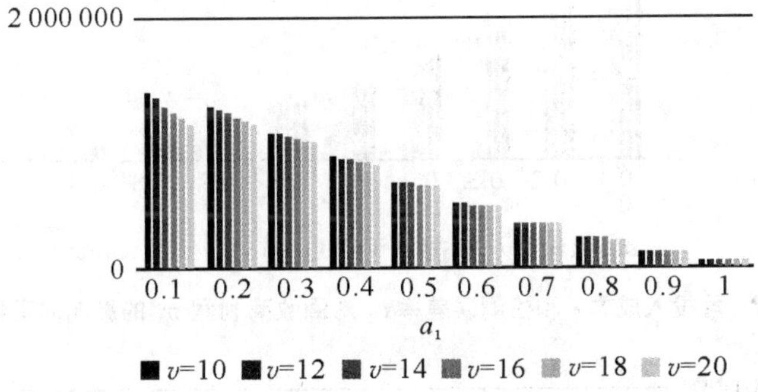

图 4.35　再投入成本 v 和检测误差率 a_1 对回收商利润 π_r 的影响的变化幅度

图 4.36　再投入成本 v 和检测误差率 a_1 对供应链利润 π 的影响的变化幅度

（3）当检测误差率 $a_2 = 0.1$ 时，再投入成本 v 和检测误差率 a_1 对利润的影响如图 4.37 至图 4.39 所示。

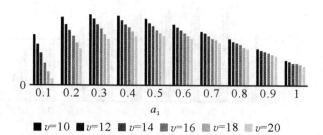

图 4.37　再投入成本 v 和检测误差率 a_1 对再制造商利润 π_m 的影响的变化幅度

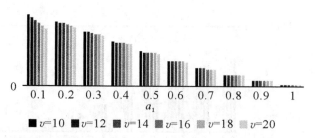

图 4.38　再投入成本 v 和检测误差率 a_1 对回收商利润 π_r 的影响的变化幅度

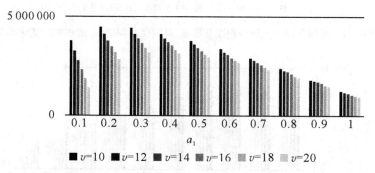

图 4.39　再投入成本 v 和检测误差率 a_1 对供应链利润 π 的影响的变化幅度

由图 4.31 至图 4.39 可以看出，检测误差率 a_2 取不同值的情况下，再投入成本 v 和检测误差率 a_1 对利润的影响的变化幅度，结果表明要根据检测误差率 a_1 的检测水平对供应链的再投入成本进行控制与优化。一方面，要注重考虑投入成本的控制，就供应链利润而言，检测误差率 a_1 为 0.1 时，成本的控制就尤为重要，如果成本投入过高，那么供应链系统能够获得的利润将急剧减少。另一方面，在逆向供应链回收质量检测误差率 a_1 为 0.2 时，控制再投入检测成本所获得的利润相比其他检测误差率的情况是最高的。因此，根据对模型结果的分析，再投入成本的控制只有从多方面进行考虑，才能够最大限度地节约成本，提高供应链系统整体及供应链成员的利润。

本章小结

本章介绍了基于单一再制造商和单一回收商的二级再制造供应链结构，给出了一定的假设前提，对相关的符号进行了解释说明，运用博弈理论构建了基于回收质量差异的利润模型、有回收检测的利润模型和有回收检测质量差异的利润模型。本章通过逆向归纳法对模型进行求解，并对求解结果进行数值仿真、多组数据对比，得到了企业控制成本的最优决策。本章研究结果如下：

（1）有回收质量差异的再制造供应链成本控制与优化模型研究结果表明，影响再制造逆向供应链的再制造成本投入的关键因素是回收质量水平 q 与质量成本系数 h。回收质量水平 q 越高，质量成本系数 h 越小，则供应链系统越能够实现利润最大化。

（2）有回收检测的再制造供应链成本控制与优化模型研究结果表明，再制造供应链的检测成本的控制投入要考虑检测误差 a，同样的成本投入 v 在不同的检测误差 a 的条件下，其对价格和数量的影响是不同的，对供应链成员和系统整体的利润的影响也是有差别的。在检测误差 a 为 0.1 时控制再投入检测成本，对回收价格、数量和利润产生的作用更加明显和重要。

（3）有回收检测质量差异的再制造供应链成本控制与优化模型研究结果表明，检测误差 a_2 的差异对再制造供应链的定价决策不产生影响，对再制造供应链价格决策产生影响的主要因素是线下传统回收渠道的废旧产品回收检测误差 a_1。再投入检测成本的估算控制要根据检测误差 a_1 的情况来进行，在检测误差 $a_1 = 0.1$ 时，成本控制的作用更加明显。相关企业应按照废旧产品的质量检测误差水平给出相应的成本控制与优化决策，从而实现再制造供应链系统的最优决策，使再制造供应链系统获得更高的利润。

5 分级检测策略

废旧锂电池的回收处理方式包括再生利用和梯次利用。梯次利用可在不增加自然资源投入的情况下延伸电池的使用价值。针对废旧锂电池回收分级检测，本章研究要点如下：

要点1：二级再制造供应链分级检测策略。二级再制造供应链包括回收商和制造商两个成员。回收商从废旧产品市场回收废旧锂电池并进行初检，制造商负责分级检测和产品再制造。在拆解检测中心隶属于制造商的情况下，本章研究基于检测误差的废旧锂电池二级再制造供应链模型，构建回收商和制造商组成的二级再制造供应链系统动力学模型，仿真分析分级检测误差率 c、d 对制造商利润的影响，得出分级检测时误差率的合理范围，以便为制造商提供分级检测策略。

要点2：三级再制造供应链分级检测策略。三级再制造供应链包括回收商、拆解中心和制造商三个成员。回收商从废旧产品市场回收废旧锂电池，拆解中心负责分级检测，制造商负责产品再制造。在拆解中心独立的情况下，本章研究基于检测误差的废旧锂电池三级再制造供应链模型，构建回收商、拆解中心和制造商组成的三级再制造供应链系统动力学模型，仿真分析拆解中心和制造商信息不对称情况下，制造商通过采取增大抽检比例和与拆解中心制定外部损失分摊机制，以使拆解中心主动降低分级检测误差率。

5.1 二级再制造供应链分级检测策略

5.1.1 引言

动力锂电池种类不同，其回收处理方式也不同。从电动汽车上退役下来的锂离子动力电池有两种去向，一种是再生利用，一种是梯次利用。再生利用是指经过一系列物理和化学手段将废旧锂电池中含有的具有回收价值的金属元素分离出来，并制成金属化合物或动力锂电池原材料的回收处理模式。梯次利用是指对不能满足电动汽车正常动力需求而退役下来的电池包或电池模组进行拆解、检测，重组为一个新的电池包，然后投放到储能、低速电动车等领域而继续使用的过程。动力电池的梯次利用是在不增加自然资源投入的情况下，延伸电池的使用价值，可以缓解当前电池退役体量大而导致的回收压力，充分发挥其剩余价值。因此，梯次利用的研究和应用对促进锂电池产业和新能源汽车产业健康发展至关重要。

对废旧锂电池进行梯次利用，需要对锂电池进行拆解、检测，然后以并联或串联的方式进行重组再制造。因此，梯次利用需要保证并联或串联成组的电池单体有较好的一致性[①]。如果重组电池单体不一致，就会严重影响重组电池包可用容量和使用寿命。重组电池包的可用容量、充放电性能、寿命等由"短板电池"所决定。减少重组再制造过程中的检测误差是影响重组电池包单体一致性和重组电池包质量安全的关键所在。

目前应用系统动力学方法研究锂电池回收再制造的文献较少。我们查阅国内外文献后发现，Reuter 等[②]基于系统动力学方法研究发现电池的设计会影响动力电池回收。Dyson 和 Chang[③]基于系统动力学建模并预测了快速增长城市地区固体废物的产生量。穆东等[④]通过构建废旧锂电池回收系统动力学模型，考虑闭环供应链企业间的不同合作程度以及关键技术自主创新或技术引进等不同方式，对新能源汽车动力电池回收与再利用的影响。李欣[⑤]创新性地将博弈分析和系统动力学结合应用于回收政策对电池回收影响分析领域，分析了押金政策、补贴政策等对动力电池闭环供应链回收决策的影响。王丽丽[⑥]运用系统动力学方法，构建了电池回收模型，从消费者行为角度进行分析，得出不同情

① 戴海峰，王楠，魏学哲，等.车用动力锂离子电池单体不一致性问题研究综述 [J].汽车工程，2014 (2)：181-188，203.

② REUTER M A, SCHAIK V A. Dynamic modeling of e-waste collecting system performance based on product design [J]. Minerals engineering, 2010, 23 (3)：192-210.

③ DYSON B, CHANG N B. Forecasting municipal solid waste generation in a fast-growing urban region with system dynamics modeling [J]. Waste management, 2005, 25 (7)：669-679.

④ 穆东，杨健，李欣.闭环供应链企业合作对新能源汽车动力电池回收与再利用的影响 [J].供应链管理，2021, 2 (1)：54-67.

⑤ 李欣.不同政策下电动乘用车动力电池闭环供应链回收决策研究 [D].北京：北京交通大学，2020.

⑥ 王丽丽.基于系统动力学的电动汽车废旧电池再制造研究 [J].四川大学学报（哲学社会科学版），2017 (2)：115-123.

境下的企业回收和再制造能力策略。Feng[1]基于系统动力学原理，建立了动力电池回收的 SD 模型，分析了电动汽车生产率、电动汽车电池寿命、电池更新次数、电池更新率等因素对电池回收率的影响。Alamerew 等[2]以新能源汽车电池为例，介绍了废旧电池回收的主要促进因素和挑战，指出再制造和重新利用等策略会为电池回收提供巨大的市场潜力。

当前关于锂电池回收再制造过程的研究，没有考虑技术或非技术原因造成的检测误差对再制造供应链各成员库存和利润的影响。从制造商角度出发，探讨如何调整废旧锂电池回收措施、加强锂电池再制造过程质量控制的研究是不足的。

针对这些问题，本节将应用系统动力学方法构建基于检测误差的废旧锂电池二级再制造供应链存流图，仿真分析检测误差对制造商利润的影响，并对仿真结果进行分析。这有利于回收商、制造商等采取合理的废旧锂电池分级检测和再制造策略。

5.1.2 模型构建

5.1.2.1 概念模型

废旧锂电池二级再制造供应链概念模型如图 5.1 所示，其成员包括回收商和制造商。这里，废旧锂电池重组再制造由制造商完成。废旧锂电池二级再制造供应链运作过程如下所述：

动力锂电池从汽车上退役下来后，回收商负责回收退役的锂电池包，然后进行初步的分解与检测，分为"可梯次利用电池模组"和"不可梯次利用电池模组"两类。由于回收商只能进行初步的检测，可能存在一定的检测误差，即"可梯次利用电池模组"中含有一定比例的不可梯次利用电池模组；该检测误差越大，含有的不可梯次利用电池模组就越多，回收商将"可梯次利用电池模组"送往制造商时，制造商的损失就越大。"不可梯次利用电池模组"中含有一定比例的可梯次利用电池模组，该检测误差越大，含有的可梯次利用电池模组就越多，会造成回收商损失和资源的浪费。回收商初步检测完后，将"不可梯次利用电池模组"交由材料回收商，进行材料回收，将"可梯次利用

① FENG S H. System dynamics model for battery collecting of electric vehicles in anylogic simulation [J]. Internet manufacturing and services, 2018, 5 (4)：405-418.

② ALAMEREW Y A, BRISSAUD D. Modelling reverse supply chain through system dynamics for realizing the transition towards the circular economy：a case study on electric vehicle batteries [J]. Journal of cleaner production, 2020, 254 (C)：1-12.

电池模组"送往制造商。制造商对"可梯次利用电池模组"进行再拆解和检测。根据电池性能，拆解后的电池分为不可梯次利用电池单体、"一级电池单体"、"二级电池单体"。由于当前检测技术落后，且各项性能不易检测，在大批量检测中，也会出现一些检测误差，即"一级电池单体"中含有一定数目的二级电池单体，"二级电池单体"中含有一定数目的一级电池单体。不可梯次利用电池单体会被直接处理掉，"一级电池单体"被重组为"一级重组电池包"，"二级电池单体"被重组为"二级重组电池包"，最后两种重组电池包被以两种不同的价格进行销售。

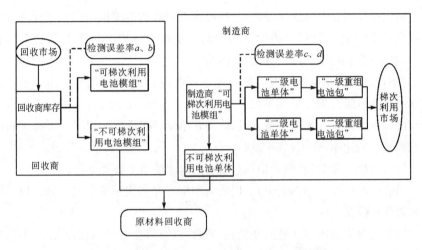

图 5.1　废旧锂电池二级再制造供应链概念模型

在本书构建的基于检测误差的废旧锂电池回收再制造系统动力学模型中，变量类型主要有状态变量、速率变量、辅助变量以及常量。状态变量主要描述库存状态；速率变量描述一定时间段内的数量变化，是绝对速率的含义，在 *Vensim* 中时间步长有年、月、日、小时等，本模型中 TIME STEP 为 1 周。参与主体有回收商和制造商。下面给出废旧锂电池二级再制造供应链中相关变量的详细描述。

（1）回收商相关变量。

废旧锂电池市场拥有量（状态变量）：锂电池经过使用周期后从新能源汽车上退役下来的电池包数量，由废旧锂电池包形成速率和回收商期望回收速率决定（单位：个）。

回收商废旧锂电池包库存（状态变量）：回收商从废旧锂电池市场中回收的电池包库存数量，由回收率和回收商检测速率决定（单位：个）。

"不可梯次利用电池模组"库存（状态变量）：回收商检测后的"不可梯次利用电池模组"库存数量，由回收商的检测速率和处理率决定（单位：个）。

废旧锂电池形成速率（速率变量）：每周锂电池从新能源汽车上退役的数量，由销售的新电池数量和锂电池使用周期所决定（单位：个/周）。

期望回收率（速率变量）：回收商的期望电池包回收速率，受到市场存有量、回收时间和制造商订货率和自身库存调整率的影响（单位：个/周）。

回收率（速率变量）：回收商的回收率，等于期望回收率（单位：个/周）。

回收商检测速率（速率变量）：回收商对回收的电池模组的检测速率，回收商会对电池包进行初步的拆解和检测，分为"可梯次利用电池模组"和"不可梯次利用电池模组"（单位：个/周）。

"不可梯次利用电池模组"率（速率变量）：回收商每周检测出"不可梯次利用电池模组"的速率（单位：个/周）。

回收商处理率（速率变量）：回收商在单位时间段内处理"不可梯次利用电池模组"的速率（单位：个/周）。

模组个数（常量）：每个电池包含有的电池模组个数（单位：个）。

回收商库存差（辅助变量）：回收商期望库存与实际库存的差额，用于调整回收商回收量。

回收商期望运送率（辅助变量）：回收商的订货率，受制造商需求率影响（单位：个/周）。

回收时间、回收商库存调整时间等与时间相关的都为常量。

（2）制造商相关变量。

制造商"可梯次利用电池模组"库存（状态变量）：制造商从回收商处回收的"可梯次利用电池模组"数量，由制造商购买率和拆解检测率决定（单位：个）。

"一级电池单体"库存、"二级电池单体"库存、不可梯次利用电池单体库存（状态变量）：制造商对"可梯次利用电池模组"拆解后的三种电池单体数量。"一级电池单体"库存和"二级电池单体"库存由拆解速率中"一级电池单体"比例、"二级电池单体"比例以及各自的重组率决定；不可梯次利用电池单体库存由拆解速率中不可梯次利用电池单体比例和制造商处理率决定（单位：个）。

不可梯次利用电池单体库存（状态变量）：制造商检测后不可梯次利用电池单体的数量，由形成速率和处理速率决定（单位：个）。

"一级重组电池包"库存（状态变量）：制造商按照重组标准对"一级可梯次利用电池单体"重组后的电池包库存数量（单位：个）。

"二级重组电池包"库存（状态变量）：制造商按照重组标准对"二级可梯次利用电池单体"重组后的电池包库存数量（单位：个）。

一级重组电池包应满足量和二级重组电池包应满足量（状态变量）：是一级重组电池包和二级重组电池包应满足市场需求的数量，由市场需求率和制造商满足率决定（单位：个）。

购买率（速率变量）：制造商从回收商处购买"可梯次利用电池模组"的速率（单位：个/周）。

拆解率（速率变量）：制造商拆解电池模组并对拆解后的电池单体进行检测的速率（单位：个/周）。

"一级电池单体"比例、"二级电池单体"比例（速率变量）：拆解后电池单体中"一级电池单体"和"二级电池单体"所占的比例（单位：个/周）。

不可梯次利用率（速率变量）：拆解后电池单体中不可梯次利用电池单体所占的比例（单位：个/周）。

一级重组率（速率变量）："一级电池单体"重组为"一级重组电池模组"的速率（单位：个/周）。

二级重组率（速率变量）："二级电池单体"重组为"二级重组电池模组"的速率（单位：个/周）。

重组单体个数（常量）：可梯次利用电池单体以电池模组标准个数进行重组（单位：个）。

"一级重组电池包"需求率和"二级重组电池包"需求率（速率变量）：梯次利用市场需求具有不确定性，因此将市场需求率设置成随机函数。依据此概念模型，下面给出基于检测误差的废旧锂电池再制造二级供应链存流图。

5.1.2.2 模型假设

依据电池性能复杂的特性和单体一致性原则，重组再制造锂电池不同于其他再制造品，需要做出如下假设：

（1）制造商对回收的电池模组进行拆解、检测和分选，根据电池单体各项性能大致分为"一级电池单体"、"二级电池单体"和不可梯次利用电池单体，且"一级电池单体"和"二级电池单体"中不含有不可梯次利用电池单体。

（2）在由单一回收商和制造商构成的废旧锂电池回收再制造供应链中，不考虑新锂电池的生产和废旧锂电池的二次回收，只涉及废旧锂电池一次回收再制造。

（3）制造商将重组的一级和二级锂电池模组直接销售到消费市场上，且消费市场足够大。

5.1.2.3 废旧锂电池二级再制造供应链模型的关键参数

废旧锂电池二级再制造供应链系统动力学模型中涉及的关键参数如下：

a：不可梯次利用的电池模组被检测为"可梯次利用的电池模组"的误差率。

b：可梯次利用的电池模组被检测为"不可梯次利用的电池模组"的误差率。

c：一级电池单体被检测为"二级电池单体"的误差率。

d：二级电池单体被检测为"一级电池单体"的误差率。

q：回收回来的电池中可梯次利用的比例。

p：可梯次利用电池单体中二级电池的比例。

$1-p$：可梯次利用电池单体中一级电池的比例。

M units：每个电池包中包含的电池模组个数。

N units：每个电池模组中包含的电池单体个数。

5.1.2.4 废旧锂电池二级再制造供应链系统动力学方程

废旧锂电池二级再制造供应链存流图如图5.2所示。存流图中与关键参数相关的关系式如下：

"不可梯次利用"电池模组速率＝回收商检测速率×［q×b+（$1-q$）×（$1-a$）］
$$(5.1)$$

制造商购买速率＝检测时间×［q×（$1-b$）+（$1-q$）×a］/购买时间
$$(5.2)$$

不可梯次利用速率＝拆解速率×（$1-q$）×a/［q×（$1-b$）+（$1+q$）×a］
$$(5.3)$$

"一级电池单体"分选速率＝拆解速率×拆解单体个数×

［（$1-p-c+c$×$p+d$×p）×（$1-b$）］/［q×（$1-b$）+a×（$1-q$）］ $\quad(5.4)$

"二级电池单体"分选速率＝拆解速率×拆解单体个数×

［（$p+c-c$×$p-d$×p）×（$1-b$）］/［q×（$1-b$）+a×（$1-q$）］ $\quad(5.5)$

回收商利润＝（单位模组购买价格-单位运输费用）×购买时间×制造商购买率+

回收商处理率×模组处理时间×单位处理收入-

（单位回收价格×回收时间×期望回收率+

回收商废旧锂电池包库存×单位包库存费+

回收商检测率×检测时间×单位检测费用） $\quad(5.6)$

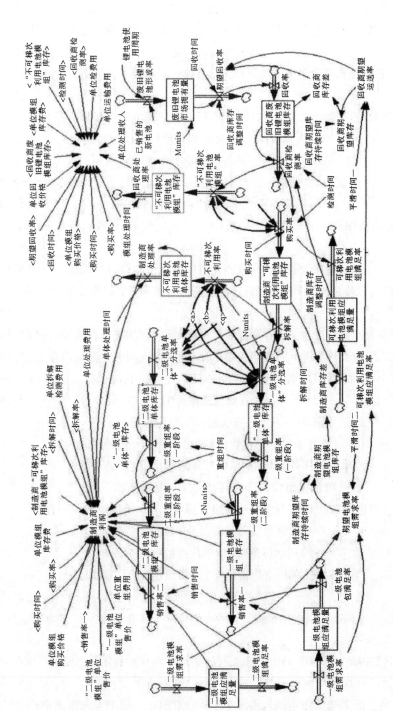

图 5.2 废旧锂电池二级再制造供应链存流图

废旧锂电池形成率＝DELAY 3I（已销售的新电池，锂电池使用周期，

已销售的新电池） (5.7)

废旧锂电池市场拥有量＝INTEG（废旧锂电池形成率－期望回收率，10）

(5.8)

回收商期望回收率＝IF THEN ELSE ｛废旧锂电池市场拥有量>0，

MIN［废旧锂电池市场拥有量/回收时间，

MAX（回收商订货率平滑＋

回收商库存差/回收商库存调整时间，0）］，0｝ (5.9)

回收商回收率＝回收商期望回收率 (5.10)

回收商废旧锂电池包库存＝INTEG（回收商回收率－回收商检测率，0）

(5.11)

回收商检测速率＝回收商废旧锂电池包库存/检测时间 (5.12)

回收商订货率平滑＝SMOOTH（制造商订货率平滑，回收商平滑时间）

(5.13)

回收商期望库存＝回收商订货率平滑×回收商期望库存持续时间 (5.14)

回收商库存差＝回收商期望库存－回收商废旧锂电池包库存 (5.15)

回收商"不可梯次利用电池模组"库存＝INTEG（"不可梯次利用电池模组"率－

回收商处理率，0） (5.16)

制造商利润＝（"一级电池包"单位售价×销售率一＋

"二级电池包"单位售价×销售率二）×销售时间＋

单位单体处理费用×单体处理时间×制造商处理率－

｛单位模组购买价格×购买时间×制造商购买率＋

（制造商"可梯次利用电池模组"库存＋"一级电池包"库存＋

"二级电池包"库存）×单位包库存费＋

拆解率×拆解时间×单位拆解检测费用＋

重组时间×单位重组费用×［二级重组率（二阶段）＋

一级重组率（二阶段）］｝ (5.17)

制造商"可梯次利用电池模组"库存＝INTEG（制造商购买率－拆解率，0）

(5.18)

制造商拆解速率＝IF THEN ELSE（制造商"可梯次利用电池模组"库存>0，

制造商"可梯次利用电池模组"库存/拆解时间，0） (5.19)

制造商期望重组电池包需求率＝SMOOTHI（一级电池包需求率＋

二级电池包需求率，制造商期望需求平滑时间，

一级电池包需求率+二级电池包需求率) （5.20）

制造商"二级电池单体"库存=INTEG［"二级电池单体"分选率-

二级重组率（一阶段），0］ （5.21）

制造商"一级电池单体"库存=INTEG［"一级电池单体"分选率-

一级重组率（一阶段），0］ （5.22）

销售率二=MIN（"二级电池包"库存，二级电池包应满足量）/销售时间

（5.23）

销售率一=MIN（"一级电池包"库存，一级电池包应满足量）/销售时间

（5.24）

制造商期望重组电池包库存=期望电池包需求率×制造商期望库存持续时间

（5.25）

5.1.2.5 模型中的参数设置

废旧锂电池二级再制造供应链存流图中涉及的参数设置如表5.1所示。

表5.1 二级再制造供应链参数设置

回收商 R 参数	数值	制造商 M 参数	数值
回收商回收时间	1 周	购买时间	2 周
库存调整时间	1 周	拆解检测时间	2 周
检测时间	2 周	单体处理时间	2 周
模组处理时间	2 周	制造商库存调整时间	2 周
回收商平滑时间	3 周	销售时间	4 周
回收商期望库存持续时间	4 周	制造商期望库存持续时间	3 周
单位电池包回收价格	15 000 元	制造商订货率平滑时间	3 周
单位电池包库存费	50 元	重组时间	2 周
单位检测费用	50 元	单位购买价格	300 元
单位运输费用	50 元	单位拆解检测费用	5 元
单位处理收入	50 元	单位重组费用	300 元
M unit	100	单位单体处理收入	1 元
N unit	44	一级重组电池包单位售价	35 000 元
锂电池使用周期	200 周	二级重组电池包单位售价	33 000 元

5.1.3 模型测试

系统动力学模型构建之后，需要对模型进行可靠性检验，确保所建模型运行顺畅且符合所研究的问题以及目的。本节根据系统动力学中常用的测试方法，对废旧锂电池再制造系统动力学模型结构适应性进行测试。

在系统动力学模型当中，需要检验突发情况下，模型中每一个变量的动态变化是否仍符合现实情况。该种检测被称为行为再现检测，常使用阶跃函数 STEP 来进行模拟突变。在模型当中，为模拟一级重组电池包和二级重组电池包市场需求不确定性，将两者的市场需求量设置为随机函数，最大值为 14，最小值为 10，均值为 12，方差为 2，种子树为 2。现在假设一级重组电池包和二级重组电池包的市场需求量为 RANDOM NORMAL（10，14，12，2，2）+ STEP（10，25），表示在第 25 周市场需求发生突变，在正常的市场需求量上增加 10 件，运用 Vensim PLE 软件进行仿真分析，结果如图 5.3 至图 5.6 所示。

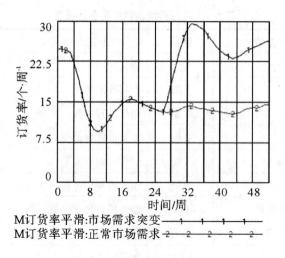

图 5.3　制造商订货率变化

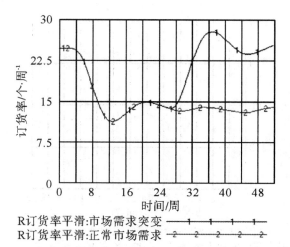

图 5.4　回收商订货率变化

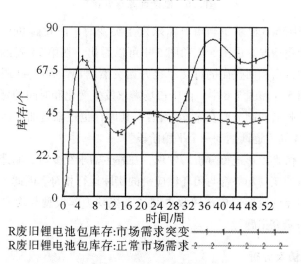

图 5.5　回收商库存变化

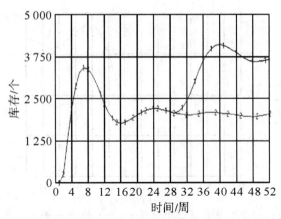

M"可梯次利用电池模组"库存:市场需求突变 ━┼━┼━┼━┼━┼━

M"可梯次利用电池模组"库存:正常市场需求 ━2━2━2━2━2━2━2━2━

图 5.6　制造商库存变化

图 5.3 至图 5.6 显示了当市场需求发生突变时,回收商和制造商的订货率、库存的变化情况。由图 5.3 和图 5.4 可以看出,在第 25 周市场需求量突然增加时,制造商和回收商的订货率也开始突然增加,到第 44 周时又逐渐趋于平稳。在图 5.5 和图 5.6 中,由于市场需求发生变化和时间的延迟,为满足订单需求,回收商和制造商在第 28 周后,其库存也逐渐增加,达到一个较高水平,在第 44 周后逐渐达到一个平稳阶段。

对得到的仿真图形进行分析后发现,在发生需求突变时,制造商和回收商的每一个变量的变动趋势都与闭环供应链的实际运行相符。因此,本节所建立的基于检测误差的废旧锂电池回收再制造系统动力学模型与现实情况基本相符,符合本书研究主题。

5.1.4　仿真分析

仿真分析主要包括分析制造商筛选重组时检测误差率 c、d 对制造商的影响。关于回收商的检测误差率 a、b 对回收商和制造商利润的影响,顾巧论和高铁杠[①]以及 Gu 和 Gao[②] 已做了类似介绍,本节不再重述。仿真初始时间和结束时间设置为:INTIAL TIME 为 0,FINAL TIME 为 52 周,TIME STEP 为 1 周。

① 顾巧论,高铁杠.再制造逆向供应链检测误差率管理策略 [J].计算机集成制造系统,2016,22 (10):2469-2477.

② GU Q L, GAO T G. IERs in reverse supply chain: be worth lowering or not [J]. Computer & industrial engineering, 2017, 111 (7): 289-302.

检测误差率 c 是将一级电池单体检测为"二级电池单体"，检测误差率 d 是将二级电池单体检测为"一级电池单体"。检测误差率 c、d 会直接影响到重组电池模组中的单体一致性，而重组电池模组中的单体一致性是决定电池组可用容量和电池使用寿命的关键因素。

动力电池包的放电能力由"短板电池"决定，若将二级电池单体误检为"一级电池单体"而重组成"一级重组电池包"，将会直接影响该"一级重组电池包"的安全和性能。制造商应该既保证利润，又保证重组电池包的一致性，其利润应随着检测误差率 c、d 的降低而升高。

5.1.4.1 $p<0.5$ 时检测误差率 c 和 d 对制造商利润的影响

首先设定回收的废旧锂电池中可梯次利用比例 $q=0.5$，检测误差率 $a=b=0$，可梯次利用电池单体中二级电池单体比例 $p=0.4$，可梯次利用电池单体中一级电池单体比例 $1-p=0.6$，检测误差率 c、d 分别取值：0，10%，20%，30%。

在检测误差率 c、d 分别取值 0、10%、20%、30% 时，对制造商利润进行仿真分析。制造商在检测误差率为 0 时与检测误差率不为 0 时的利润差值如图 5.7 所示。

图 5.7 中，制造商利润在检测误差率 c、d 等于 0 与 c、d 等于 30% 时的差值大于 c、d 等于 0 与 c、d 等于 20% 时的差值。同样，制造商利润在检测误差率 c、d 为 0 与 c、d 为 20% 时的差值也大于 c、d 为 0 与 c、d 为 10% 时的差值。结果表明制造商利润随着检测误差率 c、d 的减小而逐步增大，检测误差率的减小有利于制造商利润的增加。

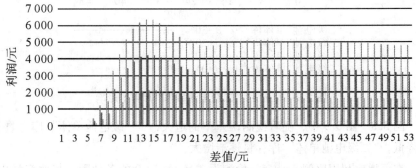

图 5.7 制造商利润在不同检测误差率对比下的变化

"一级重组电池单体"库存和"二级重组电池单体"库存变化如图 5.8 和

图5.9所示。

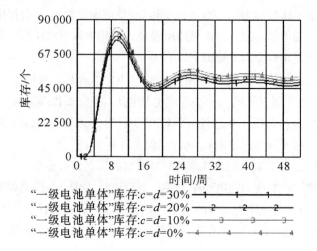

图5.8　c、d对"一级单体"库存的影响

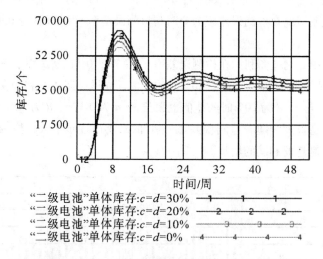

图5.9　c、d对"二级电池单体"库存的影响

图5.8—图5.9中，随着检测误差率的增大，"一级电池单体"库存量逐渐降低，"二级电池单体"库存量逐渐增大。

在可梯次利用比例 $q=0.5$、检测误差率 $a=b=0$ 的条件下，其他变量中，可梯次利用电池单体中二级电池单体比例 $p=0.3$，一级电池单体比例 $1-p=0.7$，检测误差率 c、d 分别取值：0，10%，20%，30%。下面继续分析在不同检测误差下制造商利润的变化。

笔者提取制造商在检测误差率取不同值时的各周利润数据，制作制造商在检测误差率 c、d 为 0 时与检测误差率不为 0 时利润的差值柱状图，如图 5.10 所示。

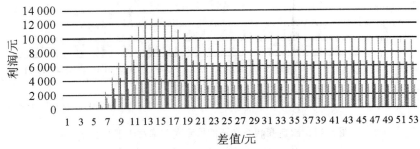

图 5.10　制造商利润在不同检测误差率对比下的变化

图 5.10 中，随着检测误差率 c、d 的增大，制造商利润在没有检测误差（检测误差率 c 和 d 为 0）与有检测误差（c 和 d 依次为 10%、20% 和 30%）时的差值变化也依次增大，说明制造商利润随着检测误差率的减小而逐步增大，与图 5.7 结论一致。

此处只给出 p 分别取 0.4 和 0.3，即 $1-p$ 为 0.6 和 0.7 时的仿真结果，当 p 取 0.2、0.1 和 0 时仿真结果与图 5.8 和图 5.9 的变化趋势一致。结果表明，在可梯次利用电池单体中，一级电池单体比例 $1-p$ 在（0.5，1）时，随着检测误差率的逐渐减小，制造商利润逐步增大，即检测误差率为 0 时制造商利润最大。因此，当 p 在（0，0.5）、$1-p$ 在（0.5，1）范围内，检测误差率 c、d 降低，对制造商是有利的。

5.1.4.2　$p>0.5$ 时检测误差率 c 和 d 对制造商利润的影响

为了分析 $p>0.5$ 时检测误差率 c 和 d 对制造商利润的影响，假设回收的废旧锂电池中可梯次利用比例 $q=0.5$，检测误差率 $a=b=0$，可梯次利用电池单体中二级电池单体比例 $p=0.6$，一级电池单体比例 $1-p=0.4$，检测误差率 c、d 分别取值 0、10%、20% 和 30%。

制造商利润在检测误差率 c、d 分别取值 10%、20%、30% 时与取 0 时的差值变化、"一级电池单体"库存和"二级电池单体"库存变化如图 5.11 至图 5.13 所示。

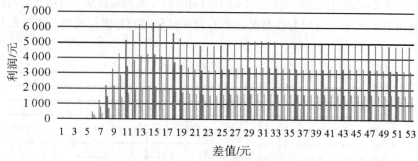

图 5.11　制造商利润在不同检测误差率对比下的变化

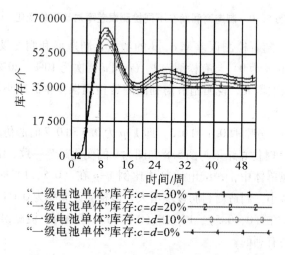

图 5.12　c、d 对"一级电池单体"库存的影响

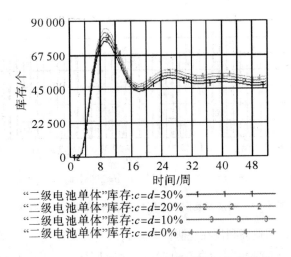

图 5.13 c、d 对"二级电池单体"库存的影响

图 5.11 中，制造商利润在检测误差率 c、d 等于 30% 与 c、d 等于 0 时的差值大于 c、d 等于 20% 与 c、d 等于 0 时的差值。同样，制造商利润在检测误差率 c、d 等于 20% 与 c、d 等于 0 时的差值，也大于 c、d 等于 10% 与 c、d 等于 0 时的差值。仿真结果说明，当 $p = 0.6$ 时，制造商利润是随着检测误差率的增大而升高的。

通过图 5.12、图 5.13 我们可以发现：随着检测误差率的增大，"一级电池单体"库存增大，"二级电池单体"库存逐渐减小，这表明越来越多的二级电池单体被检测为"一级电池单体"。根据电池性能一致性原则，重组电池包中，电池单体性能一致性越高，电池包效能和安全性越好。若重组电池包中电池单体性能不一致，一些一级可梯次利用电池单体中含有一些二级可梯次利用电池单体，就会造成一级电池包寿命缩短而提前报废，甚至发生热胀等安全事故。因此，从长远发展来说，制造商应该减小检测误差率。

在相同假设条件下，可梯次利用电池单体中二级电池单体比例 $p = 0.7$，一级电池单体比例 $1-p = 0.3$，检测误差率 c、d 分别取值 0、10%、20% 和 30%。下面提取制造商在检测误差率取不同值时的各周利润数据，制作制造商在检测误差率 c、d 等于 0 时与检测误差率不等于 0 时利润的差值柱状图，如图 5.14 所示。

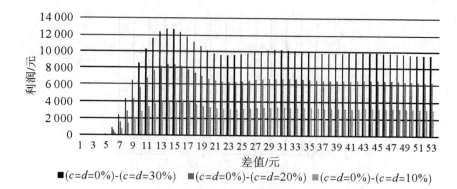

图 5.14　制造商利润在不同检测误差率对比下的变化

图 5.14 中，制造商利润在检测误差率 c、d 等于 30% 与 c、d 等于 0 时的差值大于 c、d 等于 20% 与 c、d 等于 0 时的差值。同样，制造商利润在检测误差率 c、d 等于 20% 与 c、d 等于 0 时的差值，也大于 c、d 等于 10% 与 c、d 等于 0 时的差值。仿真结果说明，当 $p = 0.6$ 时，制造商利润是随着检测误差率的增大而升高的。

当可梯次利用电池单体中二级电池单体比例 p 分别取值 0.8、0.9 和 1 时，其仿真结果与图 5.11、图 5.12 和图 5.13 中的变化趋势一致。

从以上仿真分析可以看出：对于制造商来说，当 p 在（0，0.5）时，检测误差率 c、d 越小，其利润越高；当 p 在（0.5，1）时，虽然检测误差率 c、d 越大，其利润越高，但是检测误差率大时，会造成"一级重组电池包"中电池单体不一致，从而影响了电池的梯次使用价值。因此，制造商应该增加一级电池单体在可梯次利用电池单体中的比例，使 p 的范围维持在（0，0.5）。

5.2　三级再制造供应链分级检测策略

上一节研究了回收商和制造商组成的废旧锂电池二级再制造供应链系统动力学模型，仿真分析了分级检测误差对回收商和制造商利润影响的问题。其中，研究前提是拆解中心隶属于制造商。在现实当中，拆解中心也可能是独立存在的，制造商可以把拆解检测过程委托给拆解中心，从而聚焦于自己的主要业务。因此，本节针对由回收商、拆解中心和制造商组成的三级再制造供应链，分析在拆解中心与制造商信息不对称的情况下，且拆解中心负责分级检测时，制造商作为主导者该如何保证重组电池质量①。

5.2.1 概念模型

由回收商、制造商和拆解中心组成的废旧锂电池三级再制造供应链概念模型如图 5.15 所示。其中，回收商负责废旧锂电池的回收，拆解中心负责废旧锂电池的全部拆解、分级检测，制造商负责重组和销售。

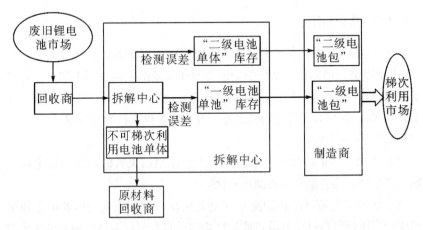

图 5.15　废旧锂电池三级再制造供应链概念模型

图 5.15 所示的废旧锂电池三级再制造供应链中，拆解中心将电池包拆解为电池单体后，根据电池单体性能大致进行分类：各项性能都很好的电池单体被称为"一级电池单体"，各项性能一般的电池单体被称为"二级电池单体"，无法再利用的电池单体被称为不可梯次利用电池单体。拆解中心将"一级电池单体"和"二级电池单体"送至制造商处进行重组，不可梯次利用电池单体被直接处理掉。制造商对"一级电池单体"和"二级电池单体"直接进行重组，在这个过程中拆解中心可能由于检测技术或者利己主义，而谎报质量信息，造成一定的误差。比如，把二级电池单体检测为"一级电池单体"，并出售给制造商。制造商如果不进行质量检测而直接重组，就会造成重组电池包中单体电池的不一致性。在梯次利用过程中，单体电池的不一致性严重影响到重组电池模组的可用容量、充放电性能、寿命以及安全等多个方面的性能，是决定电池组可用容量和电池使用寿命的关键因素。该模型由制造商主导，为控制一级电池单体和二级电池单体质量，制造商采取抽检的方式对两种电池单体进

① 李洛康，顾巧论.废旧锂电池梯次利用质量控制研究［J］.天津职业技术师范大学学报，2022，32（1）：67-72.

行质量检测，抽检比例为 r（$0 \leqslant r \leqslant 1$）。若被抽检的单体质量合格（一级电池单体中无二级电池单体），制造商则按照原价向拆解中心支付，不合格部分制造商将不支付费用；未被抽中的部分若质量不合格，制造商认为其合格而进行重组售卖，消费者发现后会造成外部损失 W。制造商和拆解中心均需承担外部损失，拆解中心分摊比例为 λ，制造商分摊比例为 $1-\lambda$。下面构建废旧锂电池三级再制造供应链系统动力学模型。

5.2.2　模型构建

在 Vensim PLE 中，存流图是描述系统结构的表达方式，是构造仿真模型（也称模拟模型）的前提。系统中变量类型和常量都在存流图中定义。这些变量类型包括积分量（存量）、速率量（流量）、中间变量或计算量（辅助量）。下面将用 Vensim PLE 设计废旧锂电池三级再制造供应链的存流图。

5.2.2.1　研究假设

（1）本书只考虑磷酸铁锂电池产品正常使用结束后的回收和重组再制造问题，并且该产品只能重组再制造一次。

（2）废旧锂电池回收再制造供应链是由单一的回收商、拆解中心和制造商组成的，闭环供应链中各节点成员订货率由自身库存调整率和下级成员需求率决定。

（3）拆解中心的拆解检测能力、制造商的重组能力以及各个节点的库存能力都是无限制的。

5.2.2.2　模型中的函数关系式

废旧锂电池三级再制造供应链存流图如图 5.16 所示。

在系统动力学模型中，方程主要表示各变量之间存在的关系。该模型主要仿真分析检测误差率对系统的影响，以及制造商通过采取抽检和质量惩罚两种措施能否增加利润和降低检测误差。主要方程如下：

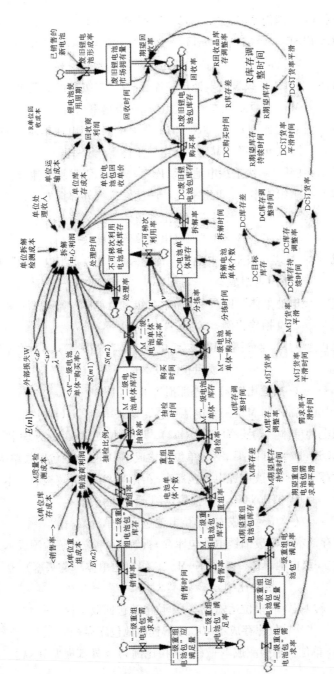

图5.16 废旧锂电池三级再制造供应链存流图

制造商利润=［销售率二דEｎ2）"+销售率一×"E（n1）"］−

IF THEN ELSE ｛d=0,"S（m1）"×M"一级电池单体"购买率+

"S（m2）"×M"二级电池单体"购买率+

M单位库存成本×（M"一级重组电池包"库存+M"二级重组电池包"库存）+

M单位重组成本×（重组率一+重组率二），

IF THEN ELSE ［抽检比例r=0,"S（m1）"×M"一级电池单体"购买率+

"S（m2）"×M"二级电池单体"购买率+

M单位库存成本×（M"一级重组电池包"库存+M"二级重组电池包"库存）+

M单位重组成本×（重组率一+重组率二）+外部损失W，

"S（m1）"×M"一级电池单体"购买率+

"S（m2）"×M"二级电池单体"购买率+

M单位库存成本×（M"一级重组电池包"库存+M"二级重组电池包"库存）+

M单位重组成本×（重组率一+重组率二）−

（M"一级电池单体"购买率+ M"二级电池单体"购买率）×

抽检比例r×d×u×"S（m2）"+

（M"一级电池单体"购买率+M"二级电池单体"购买率）×抽检比例r×

M质量检测成本+

（1−抽检比例r）×外部损失W×（1−λ）］｝   (5.26)

拆解中心利润=［M"一级电池单体"购买率×"S（m1）"+

M"二级电池单体"购买率×"S（m2）"+单位处理收入×处理率］−

IF THEN ELSE ｛d=0,购买率×（单位运输成本+单位电池包回收单价）+

单位库存成本×DC废旧锂电池包库存+拆解率×单位拆解检测成本，

IF THEN ELSE ［抽检比例r=0,购买率×

（单位运输成本+单位电池包回收单价）+

单位库存成本×DC废旧锂电池包库存+拆解率×单位拆解检测成本，

（M"一级电池单体"购买率+M"二级电池单体"购买率）×

抽检比例r×d×u×"S（m2）"+

购买率×（单位运输成本+单位电池包回收单价）+

单位库存成本×DC废旧锂电池包库存+

拆解率×单位拆解检测成本+（1−抽检比例r）×外部损失W×λ］｝

(5.27)

外部损失 W=E（n1）   (5.28)

回收商利润=单位电池包回收单价×购买率−

回收率×（R 单位回收成本+单位库存成本+单位运输成本）　（5.29）

制造商"二级电池单体"购买率=分拣率×（$u-d×u$）/购买时间

（5.30）

制造商"一级电池单体"购买率=分拣率×（$v+d×u$）/购买时间

（5.31）

制造商和回收商其他公式参考第一节二级再制造供应链模型中的相关公式。

5.2.2.3　模型中的参数说明

废旧锂电池三级再制造供应链中主要有水平变量、速率变量、辅助变量和常量。部分变量的说明如下所示，参数设置见表5-2。

u：拆解后全部电池单体中二级可梯次利用电池单体的比例。

v：拆解后全部电池单体中一级可梯次利用电池单体的比例。

d：二级电池单体被检测为"一级电池单体"的比例。

r：制造商抽检比例。

$S(m1)$：制造商一级可梯次利用电池单体单位回收价格。

$S(m2)$：制造商二级可梯次利用电池单体单位回收价格。

$E(n1)$：制造商一级可梯次利用电池包单位出售价格。

$E(n2)$：制造商二级可梯次利用电池包单位出售价格。

$λ$：拆解中心的外部损失分摊系数。

5.2.2.4　模型中的参数设置

废旧锂电池三级再制造供应链系统动力学存流图中涉及的参数设置如表5.2所示。

表5.2　三级再制造供应链参数设置

参数	成本/元·件$^{-1}$	参数	时间/周
回收商单位电池包回收价格	15 000	回收商库存调整时间	1
回收商单位运输成本	50	回收商回收时间	5
回收商单位库存成本	50	回收商期望库存持续时间	5
拆解中心单位电池包回收价格	20 000	拆解中心购买时间	2
拆解中心单位运输成本	50	拆解中心拆解时间	2

表5.2(续)

参数	成本/ 元·件$^{-1}$	参数	时间/周
拆解中心库存成本	50	拆解中心库存持续时间	5
拆解中心单位电池包拆解 检测成本	1 000	不可梯次利用电池单体处 理时间	1
单位不可梯次利用电池单 体处理收入	1	拆解中心订货率平滑时间	5
$S(m1)$	7	拆解中心库存调整时间	2
$S(m2)$	5	分拣时间	2
制造商单位检测费用	1	制造商购买时间	1
制造商单位重组成本	300	制造商重组时间	1
制造商单位库存成本	50	制造商抽检时间	1
单位电池包电池单体个数	4 400	制造商销售时间	1
$E(n1)$	35 000	制造商库存调整时间	2
$E(n2)$	33 000	制造商期望库存持续时间	1
锂电池使用周期	200	制造商订货率平滑时间	5

5.2.3 仿真分析

仿真分析主要包括参数灵敏度分析，以及抽检比例 r 和质量惩罚系数 λ 对制造商和拆解中心利润的影响。其中，INTIAL TIME 为 0 周，FINAL TIME 为 100 周，TIME STEP 为 1 周。

5.2.3.1 参数灵敏度分析

为确保所构建的废旧锂电池回收再制造系统动力学模型能解决研究的问题，需要对检测误差率 d 进行灵敏度分析。假设此时抽检比例 $r=0$，仿真结果如图 5.17 至图 5.20 所示。

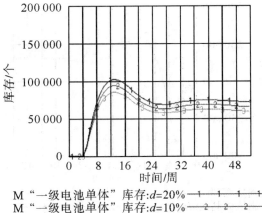

M "一级电池单体" 库存:d=20% ┼─┼─┼─┼─┼
M "一级电池单体" 库存:d=10% ─2─2─2─2─2─
M "一级电池单体" 库存:d=0% ─3─3─3─3─3─

图 5.17 d 对"一级电池单体"库存的影响

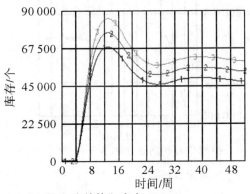

M "二级电池单体" 库存:d=20% ┼─┼─┼─┼─┼
M "二级电池单体" 库存:d=10% ─2─2─2─2─2─
M "二级电池单体" 库存:d=0% ─3─3─3─3─3─

图 5.18 d 对"二级电池单体"库存的影响

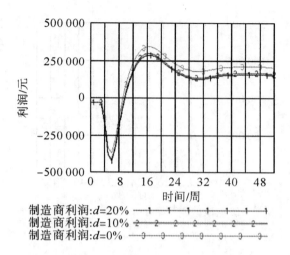

图 5.19 d 对制造商利润的影响

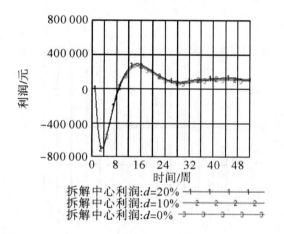

图 5.20 d 对拆解中心利润的影响

从图 5.17 和图 5.18 中可以发现：随着检测误差率 d 的增大，制造商"一级电池单体"库存逐渐增大，"二级电池单体库存"逐渐减小。这表明拆解中心把越来越多的二级电池单体检测为"一级电池单体"，然后售卖给制造商。拆解中心利润随着检测误差率 d 的增大而增大（如图 5.20 所示），制造商利润水平会逐渐减小。

同样，仿真分析参数 u 和 v 对拆解中心利润的影响，如图 5.21 所示。

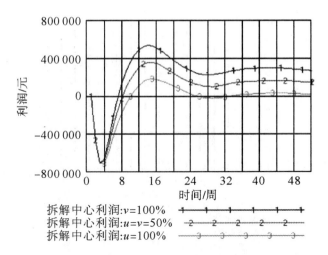

拆解中心利润:v=100% ┼─1─┼─1─┼─1─┼─1─┼─1─┼─
拆解中心利润:u=v=50% ─2──2──2──2──2─
拆解中心利润:u=100% ─3──3──3──3──3─

图 5.21　参数 u 和 v 对拆解中心利润的影响

在图 5.21 中，假设三种情况：拆解后全部电池单体中二级可梯次利用电池单体比例 $u=100\%$；拆解后全部电池单体中二级可梯次利用电池单体比例和一级可梯次利用电池单体比例各为 50%，即 $u=v=50\%$；拆解后全部电池单体中一级可梯次利用电池单体比例 $v=100\%$。仿真结果表明，拆解后全部电池单体中一级可梯次利用电池单体比例 v 越高，拆解中心所获利润越多。因此，拆解中心会促使回收商回收质量较好的废旧锂电池。

在现实情况中，回收回来的废旧锂电池包中包含一级电池单体、二级电池单体和不可梯次利用的电池单体。因此，在本节研究当中，假设拆解后全部电池单体中一级可梯次利用电池单体比例等于二级可梯次利用电池单体比例，即参数 $u=v$。且取值范围为（0，0.5）。参数 $u=v$ 条件下，对制造商和拆解中心利润的影响如图 5.22 和图 5.23 所示。

图 5.22 和图 5.23 显示拆解后全部电池单体中一级可梯次利用电池单体比例和二级可梯次利用电池单体比例对制造商利润和拆解中心利润的影响。在 $d=r=\lambda=0$ 的条件下，当 $u<0.4$ 时拆解中心是不赢利的，拆解中心不会进行拆解检测。本书假设拆解后全部电池单体中一级可梯次利用电池单体比例和二级可梯次利用电池单体比例为 0.45。

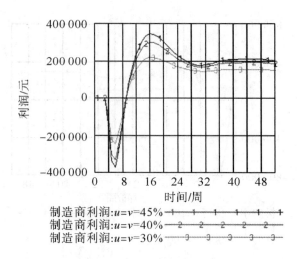

图 5.22 u 对制造商利润的影响

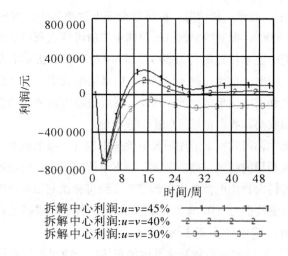

图 5.23 u 对拆解中心利润的影响

5.2.3.2 抽检比例对制造商和拆解中心的影响

锂电池回收再制造过程中，废旧锂电池质量不确定和信息传递不对称是影响重组电池质量的重要因素，制造商会采取两种措施：一是加大抽检比例；二是与拆解中心制定外部损失分摊系数，来加强重组电池质量管理和提高自身利润水平。制造商在加强重组电池质量管理时，会对"一级电池单体"和"二级电池单体"进行抽检。若被抽检的单体质量合格（一级电池单体中无二级电池单体），制造商则按照原价向拆解检测中心支付费用；不合格部分，制造商不支付费用。当检测误差率 $d=0$，制造商不进行抽检，即 $r=\lambda=0$ 时，制造商和拆解中心利润如图 5.24 和图 5.25 所示。

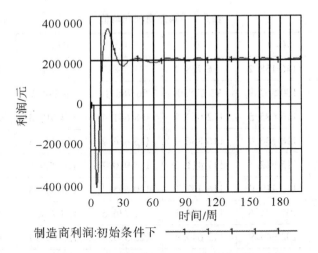

制造商利润:初始条件下

图 5.24　制造商在 $d=r=\lambda=0$ 时的利润均值

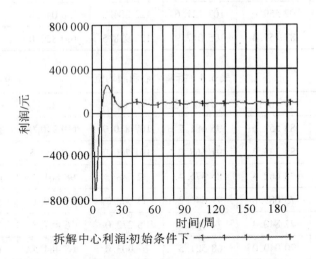

拆解中心利润:初始条件下

图 5.25　拆解中心在 $d=r=\lambda=0$ 时的利润均值

通过提取图 5.24 和图 5.25 中制造商和拆解中心各周的利润数据，可以计算其均值。在 $d=r=\lambda=0$ 时，制造商利润均值为 190 558.2 元，拆解中心利润均值为 71 423.5 元。

若拆解中心因技术落后或利己主义而产生检测误差，制造商为加强重组电池质量管理，需要对电池单体进行抽检。此时，同样通过提取制造商和拆解中心各周的利润，计算其均值，可得到检测误差率 d 和抽检比例 r 对制造商和拆解中心的利润均值变化的影响，如表 5.3 和表 5.4 所示。

表 5.3　制造商利润均值　　　　　　　　单位：元

参数	$d=0.1$	$d=0.2$	$d=0.3$	$d=0.4$	$d=0.5$
$r=0$	146 158.2	136 758.2	127 358.2	117 958.1	108 558.1
$r=0.1$	100 567.9	93 678.0	86 788.1	79 898.2	73 008.4
$r=0.2$	116 685.5	112 663.5	108 641.4	104 619.3	100 597.2
$r=0.3$	118 136.0	116 886.4	115 636.9	114 387.3	113 137.7
$r=0.4$	115 912.5	117 411.6	118 910.7	120 409.8	121 908.9
$r=0.5$	112 219.0	116 457.1	120 695.3	124 933.5	129 171.7
$r=0.6$	107 791.6	114 764.1	121 736.5	128 709.0	135 681.5
$r=0.7$	102 945.9	112 649.9	122 353.9	132 057.9	141 762.0
$r=0.8$	97 839.3	110 273.1	122 707.1	135 140.9	147 574.8
$r=0.9$	92 559.0	107 721.6	122 884.2	138 046.8	153 209.4
$r=1$	87 157.4	105 047.9	122 938.5	140 829.0	158 719.5

表 5.4　拆解中心利润均值　　　　　　　　单位：元

参数	$d=0.1$	$d=0.2$	$d=0.3$	$d=0.4$	$d=0.5$
$r=0$	83 552.6	95 681.7	107 810.9	119 940.0	132 069.1
$r=0.1$	82 135.3	91 668.0	101 200.7	110 733.5	120 266.1
$r=0.2$	78 662.4	85 375.4	92 088.3	98 801.3	105 514.2
$r=0.3$	75 689.8	79 646.2	83 602.7	87 559.1	91 515.5
$r=0.4$	72 840.4	74 056.2	75 272.0	76 487.8	77 703.5
$r=0.5$	70 040.0	68 521.5	67 003.0	65 484.5	63 965.9
$r=0.6$	67 264.3	63 014.7	58 765.0	54 515.4	50 265.7
$r=0.7$	64 502.9	57 523.9	50 545.0	43 566.0	36 587.0
$r=0.8$	61 750.5	52 043.3	42 336.0	32 629.1	22 922.0
$r=0.9$	59 004.1	46 569.6	34 135.1	21 700.6	9 266.0
$r=1$	56 262.1	41 100.6	25 939.2	10 777.8	−4 383.6

从表 5.3 和表 5.4 可以看到，当抽检比例 r 等于 0 时，随着检测误差率 d 的增大，制造商利润逐渐减小，拆解中心利润逐渐增大。制造商不抽检时，拆解中心在利益驱使下，很可能不会加强"一级电池单体"和"二级电池单体"质量检测，主动去降低检测误差率。在废旧锂电池质量不确定和信息传递不对称条件下，制造商可以通过对"一级电池单体"和"二级电池单体"进行抽检来检验单体电池质量信息。

在检测误差率 $d=0.1$ 时，随着抽检比例 r 在（0.1, 0.9）范围内增大，制造商利润先增大，在 $r=0.3$ 时达到最大值，然后逐渐减小；在检测误差率 $d=0.2$ 时，随着抽检比例 r 在（0.1, 0.9）范围内增大，制造商利润先增大，在 $r=0.4$ 时达到最大值，然后逐渐减小；当检测误差率 $d \geqslant 0.3$ 时，制造商利润随着检测误差率逐渐增大，在抽检比例达到 1 时达到最大值。无论检测误差率 d 取何值，随着抽检比例 r 在（0.1, 0.9）范围内增大，拆解中心利润都是逐渐减小的。这是因为在制造商抽检过程中，若被抽检的单体质量合格（一级电池单体中无二级电池单体），制造商则按照原价向拆解中心支付费用；不合格部分，制造商不支付费用。

在检测误差率 $d=0.1$、抽检比例 $r=0.3$ 时，虽然制造商利润达到最大值，但此时拆解中心利润仍高于 $d=r=0$。同理，在检测误差率 $d=0.2$、抽检比例 $r=0.4$ 时，制造商利润达到最大值，但拆解中心利润也仍高于 $d=r=0$。在这种情况下，拆解中心并不会主动降低检测误差率 d。当检测误差率 $d \geqslant 0.3$ 时，制造商为减小损失，只能加大抽检比例，在全部检测条件下达到收益最大，但全部检测又会造成拆解中心和制造商重复检验，增加废旧锂电池回收再制造成本。制造商只通过抽检是无法让拆解中心主动降低检测误差率的，也不会使利润达到最大值。因此，本书考虑制造商与拆解中心制定外部损失分摊措施的情况，仿真分析外部损失分摊系数对两者利润的影响。

5.2.3.3 抽检比例 r 和外部损失分摊系数 λ 对制造商和拆解中心的影响

在检测误差率 $d=0.1$ 和 $d=0.2$ 时，制造商只通过抽检无法使拆解中心主动降低检测误差。检测误差率 $d \geqslant 0.3$ 时，制造商通过全部检测以达到收益最大，但是重复检测又增加了废旧锂电池的梯次利用成本。对于制造商来说，应考虑与拆解中心制定外部损失分摊。检测误差率 d 在（0, 0.5）范围内，抽检比例 r 和外部损失分摊系数 λ 对制造商和拆解中心利润的影响如表 5.5 至表 5.9 所示。

从表 5.5 至表 5.9 可以看出，在 $d=0.1$ 时，随着抽检比例 r 的增大，制造商利润是先增大后减小，在 $r=0.2$ 和 0.3 时达到最大值，拆解中心利润是逐渐减小的；而随着外部损失分摊系数 λ 的增大，制造商利润是逐渐增大的，拆解中心利润是逐渐减小的。这是因为在检测误差率 d 很小时，抽检比例越高，制造商会发现越多的不一致电池单体，造成的外部损失就会越小，且减小的潜在损失是大于抽检成本的。但是抽检比例过大，抽检成本高于外部损失分摊成本时，制造商利润会随着抽检比例的增大而减小。因此，$d=0.1$ 时，$r=0.2$ 和 0.3 是制造商的最优抽检比例。在抽检比例 $r=0.2$，制造商与拆解中心制定外部损失分摊比例 λ 时，若 $\lambda \leqslant 0.2$，拆解中心是不会主动降低检测误差率 d 的。同理，在抽检比例 $r=0.3$ 时，若 $\lambda \leqslant 0.1$，拆解中心是不会主动降低检测误差率 d 的，制造商应增大外部损失分摊系数 λ，促使拆解中心主动降低检测误差率 d。

同理，在 $d=0.2$ 和 $d=0.3$ 时，抽检比例 r 和外部损失分摊比例 λ 对制造商和拆解中心利润的影响趋势同，即 $d=0.1$ 时相同。当 $d=0.2$ 时，制造商最优抽检比例是 $r=0.3$。但是，对拆解中心来说，当 $\lambda \leqslant 0.3$ 时，拆解中心利润高于 $d=r=0$ 时的利润，拆解中心不会主动降低检测误差率 d。在检测误差率 $d=0.3$ 时，制造商最优抽检比例是 $r=0.4$ 和 $r=0.5$。在 $d=0.3$、$r=0.4$ 时，制造商与拆解中心制定外部损失分摊比例 λ 时，若 $\lambda \leqslant 0.5$，拆解中心是不会主动降低检测误差率 d；同理，在 $d=0.3$、$r=0.5$ 时，若 $\lambda \leqslant 0.1$，拆解中心也是不会主动降低检测误差率 d 的。

当检测误差率 $d \geqslant 0.4$ 时，随着抽检比例 r 和外部损失分摊比例 λ 的增大，制造商利润逐步增大，拆解中心的利润逐渐减小。这是因为在检测误差率 d 很小时，随着抽检比例的提高，制造商会发现更多的不一致电池单体，造成的外部损失就会更小，且减小的潜在损失是大于抽检成本的。在检测误差率 $d=0.4$ 时，若抽检比例 $r \leqslant 0.2$，无论外部损失分摊比例 λ 取何值，拆解中心的利润都高于 $a=r=0$ 时的利润，拆解中心不会主动降低检测误差率。此外，在 $r=0.3$、$\lambda \leqslant 0.6$ 和 $r=0.4$、$\lambda \leqslant 0.2$ 时，拆解中心的利润都高于 $d=r=0$ 时的利润，拆解中心也不会主动降低检测误差率。对制造商来说，当抽检比例 $r=0.7$，外部损失分摊比例为 0.9 时，可以达到利润最大值。当检测误差率 $d=0.5$ 时，制造商只能全部检测。

表 5.5 当 $d=0.1$ 时，抽检比例 r 和外部损失分摊系数 λ 的变化对利润均值的影响对比

单位：元

($d=0.1$)		$\lambda=0.1$	$\lambda=0.2$	$\lambda=0.3$	$\lambda=0.4$	$\lambda=0.5$	$\lambda=0.6$	$\lambda=0.7$	$\lambda=0.8$	$\lambda=0.9$
$r=10\%$	制造商利润均值	103 717.9	106 867.9	110 017.9	113 167.9	116 317.9	119 467.9	122 617.9	125 767.9	128 917.9
	拆解中心利润均值	78 985.3	75 835.3	72 685.3	69 535.3	66 385.3	63 235.3	60 085.3	56 935.3	53 785.3
$r=20\%$	制造商利润均值	119 485.5	122 285.5	125 085.5	127 885.5	130 685.5	133 485.5	136 285.5	139 085.5	141 885.5
	拆解中心利润均值	75 862.4	73 062.4	70 262.4	67 462.4	64 662.4	61 862.4	59 062.4	56 262.4	53 462.4
$r=30\%$	制造商利润均值	120 586	123 036	125 486	127 936	130 386	132 836	135 286	137 736	140 186
	拆解中心利润均值	73 239.8	70 789.8	68 339.8	65 889.8	63 439.8	60 989.8	58 539.8	56 089.8	53 639.8
$r=40\%$	制造商利润均值	118 012.5	120 112.5	122 212.5	124 312.5	126 412.5	128 512.5	130 612.5	132 712.5	134 812.5
	拆解中心利润均值	70 740.4	68 640.4	66 540.4	64 440.4	62 340.4	60 240.4	58 140.4	56 040.4	53 940.4
$r=50\%$	制造商利润均值	113 969	115 719	117 469	119 219	120 969	122 719	124 469	126 219	127 969
	拆解中心利润均值	68 290	66 540	64 790	63 040	61 290	59 540	57 790	56 040	54 290
$r=60\%$	制造商利润均值	109 191.6	110 591.6	111 991.6	113 391.6	114 791.6	116 191.6	117 591.6	118 991.6	120 391.6
	拆解中心利润均值	65 864.3	64 464.3	63 064.3	61 664.3	60 264.3	58 864.3	57 464.3	56 064.3	54 664.3
$r=70\%$	制造商利润均值	103 995.9	105 045.9	106 095.9	107 145.9	108 195.9	109 245.9	110 295.9	111 345.9	112 395.9
	拆解中心利润均值	63 452.9	62 402.9	61 352.9	60 302.9	59 252.9	58 202.9	57 152.9	56 102.9	55 052.9
$r=80\%$	制造商利润均值	98 539.3	99 239.3	99 939.3	100 639.3	101 339.3	102 039.3	102 739.3	103 439.3	104 139.3
	拆解中心利润均值	61 050.5	60 350.5	59 650.5	58 950.5	58 250.5	57 550.5	56 850.5	56 150.5	55 450.5
$r=90\%$	制造商利润均值	92 909	93 259	93 609	93 959	94 309	94 659	95 009	95 359	95 709
	拆解中心利润均值	58 654.1	58 304.1	57 954.1	57 604.1	57 254.1	56 904.1	56 554.1	56 204.1	55 854.1

表 5.6　当 $d=0.2$ 时，抽检比例 r 和外部损失分摊系数 λ 的变化对利润均值的影响对比

单位：元

($d=0.2$)		$\lambda=0.1$	$\lambda=0.2$	$\lambda=0.3$	$\lambda=0.4$	$\lambda=0.5$	$\lambda=0.6$	$\lambda=0.7$	$\lambda=0.8$	$\lambda=0.9$
$r=10\%$	制造商利润均值	96 828	99 978	103 128	106 278	109 428	112 578	115 728	118 878	122 028
	拆解中心利润均值	88 518	85 368	82 218	79 068	75 918	72 768	69 618	66 468	63 318
$r=20\%$	制造商利润均值	115 463.5	118 263.5	121 063.5	123 863.5	126 663.5	129 463.5	132 263.5	135 063.5	137 863.5
	拆解中心利润均值	82 575.3	79 775.3	76 975.3	74 175.3	71 375.3	68 575.3	65 775.3	62 975.3	60 175.3
$r=30\%$	制造商利润均值	119 336.4	121 786.4	124 236.4	126 686.4	129 136.4	131 586.4	134 036.4	136 486.4	138 936.4
	拆解中心利润均值	77 196.2	74 746.2	72 296.2	69 846.2	67 396.2	64 946.2	62 496.2	60 046.2	57 596.2
$r=40\%$	制造商利润均值	119 511.6	121 611.6	123 711.6	125 811.6	127 911.6	130 011.6	132 111.6	134 211.6	136 311.6
	拆解中心利润均值	71 956.2	69 856.2	67 756.2	65 656.2	63 556.2	61 456.2	59 356.2	57 256.2	55 156.2
$r=50\%$	制造商利润均值	118 207.1	119 957.1	121 707.1	123 457.1	125 207.1	126 957.1	128 707.1	130 457.1	132 207.1
	拆解中心利润均值	66 771.5	65 021.5	63 271.5	61 521.5	59 771.5	58 021.5	56 271.5	54 521.5	52 771.5
$r=60\%$	制造商利润均值	116 164.1	117 564.1	118 964.1	120 364.1	121 764.1	123 164.1	124 564.1	125 964.1	127 364.1
	拆解中心利润均值	61 614.7	60 214.7	58 814.7	57 414.7	56 014.7	54 614.7	53 214.7	51 814.7	50 414.7
$r=70\%$	制造商利润均值	113 699.9	114 749.9	115 799.9	116 849.9	117 899.9	118 949.9	119 999.9	121 049.9	122 099.9
	拆解中心利润均值	56 473.9	55 423.9	54 373.9	53 323.9	52 273.9	51 223.9	50 173.9	49 123.9	48 073.9
$r=80\%$	制造商利润均值	110 973.1	111 673.1	112 373.1	113 073.1	113 773.1	114 473.1	115 173.1	115 873.1	116 573.1
	拆解中心利润均值	51 343.3	50 643.3	49 943.3	49 243.3	48 543.3	47 843.3	47 143.3	46 443.3	45 743.3
$r=90\%$	制造商利润均值	108 071.6	108 421.6	108 771.6	109 121.6	109 471.6	109 821.6	110 171.6	110 521.6	110 871.6
	拆解中心利润均值	46 219.6	45 869.6	45 519.6	45 169.6	44 819.6	44 469.6	44 119.6	43 769.6	43 419.6

表 5.7 当 $d=0.3$ 时，抽检比例 r 和外部损失分摊系数 λ 的变化对利润均值的影响对比

单位：元

($d=0.3$)		$\lambda=0.1$	$\lambda=0.2$	$\lambda=0.3$	$\lambda=0.4$	$\lambda=0.5$	$\lambda=0.6$	$\lambda=0.7$	$\lambda=0.8$	$\lambda=0.9$
$r=10\%$	制造商利润均值	89 938.1	93 088.1	96 238.1	99 388.1	102 538.1	105 688.1	108 838.1	111 988.1	115 138.1
	拆解中心利润均值	98 050.7	94 900.7	91 750.7	88 600.7	85 450.7	82 300.7	79 150.7	76 000.7	72 850.7
$r=20\%$	制造商利润均值	111 441.4	114 241.4	117 041.4	119 841.4	122 641.4	125 441.4	128 241.4	131 041.4	133 841.4
	拆解中心利润均值	89 288.3	86 488.3	83 688.3	80 888.3	78 088.3	75 288.3	72 488.3	69 688.3	66 888.3
$r=30\%$	制造商利润均值	118 086.9	120 536.9	122 986.9	125 436.9	127 886.9	130 336.9	132 786.9	135 236.9	137 686.9
	拆解中心利润均值	81 152.7	78 702.7	76 252.7	73 802.7	71 352.7	68 902.7	66 452.7	64 002.7	61 552.7
$r=40\%$	制造商利润均值	121 010.7	123 110.7	125 210.7	127 310.7	129 410.7	131 510.7	133 610.7	135 710.7	137 810.7
	拆解中心利润均值	73 172	71 072	68 972	66 872	64 772	62 672	60 572	58 472	56 372
$r=50\%$	制造商利润均值	122 445.3	124 195.3	125 945.3	127 695.3	129 445.3	131 195.3	132 945.3	134 695.3	136 445.3
	拆解中心利润均值	65 253	63 503	61 753	60 003	58 253	56 503	54 753	53 003	51 253
$r=60\%$	制造商利润均值	123 136.5	124 536.5	125 936.5	127 336.5	128 736.5	130 136.5	131 536.5	132 936.5	134 336.5
	拆解中心利润均值	57 365	55 965	54 565	53 165	51 765	50 365	48 965	47 565	46 165
$r=70\%$	制造商利润均值	123 403.9	124 453.9	125 503.9	126 553.9	127 603.9	128 653.9	129 703.9	130 753.9	131 803.9
	拆解中心利润均值	49 495	48 445	47 395	46 345	45 295	44 245	43 195	42 145	41 095
$r=80\%$	制造商利润均值	123 407.1	124 107.1	124 807.1	125 507.1	126 207.1	126 907.1	127 607.1	128 307.1	129 007.1
	拆解中心利润均值	41 636.2	40 936.2	40 236.2	39 536.2	38 836.2	38 136.2	37 436.2	36 736.2	36 036.2
$r=90\%$	制造商利润均值	123 234.2	123 584.2	123 934.2	124 284.2	124 634.2	124 984.2	125 334.2	125 684.2	126 034.2
	拆解中心利润均值	33 785.1	65 021.5	33 085.1	32 735.1	32 385.1	32 035.1	31 685.1	31 335.1	30 985.1

表 5.8 当 $d=0.4$ 时，抽检比例 r 和外部损失分摊系数 λ 的变化对利润均值的影响对比

单位：元

($d=0.4$)		$\lambda=0.1$	$\lambda=0.2$	$\lambda=0.3$	$\lambda=0.4$	$\lambda=0.5$	$\lambda=0.6$	$\lambda=0.7$	$\lambda=0.8$	$\lambda=0.9$
$r=10\%$	制造商利润均值	83 048.2	86 198.2	89 348.2	92 498.2	95 648.2	98 798.2	101 948.2	105 098.2	108 248.2
	拆解中心利润均值	107 583.5	104 433.5	101 283.5	98 133.5	94 983.5	91 833.5	88 683.5	85 533.5	82 383.4
$r=20\%$	制造商利润均值	107 419.3	110 219.3	113 019.3	115 819.3	118 619.3	121 419.3	124 219.3	127 019.3	129 819.3
	拆解中心利润均值	96 001.3	93 201.3	90 401.3	87 601.3	84 801.3	82 001.3	79 201.2	76 401.3	73 601.2
$r=30\%$	制造商利润均值	116 837.3	119 287.3	121 737.3	124 187.3	126 637.3	129 087.3	131 537.3	133 987.3	136 437.3
	拆解中心利润均值	85 109.1	82 659.1	80 209.1	77 759.1	75 309.1	72 859.1	70 409.1	67 959.1	65 509.1
$r=40\%$	制造商利润均值	122 509.8	124 609.8	126 709.8	128 809.8	130 909.8	133 009.8	135 109.8	137 209.8	139 309.8
	拆解中心利润均值	74 387.8	72 287.8	70 187.8	68 087.8	65 987.8	63 887.8	61 787.8	59 687.8	57 587.8
$r=50\%$	制造商利润均值	126 683.5	128 433.5	130 183.5	131 933.5	133 683.5	135 433.5	137 183.5	138 933.5	140 683.5
	拆解中心利润均值	63 734.5	61 984.5	60 234.5	58 484.5	56 734.5	54 984.5	53 234.5	51 484.5	49 734.5
$r=60\%$	制造商利润均值	130 109	131 509	132 909	134 309	135 709	137 109	138 509	139 909	141 309
	拆解中心利润均值	53 115.4	51 715.4	50 315.4	48 915.4	47 515.4	46 115.4	44 715.4	43 315.4	41 915.4
$r=70\%$	制造商利润均值	133 107.9	134 157.9	135 207.9	136 257.9	137 307.9	138 357.9	139 407.9	140 457.9	141 507.9
	拆解中心利润均值	42 516	41 466	40 416	39 366	38 316	37 266	36 216	35 166	34 116
$r=80\%$	制造商利润均值	135 840.9	136 540.9	137 240.9	137 940.9	138 640.9	139 340.9	140 040.9	140 740.9	141 440.9
	拆解中心利润均值	31 929.1	31 229.1	30 529.1	29 829.1	29 129.1	28 429.1	27 729.1	27 029.1	26 329.1
$r=90\%$	制造商利润均值	138 396.8	138 746.8	139 096.8	139 446.8	139 796.8	140 146.8	140 496.8	140 846.8	141 196.8
	拆解中心利润均值	21 350.6	21 000.6	20 650.6	20 300.6	19 950.6	19 600.6	19 250.6	18 900.6	18 550.6

表 5.9　当 $d=0.5$ 时，抽检比例 r 和外部损失分摊系数 λ 的变化对利润均值的影响对比

单位：元

($d=0.5$)		$\lambda=0.1$	$\lambda=0.2$	$\lambda=0.3$	$\lambda=0.4$	$\lambda=0.5$	$\lambda=0.6$	$\lambda=0.7$	$\lambda=0.8$	$\lambda=0.9$
$r=10\%$	制造商利润均值	76 158.4	79 308.4	82 458.4	85 608.4	88 758.4	91 908.4	95 058.4	98 208.4	101 358.4
	拆解中心利润均值	117 116.1	113 966.1	110 816.1	107 666.1	104 516.1	101 366.1	98 216.1	95 066.1	91 916.1
$r=20\%$	制造商利润均值	103 397.2	106 197.2	108 997.2	111 797.2	114 597.2	117 397.2	120 197.2	122 997.2	125 797.2
	拆解中心利润均值	102 714.2	99 914.2	97 114.2	94 314.2	91 514.2	88 714.2	85 914.2	83 114.2	80 314.2
$r=30\%$	制造商利润均值	115 587.7	118 037.7	120 487.7	122 937.7	125 387.7	127 837.7	130 287.7	132 737.7	135 187.7
	拆解中心利润均值	89 065.5	86 615.5	84 165.5	81 715.5	79 265.5	76 815.5	74 365.5	71 915.5	69 465.5
$r=40\%$	制造商利润均值	124 008.9	126 108.9	128 208.9	130 308.9	132 408.9	134 508.9	136 608.9	138 708.9	140 808.9
	拆解中心利润均值	75 603.5	73 503.5	71 403.5	69 303.5	67 203.5	65 103.5	63 003.5	60 903.5	58 803.5
$r=50\%$	制造商利润均值	130 921.7	132 671.7	134 421.7	136 171.7	137 921.7	139 671.7	141 421.7	143 171.7	144 921.7
	拆解中心利润均值	62 215.9	60 465.9	58 715.9	56 965.9	55 215.9	53 465.9	51 715.9	49 965.9	48 215.9
$r=60\%$	制造商利润均值	137 081.5	138 481.5	139 881.5	141 281.5	142 681.5	144 081.5	145 481.5	146 881.5	148 281.5
	拆解中心利润均值	48 865.7	47 465.7	46 065.7	44 665.7	43 265.7	41 865.7	40 465.7	39 065.7	37 665.7
$r=70\%$	制造商利润均值	142 812	143 862	144 912	145 962	147 012	148 062	149 112	150 162	151 212
	拆解中心利润均值	35 537	34 487	33 437	32 387	31 337	30 287	29 237	28 187	27 137
$r=80\%$	制造商利润均值	148 274.8	148 974.8	149 674.8	150 374.8	151 074.8	151 774.8	152 474.8	153 174.8	153 874.8
	拆解中心利润均值	22 222	21 522	20 822	20 122	19 422	18 722	18 022	17 322	16 622
$r=90\%$	制造商利润均值	153 559.4	153 909.4	154 259.4	154 609.4	154 959.4	155 309.4	155 659.4	156 009.4	156 359.4
	拆解中心利润均值	8 916	8 566	8 216	7 866	7 516	7 166	6 816	6 466	−6 116

本章小结

本章针对废旧锂电池回收和梯次利用，对二级再制造供应链分级检测策略、三级再制造供应链分级检测策略进行研究，主要研究结果有：

（1）通过构建废旧锂电池二级再制造供应链系统动力学模型，仿真分析了制造商分级检测引起的检测误差对制造商利润及库存的影响。研究得出：对于制造商分级检测时的检测误差 c、d，可梯次利用电池单体中二级电池比例 p 在（0，0.5）时，制造商利润随着检测误差率的降低而升高。但是检测误差率大时，会造成"一级重组电池包"中电池单体不一致，从而影响电池的梯次使用价值。因此，制造商应该加大一级电池单体的回收比例，使 $1-p$ 的范围维持在（0.5，1）之间。这样制造商降低了分级检测误差率，保持重组电池包的一致性，又增加了利润。

（2）通过构建废旧锂电池三级再制造供应链系统动力学模型，仿真分析了由制造商主导的废旧锂电池重组再制造过程。由于废旧锂电池质量不确定和再制造供应链中信息传递不对称等因素，制造商通过采取抽检以及与拆解中心制定外部损失分摊系数两种措施，来加强废旧锂电池再制造质量控制和提高自身利润水平。在抽检比例 r 影响制造商和拆解中心利润水平的过程中，当检测误差率 $d \leqslant 0.2$ 时，制造商的最优抽检比例不会使得拆解中心主动降低检测误差率；当检测误差率 $d \geqslant 0.3$ 时，制造商为减小损失，只能加大抽检比例，在全部检测条件下达到收益最大，但全部检测又会造成拆解中心和制造商重复检验，增加废旧锂电池的回收再制造成本。因此，制造商还需要与拆解中心制定外部损失分摊系数，达到既降低检测误差率 d，又减少回收再制造过程中重复检测的目的，使拆解中心和制造商利润最大化。

6 培训投入策略

在再制造供应链中，再制造产品的销售利润取决于顾客的质量偏好和认同；再制造产品的质量取决于相关的操作人员、管理人员的质量意识、安全意识和完成所承担工作任务的能力；员工的工作态度和技术来自员工感受到的激励。其中，员工培训可提高员工的安全意识和技术，实现员工价值，增加再制造供应链中各成员的经济效益。针对员工培训投入策略，本章研究要点如下：

要点1：再制造供应链员工培训投入策略。本章把员工培训投入作为突破口，以提高企业利润为目的，运用 Vensim PLE 软件构建基于员工培训投入的无回收检测误差的再制造供应链系统动力学模型，研究不同情况下员工培训投入对供应链各成员利润以及整体效益的影响，给出员工培训投入策略。

要点2：有回收检测误差的再制造供应链员工培训投入策略。回收商回收检测存在一定误差，即把不可再制造废旧产品检测为"可再制造产品"，或者把可再制造废旧产品误检为"不可再制造废旧产品"。在废旧产品检测过程中，检测人员发挥着重要作用。从检测人员方面控制误差，主要是提高检测人员的检测操作态度和操作技术。因此，本章考虑回收检测有误差的情况，构建基于员工培训投入的有回收检测误差的再制造供应链系统动力学模型，给出员工培训投入决策。

6.1 再制造供应链员工培训投入策略

6.1.1 引言

在市场竞争环境日益激烈的情况下，企业能否生存的关键主要是企业的产品质量是否得到市场认可，因此高绩效企业的基础就是顾客驱动的质量。对于物流企业，除了能力资源，人力资源作为质量管理体系的重要资源之一，对产品生产完成质量的影响尤其巨大。与产品质量直接相关的操作人员、管理人员必须具备质量、安全意识和完成所承担工作任务的能力。因此，人力资源的投入将影响企业效益。企业应考虑如何优化人力资源，提高产品质量和服务质量，提升消费者的满意度和购买欲望，为各成员以及整个供应链带来更高的利润。

在物流与人力资源研究方面，Wu 和 Hou[①]通过 EPE 模型建立一个基于 Web 的物流信息管理平台来帮助管理者收集和维护运营数据，并识别缺乏经验的员工和低绩效物流任务，以此来准确计算员工绩效和降低第三方物流决策人员的工作量。Chyn 和 Kaliannan[②]采用访谈、文献和观察等定性研究的方法对供应商的人力资源进行研究，发现存在组织结构、员工合作、纪律等方面的问题，并提出了人力资源管理的策略。在系统动力学与人力资源方面，Georgiadis 等[③]基于系统动力学的方法，研究了有再制造的闭环供应链，并提出了动态能力规划策略。在员工培训与企业发展相关方面，Hanaysha[④] 在文献回顾的基础上，通过用 SPSS 和结构方程模型（SEM）进行分析，证实了员工培训对组织承诺有显著的正向影响。Esteban-Lloret 等[⑤]通过问卷调查，基于借鉴制度理论，在员工培训影响因素分析中引入情境因素，补充竞争优势变量，解释员工培训与组织绩效的关系。研究结果表明了经济理性和制度决定因素都会影响员工培训的观点，并且培训员工也有两种不同的结果：组织合法性与组织绩效各自提高或同时提高。Guan 和 Stephen[⑥]探讨了企业培训对现代中国制造业竞争力要求变化的背景，检验了工作投入在培训绩效关系中的中介作用和人力资源管理能力在培训绩效关系中的调节作用。其研究结果指出，未来的培训绩效关系研究应更紧密地考虑前因后果和组织的内外部环境，管理者应从员工

① WU Y J, HOU J L. An employee performance estimation model for the logistics industry [J]. Decision support systems, 2009, 48 (4): 568-581.

② CHYN G H, KALIANNAN M. Human resource management practices in logistic service provider industry: a case study [J]. Interdisciplinary journal of contemporary research in business, 2011, 2 (9): 32-44.

③ GEORGIADIS P, VLACHOS D, TAGARAS G. The impact of product lifecycle on capacity planning of closed-loop supply chains with remanufacturing [J]. Production and operations management, 2006, 15 (4): 514-527.

④ HANAYSHA J. Examining the effects of employee empowerment, teamwork, and employee training on organizational commitment [J]. Procedia - social and behavioral sciences, 2016, 229: 298-306.

⑤ ESTEBAN-LLORET N N, ARAGÓN-SÁNCHEZ A, CARRASCO-HERNÁNDEZ A. Determinants of employee training: impact on organizational legitimacy and organizational performance [J]. The international journal of human resource management, 2018, 29 (6): 1208-1229.

⑥ GUAN X Y, STEPHEN F. How perceptions of training impact employee performance [J]. Personnel review, 2019, 48 (1): 163-183.

的角度关注培训和学习的环境及过程。此外，一个强有力的人力资源管理系统将提高员工绩效培训的效益。该研究为培训与员工绩效的关联机制提供了理论解释。Ozkeser① 指出培训活动不仅投资于员工的资质，而且还增加了团队成员的激励价值，有助于提高组织结构的有效性。他基于文献分析，运用 SPSS 方法研究培训与动机的关系，以此来认识培训对动机的影响程度，得出培训是提高动机的关键因素。在满意度与企业发展相关方面，Dick 和 Basu② 指出客户基于自身需求是否满足来评价产品或者服务的好坏，企业想激发客户再次购买的想法只有提供符合客户需求的产品或服务。Miranbeigi 等③ 将满足顾客需求作为主要目标，研究了基于满足顾客需求的供应链的决策优化模型，研究表明，批量地降低成本与顾客满意度之间存在明显的折中关系。Liu④ 研究了如何使顾客达到最大满意度，构建了顾客满意与企业创新努力的协进化动态模型，通过微分几何理论，证明了只有追求时尚的顾客并且顾客对企业创新努力的响应系数大于消耗疲劳系数时，才能获得最大的满意度。

人力资源作用于再制造供应链，人才的投入将影响企业的生存和发展。运用系统动力学方法探讨人力资源管理对再制造供应链企业利润的影响是有待研究的问题。本节运用系统动力学方法，构建了基于员工培训投入的再制造供应链系统动力学模型，研究再制造商员工培训投入对再制造供应链各个成员以及整个供应链的影响⑤。

6.1.2　模型构建

6.1.2.1　概念模型

本节基于相关文献的研究提出，再制造品的质量水平是由服务质量水平和生产质量水平构成的。图 6.1 是再制造产品质量水平要素结构。

---

① OZKESER B. Impact of training on employee motivation in human resources management ［J］. Procedia computer science, 2019, 158: 802-810.

② DICK A S, BASU K. Customer loyalty: toward an integrated framework ［J］. Journal of the academy of marketing science, 1994, 22 (2): 99-113.

③ MIRANBEIGI M, MOSHIRI B, RAHIMI-KIAN A, et al. Demand satisfaction in supply chain management system using a full online optimal control method ［J］. International journal of advanced manufacturing technology, 2015, 77 (5-8): 1401-1417.

④ LIU J. Customer satisfaction and firms' innovation efforts in marketing: taking shipping logistics companies as an example ［J］. Journal of coastal research, 2019, 94: 940-944.

⑤ GU Q L, ZHANG Y. Dynamic analysis of the impact of employee training investment on closed-loop logistics ［J］. International journal of modelling in operations management, 2019, 7 (4): 318-343.

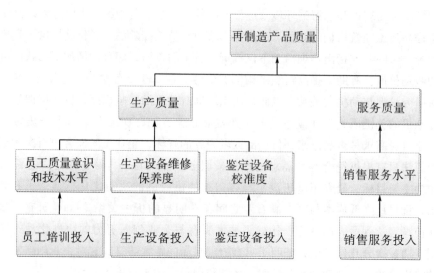

图 6.1　再制造产品质量水平要素结构

在图 6.1 所示的再制造产品质量水平要素结构中，用销售服务投入来体现服务质量，用生产成本来体现再制造品生产质量，生产成本由生产设备投入、鉴定设备投入以及员工培训投入构成。其中用生产设备投入来衡量生产设备的维修保养度，用鉴定设备投入来衡量质量鉴定设备的校准度，用员工培训投入来衡量员工的质量意识、风险意识、责任意识和技术水平等①。本节所指出的"质量水平"不是单一再制造产品的质量水平，而是平均性能质量水平。

人力相关的再制造供应链概念模型如图 6.2 所示。再制造供应链从回收商回收废旧产品开始，开展再制造活动。回收商把回收的废旧产品运输给拆解中心进行拆解处理，然后拆解中心把零部件再运输到再制造商进行再制造生产，最后由再制造商对再制造品直接进行销售。该再制造供应链包含回收、拆解、再制造的逆向物流，也包括再制造商销售的正向物流，从中体现出物流、资金流和信息流的相互运作过程。

根据再制造供应链和系统动力学的特点，本节做出模型的基本假设：

（1）本节只考虑回收的废旧产品的再制造，不考虑生产新产品和同质产品（指商品品质和特性完全一致）的情况，同时只考虑再制造一种产品。

（2）供应链由单一的回收商、拆解中心、再制造商组成。其中回收商从终端消费者处回收废旧产品，运输到拆解中心进行处理，再由拆解中心把零部

---

① 金虹敏，张于贤，王璐，等. 基于系统动力学的产品质量模型构建［J］. 系统科学学报，2016，24（2）：73-76.

件运输给再制造商进行再制造生产，最后再制造商直接将再制造产品销售给消费者，又通过第三方回收商回收废旧产品，如此循环。

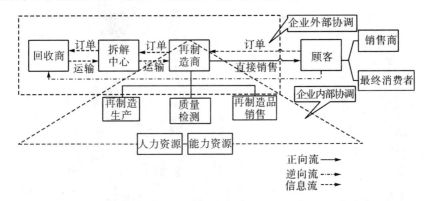

图6.2　基于人力资源的再制造供应链概念模型

（3）供应链上游节点的预测产量或者订货量是根据自身的库存调节率和临近下游节点的预期需求率决定的。

（4）在供应链中，上游节点一般都能满足临近下游节点的需求，也就是从回收商到拆解中心再到再制造商的订单都能满足，对于订单无法满足时的单位的惩罚不存在。

（5）假设回收商的回收能力、拆解中心的处理能力和再制造商的生产能力以及供应链上各成员的库存能力均无限制。

（6）消费者质量偏好是指消费者对某种商品（或者商品组合）的质量的喜好程度。

（7）再制造产品生产质量水平函数提到单位生产成本函数 βs^2，其中 β 表示质量固定成本系数，s 为产品的质量。结合本节研究对象，笔者对其进行调整，表示为 IF THEN ELSE ［SQRT（再制造商的生产投资单位成本/h）<=1，SQRT（再制造商的生产投资单位成本/h），1］，（$h=\beta$）。

（8）产品质量等级率 k1 是能反映产品质量水平的指标，分为优等品产值率、一等品产值率、合格品产值率。本节将 k1 设置为合格品产值率 60%，表示产品质量最低限度。

（9）本节提到的供应链包括了正向物流和逆向物流。

6.1.2.2　存流图

通过对基于人力资源的再制造供应链概念模型进行深入的探究，结合相关学者的研究和实际情况，本节构建基于员工培训投入的再制造供应链存流图，如图6.3所示。

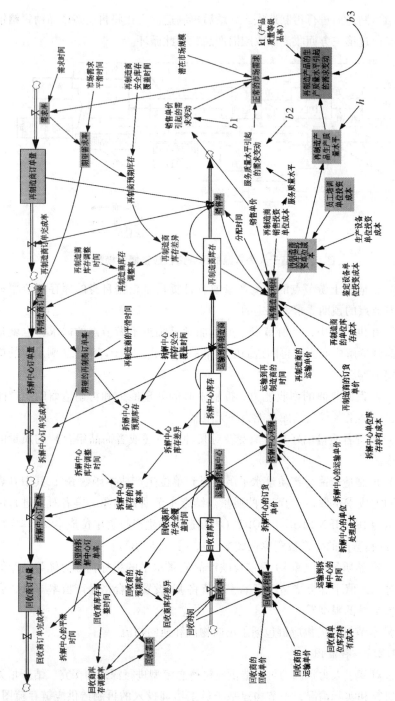

图6.3 基于员工培训投入的再制造供应链库存流图

图6.3中，灰色背景为员工培训对整条供应链的影响的关联部分。系统动力学模型变量包括状态变量、速率变量、辅助变量和常量。对基于员工培训投入的再制造供应链系统动力学模型中部分变量设置的说明如下：

（1）状态变量。

再制造商库存：再制造商进行产品再制造所产生的库存，由拆解中心运输到再制造商的制造率与销售率所决定（单位：件）。

再制造商订单量：再制造产品引起的市场顾客向再制造商产生的订单需求的数量，由需求率与再制造商订单完成率决定（单位：件）。

（2）速率变量。

销售率：再制造商每周销售的再制造产品数量，受再制造商库存与再制造商订单量影响（单位：件/周）。

回收率：回收商每周回收的废旧产品数量，受回收数量和回收需求的影响（单位：件/周）。

需求率：市场每周对再制造品的需求数量，受市场需求影响（单位：件/周）。

再制造订单完成率：每周再制造订单的减少数量，与再制造商销售率相等（单位：件/周）。

再制造商订单率：再制造商每周向拆解中心订货的数量，由再制造商库存调节率与期望的需求共同决定（单位：件/周）。

（3）辅助变量。

再制造商利润：再制造商将再制造产品销售到市场所得的利润，由再制造商在生产销售中相应的收益和成本所决定（单位：元）。

期望的需求率：市场需求经过信息延迟后所得到的每周的订单量，由需求率订单率和市场需求平滑时间决定（单位：件/周）。

再制造商预期库存：再制造商预测的废旧产品的数量，由期望的需求率与再制造商安全库存覆盖时间决定（单位：件）。

再制造商库存差异：预期的再制造商库存与再制造商实际库存的差额（单位：件）。

再制造商库存调整率：再制造商在一定库存调整时间内的调节量（调节库存的速度），由再制造商库存差异和再制造商库存调整时间决定（单位：件/周）。

期望的再制造商订单率：再制商的订单经过信息延迟后所得到的每周的订单量，由再制造商订单率和再制造商的平滑时间决定（单位：件/周）。

回收需要：回收商回收废旧产品满足下游节点的订货率的回收需要，由期望的拆解中心订单率与回收库存调整率决定（单位：件/周）。

k1（产品质量等级品率）：展示了再制造产品的质量水平和变化情况，本书确定 k1 为合格品产值率（单位：无量纲）。

潜在市场规模：再制造品潜在市场容量（单位：件）。

再制造商安全库存覆盖时间：再制造商保持安全库存所用时间（单位：周）。

需求时间：顾客对再制造品的购买时间（单位：周）。

再制造库存调整时间：再制造商根据自身库存差异进行调整所用的时间（单位：周）。

再制造商的平滑时间：再制造商订单量的信息延迟时间（单位：周）。

再制造商的订货单价：再制造商向拆解中心购买单件商品的价格（单位：元/件）。

再制造商的运输单价：再制造商运输单件再制造品到市场的成本（单位：元/件）。

再制造商的单位库存成本：再制造商储存单件再制造品的库存成本（单位：元/件）。

员工培训单位投资成本：再制造商生产单件再制造品在人力培训上所投资的成本（单位：元/件）。

6.1.2.3 仿真模型

本节运用模型方程表示再制造供应链中各变量之间存在的关系。以下为主要方程式：

$$再制造商库存 = INTEG（运输到再制造商的再制造率 - 销售率，0）\quad (6.1)$$

$$再制造商订单量 = INTEG（需求率 - 再制造商订单完成率，0）\quad (6.2)$$

$$再制造商订单完成率 = 销售率 \quad (6.3)$$

$$再制造商订单率 = MAX（再制造商库存调整率 + 期望需求率，0）\quad (6.4)$$

$$运输到再制造商的再制造率 = MIN（拆解中心库存，拆解中心订单量）/ 运输到再制造商的时间 \quad (6.5)$$

$$销售率 = MIN（再制造商库存，再制造商订单量）/ 分配时间 \quad (6.6)$$

$$需求率 = 正常的市场需求 / 需求时间 \quad (6.7)$$

$$再制商预期库存 = 再制造商安全库存覆盖时间 × 期望需求率 \quad (6.8)$$

$$再制造产品生产质量水平 = IF\ THEN\ ELSE$$

$$[SQRT（再制造商的生产投资单位成本/h）<=1,$$

$$\text{SQRT（再制造商的生产投资单位成本}/h），1] \qquad (6.9)$$

再制造产品的生产质量水平引起的需求变动=IF THEN ELSE

$$[再制造产品生产质量水平>k1（产品质量等级品率），$$

$$b3×再制造产品生产质量水平，0] \qquad (6.10)$$

$$再制造商库存差异=MAX（再制商预期库存-再制造商库存，0 ） \qquad (6.11)$$

$$再制造商库存调整率=再制造商库存差异/再制造商库存调整时间 \qquad (6.12)$$

$$再制造商的生产投资单位成本=员工培训单位投资成本+$$

$$生产设备单位投资成本+$$

$$鉴定设备单位投资成本 \qquad (6.13)$$

$$回收商利润=拆解中心的订货单价×$$

$$运输到拆解中心的再制造率×运输到拆解中心的时间-$$

$$回收商的运输单价×运输到拆解中心的再制造率×运输到拆解中心的时间-$$

$$回收商单位库存持有成本×回收商库存-$$

$$回收率×回收时间×回收商的回收单价 \qquad (6.14)$$

$$拆解中心利润=再制造商的订货单价×运输到再制造商的时间×$$

$$运输到再制造商的再制造率-拆解中心的运输单价×$$

$$运输到再制造商的再制造率×运输到再制造商的时间-$$

$$拆解中心单位库存持有成本×拆解中心库存-$$

$$拆解中心的订货单价×运输到拆解中心的再制造率×运输到拆解中心的时间-$$

$$拆解中心的单位处理成本×运输到拆解中心的再制造率×$$

$$运输到拆解中心的时间 \qquad (6.15)$$

$$再制造商利润=销售单价×销售率×分配时间-$$

$$再制造商的运输单价×销售率×分配时间-$$

$$再制造商销售投资单位成本×销售率×分配时间-$$

$$再制造商的单位库存成本×再制造商库存-$$

$$再制造商的生产投资单位成本×销售率×分配时间-$$

$$运输到再制造商的再制造率×运输到再制造商的时间×$$

$$再制造商的订货单价 \qquad (6.16)$$

$$正常的市场需求=（潜在市场规模-销售单价引起的需求变动+$$

$$服务质量水平引起的需求变动+$$

$$再制造产品的生产质量水平引起的需求变动） \qquad (6.17)$$

期望的再制商订单率＝SMOOTH（再制造商订单率，再制造商的平滑时间）

$$(6.18)$$

仿真模型中其他等式和常量见本章附录6.1。

6.1.3　员工培训投入效用分析

6.1.3.1　模型检验

本书用系统动力学模型进行检测主要是为了确保所构建的模型能够符合现实系统，保证解决研究的问题。vensim PLE 软件中自带检测功能，在方程设置时通过点击"check units"可以检测单位一致性。在对基于员工培训投入的再制造供应链系统进行模拟检测中经过反复校正，研究已达到量纲一致性。笔者在此基础上进行行为再现检验，设置条件为市场需求发生突变，使用"跃阶函数STEP"表示。假设正常市场需求为400+STEP（800，30），表示在第30周时，市场需求由400件突然增长了800件，共需要1 200件的市场需求。设INITIAL TIME＝0，FINAL TIME＝100，TIME STEP＝1，即开始时间为0，控制截止时间为70周，步长为1。仿真结果如图6.4至图6.6所示。

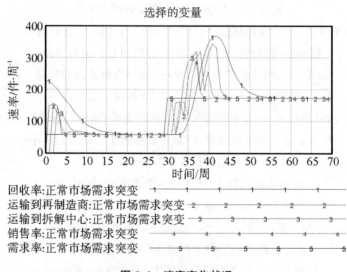

图6.4　速率变化状况

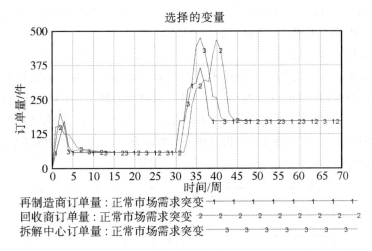

图 6.5　订单量变化状况

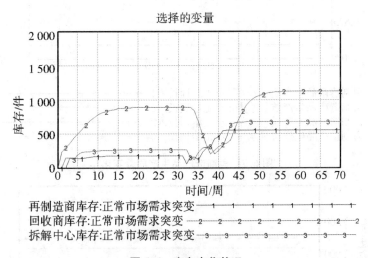

图 6.6　库存变化状况

图 6.4 至图 6.6 中，在系统模型运行初期，由于对再制造品存在一定需求，因此再制造商、拆解中心、回收商各自的订单需求和运输趋于上升，满足一定顾客需求后逐渐平稳。但是，当市场需求在第 30 周的时候突然增长了 800件，需求率猛增，再制造商的销售率增长，致使订单量提升，进而使上游的拆解中心的订单量和运输量与回收商的订单量、回收率、运输量不断上升。为响应市场需求的突变，满足订单需要，再制造商、拆解中心、回收商库存开始依次下降，持续大约至第 50 周左右恢复到新的平稳阶段。且经过市场需求突变

后，再制造供应链中各成员的库存量较突变之前多，这与现实中为了预防突发状况而将库存水平维持在新高度的情况基本一致。

6.1.3.2 仿真分析

本节重点分析员工培训的投入对再制造供应链的影响。仿真设置如下：INITIAL TIME＝0，FINAL TIME＝50，TIME STEP＝0.25。员工培训单位投资为0.1（员工培训投入1）、0.5（员工培训投入2）、0.8（员工培训投入3）、0.9（员工培训投入4）时回收商、拆解中心、再制造商不同行为的变动情况如图6.7至图6.9所示。

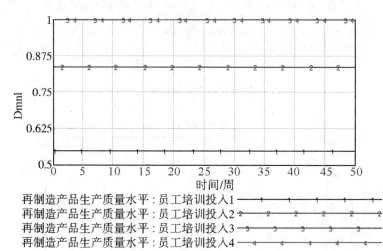

再制造产品生产质量水平：员工培训投入1
再制造产品生产质量水平：员工培训投入2
再制造产品生产质量水平：员工培训投入3
再制造产品生产质量水平：员工培训投入4

图6.7　再制造产品生产质量变化

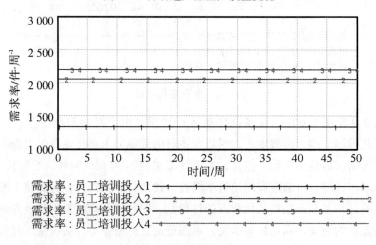

需求率：员工培训投入1
需求率：员工培训投入2
需求率：员工培训投入3
需求率：员工培训投入4

图6.8　需求率变化

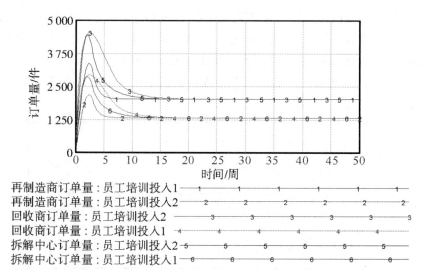

（a）不同培训投入下的订单量

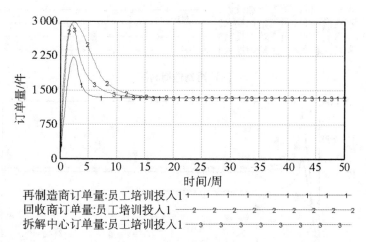

（b）相同员工培训投入下的订单量

图 6.9　各个成员的订单量

图 6.7、图 6.8 表明，员工培训投入与再制造产品的质量、产品的需求量为正相关关系。再制造品的生产质量水平随着对员工培训投入的增多而提升。高质量的再制造产品带来更高的市场需求率。图 6.9（a）表明，随着需求率的提高，再制造供应链中再制造商订单量增长。再制造商为了满足生产需要，增加对拆解中心的订单量；拆解中心同样为满足下游再制造商的订单，增加对回收商的订单量。图 6.9（b）显示，同等员工培训投入下供应链上各成员的订单量在初期波

动比较大后逐渐趋于平稳。回收商的波动最大，拆解中心次之，再制造商波动最小。这是因为信息存在一定延迟的现象，下游的再制造商更加接近市场，对市场的需求信息能更快地做出反应，因此波动比上游成员更小。

下面讨论不同员工培训投入下各成员利润变化的情况，仿真结果如图6.10所示。

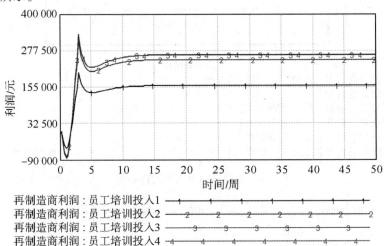

（a）再制造商利润

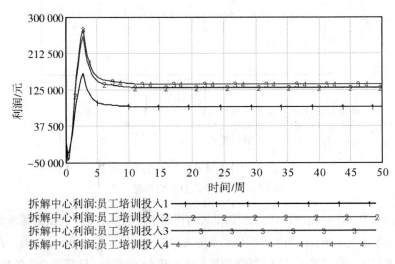

（b）拆解中心利润

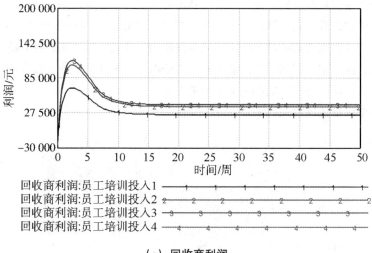

（c）回收商利润

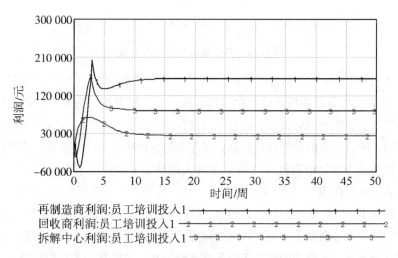

（d）各成员利润

图 6.10　不同的员工培训投入下各个成员的利润

从图 6.10（a）、（b）、（c）的仿真结果中可得出：员工培训投入对再制造供应链中各个成员的利润具有一定影响。回收商、拆解中心和再制商的利润随着员工培训投入的增长而不断提高。员工培训投入是再制造产品生产投入成本的重要组成部分。员工通过培训增强了自身在再制造环节中工作的质量意识、风险意识、责任意识和工作技能，从而提高企业内部满意度，促使员工工作质量提高和态度变好，体现为再制造产品质量提升。再制造产品质量满足了顾客的质量偏好和认同，使得顾客满意度有所上升，导致市场需求率提升。市场需求率的提升引起再制造供应链中各成员订单量提高的连带效应。回收商、拆解中心、再制造商的订单连锁反应最终作用于各成员的利润，供应链中回收商利润、拆解中心利润、再制造商利润不断增长。因此员工培训投入的增长与再制造供应链中各成员的利润为正相关关系。

各个成员培训投入效益如图 6.11 所示。

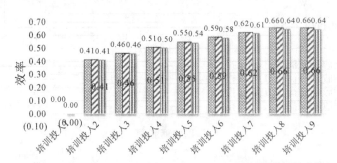

图 6.11　各个成员培训投入效益

从图 6.10（a）再制造商利润、（b）拆解中心利润、（c）回收商利润和图 6.11 各个成员培训投入效益中可以看出：员工培训投入为 0.1 时各成员利润最低且获得的利润效益低，当员工培训投入为 0.8 和 0.9 时各成员利润最高且相同，同时获得的利润效益最高。因此再制造供应链中各个成员，特别是再制造商要适当增加培训投入（当员工投入达到一定限度将不再起到提高内部员工满意度的作用），使员工高效开展工作，为整个供应链创造更多价值。

图 6.10（d）显示，回收商利润、拆解中心利润和再制造商利润在初期呈现较大波动后逐渐趋于平缓。根据边际递减规律，初期消费者对再制造产品的需求逐渐上升，后期随着消费者满足度逐渐饱和，对再制造产品的消费需求逐渐变得缓慢，最后呈现平稳状态。

再制造供应链中各个成员利润受上级成员订单量和各自订单量的影响，供应链中各个成员的利润波动幅度大小顺序与各自订单量幅度变化大小顺序相近；并且回收商处于上游终端，因存在市场信息延迟，因此波动趋势较拆解中心和再制造商更加平缓。最后，回收商利润呈现持续上涨，然后逐渐下降并变平缓的趋势。拆解中心利润和再制造商利润呈现先下降，然后迅速上涨至最高利润，最后逐渐回落至平稳状态的趋势。

拆解中心利润和再制造商利润发生变化，是由于在初期阶段，随着员工培训投入的增长,其提高了内部员工满意度,进而提升了再制造产品的质量。再制造产品质量的提高满足了消费者需求,促使顾客需求量增加,最终影响了再制造商和拆解中心各自的订单量。拆解中心和再制造商除了存在各自的订货成本、运输成本、库存成本外,拆解中心还有处理成本,再制造商存在再制造生产成本和销售成本。拆解中心和再制造商为了满足消费者需求,拆解中心的处理成本和再制造商的生产成本、销售成本也在增加。在初期 2 周阶段,顾客对于质量偏好给予支付意愿的反应还不强烈,再制造商的订单量、拆解中心订单量、回收商的订单量较少,所以,在开始阶段拆解中心和再制造商收益的增长低于成本的支出。随着再制造商和拆解中心各自订单数量的提高,收益开始逐渐增长。当顾客满意度达到饱和时,订单数量开始降低并达到平稳状态,收益也会随着订单量的变化而改变。所以拆解中心和再制造商的利润呈现先下降后增长,最后趋于平稳的状态。

6.2 有回收检测误差的再制造供应链员工培训投入策略

6.2.1 问题描述

通过产品质量检验我们可以判断出其质量是否合格,不过任何检测都存在检测误差。质量检测中不可能达到百分百的检测精确度,而影响检测质量、产生误差的因素有很多,其中包括检测人员、检测设备和其他因素。在产品质量检测过程中,检测人员发挥着重要的作用。检测人员不仅要严格按照检测技术标准、规范及检验细则进行检测准备工作,检测时要集中精力,一丝不苟对产品进行检测,对各自检验的数据的真实性和准确性负责,保证产品的质量;而且要努力学习技术,更新知识,掌握和熟悉检测工作标准化、误差理论等相关知识,不断提高检测技术水平。检测人员造成检测误差的原因:一方面,检测人员缺乏专业技术知识和能力,比如检测技术不熟练,操作不规范,检测方法不正确等;另一方面,可能是由检测人员在检测过程中态度不认真,没有强烈的责任意识和高度的质量意识,粗心大意而造成检测误差。对检测人员进行培训,可提升检测人员的专业素质和技能,增强检测人员的工作经验和技巧,改变检测人员的工作态度,提高检测人员的质量意识和责任意识。

本节在基于员工培训投入的再制造供应链系统动力学模型的基础上,考虑回收检测误差的情况,从再制造供应链的前端研究员工培训投入的影响,期望通过回收商加大员工培训投入，改变检测误差，提高废旧产品检测精准度，进而给回收商、拆解中心、再制造商以及整个供应链带来积极影响。

6.2.2 模型构建

6.2.2.1 概念模型

本节研究的基于员工培训投入的有回收检测误差的再制造供应链如图6.12所示。该供应链主要由回收商进行回收检测，拆解中心进行拆解，最后由再制造商进行再制造。再制造商根据顾客需求和再制造生产计划向拆解中心发送订单，拆解中心接受再制造商订单后结合自身拆解计划向回收商发送订单，回收商根据订单量进行废旧产品的回收，并负责对回收废旧产品进行检测。其中检测人员和检测设备对回收检测误差会产生一定影响，最终会作用于整个再制造供应链。

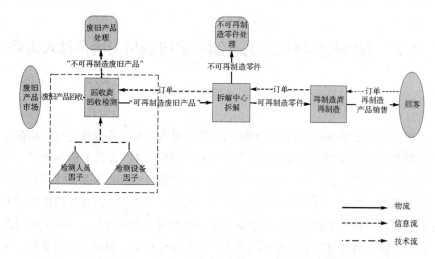

图 6.12　基于员工培训投入的有回收检测误差的再制造供应链概念模型

下面根据图6.12所示的概念模型和系统动力学特点提出基本假设：

假设1：该再制造供应链由一个回收商、一个拆解中心、一个再制造商组成。回收商从终端消费处回收废旧产品，进行回收检测，将"可再制造废旧产品"运输给拆解中心；拆解中心进行拆解后，将可再制造零部件运输给再制造商；再制造商进行再制造后将产品销售给顾客，依次循环。

假设2：检测误差率 a 是指将不可再制造废旧产品检测为"可再制造产品"的误差率，产品最终归于"可再制造废旧产品"中，即"可再制造废旧产品"里有不可再制造废旧产品。检测误差率 b 是指将可再制造废旧产品检测为"不可再制造废旧产品"的误差率，产品最后归为"不可再制造废旧产品"中，即"不可再制造废旧产品"里存在可再制造废旧产品。

假设 3：检测误差率 a 和检测误差率 b 的公式依据实际情况和相关文献设置为 IF THEN ELSE［（0.3-检测人员因子-检测技术设备因子）>0,（0.3-检测人员因子-检测技术设备因子），0］。

6.2.2.2 存流图

本节在相关学者研究的基础上，结合实际情况和员工培训投入的有回收检测误差的再制造供应链概念模型，构建基于员工培训投入的有回收检测误差的再制造供应链存流图，如图 6.13 所示。图中带灰色背景是基于图 6.3 新添加的部分，加边框以及字体加粗部分为员工培训对再制造供应链影响的关联部分。回收商从消费者处回收废旧产品，通过检测人员和检测设备对其进行检测，由于检测人员和检测设备因素会产生一定的检测误差，将不可再制造废旧产品误检为"可再制造废旧产品"，致使"可再制造废旧产品"中存在不可再制造废旧产品；另外，将可再制造废旧产品误检为"不可再制造废旧产品"，致使"不可再制造废旧产品"中存在可再制造废旧产品。回收商对"不可再制造废旧产品"进行处理，将"可再制造废旧产品"运输给拆解中心；拆解中心进行拆解后，对真正的不可再制造的零部件进行处理，将真正可再制造的废旧产品运输给再制造商；再制造商进行再制造，然后将再制造产品销售给顾客。再制造商的销售率由再制造商的订单量和自身库存量决定，拆解中心的运输率是根据自身的可再制造零部件库存和拆解中心的订单量决定的，回收商的检测率是由回收商自身的回收库存以及回收商的订单量决定的。

图 6.13 中存在不同变量和常量，其中的重要变量如下所述：

（1）状态变量。

废旧产品市场拥有量：是指市场拥有的废旧产品数量（单位：件）。

"可再制造废旧产品"库存满足量（订单量）：拆解中心对"可再制造废旧产品"库存产生订货的需求量，由"可再制造废旧产品"订单应满足率和"可再制造废旧产品"满足率（订单完成率）决定（单位：件）。

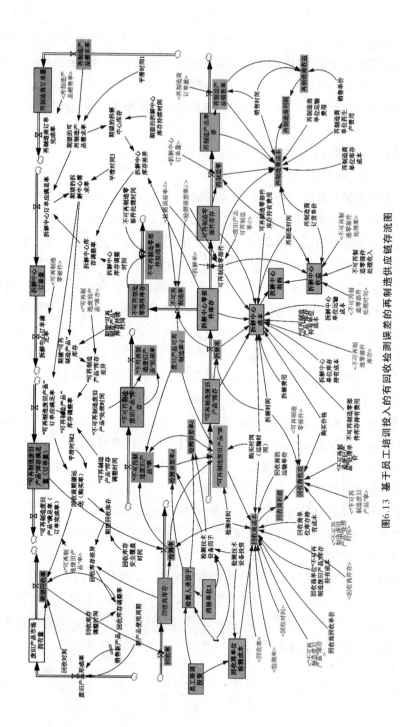

图6.13 基于员工培训投入的有回收检测误差的再制造供应链库存流图

"不可再制造废旧产品"库存：检测误差率 b 导致的将可再制造废旧产品归于"不可再制造废旧产品"中的库存，由"不可再制造废旧产品"率和"不可再制造废旧产品"处理率决定（单位：件）。

不可再制造零部件库存：不能进行再制造的零部件库存，由不可再制造率和不可再制造零部件处理率决定（单位：件）。

"可再制造废旧产品"库存：检测误差率 a 导致的将不可再制造废旧产品归于"可再制造废旧产品"中的库存，由"可再制造废旧产品"率和拆解率决定（单位：件）。

（2）速率变量。

检测率：回收商每周对废旧产品进行检测的数量，受"可再制造废旧产品"库存满足量（订单量）和回收商库存影响（单位：件/周）。

"可再制造废旧产品"率：每周"可再制造废旧产品"的数量，受检测率、废旧产品可再制造率 q、检测误差率 b、废旧产品可再制造率 q、检测误差率 a 的影响（单位：件/周）。

"不可再制造废旧产品"率：每周"不可再制造废旧产品"的数量，受检测率、废旧产品可再制造率 q、检测误差率 b、检测误差率 a 的影响（单位：件/周）。

"不可再制造废旧产品"处理率：每周对"不可再制造废旧产品"进行处理的数量（单位：件/周）。

可再制造零部件：每周可再制造的零部件数量，受拆解率、废旧产品可再制造率 q、检测误差率 b、检测误差率 a 影响（单位：件/周）。

不可再制造率：每周零部件不可再制造的数量，同样受拆解率、废旧产品可再制造率 q、检测误差率 b、检测误差率 a 影响（单位：件/周）。

不可再制造零部件处理率：不可再制造的零部件每周处理的数量（单位：件/周）。

"可再制造废旧产品"订单应满足率："可再制造废旧产品"每周应该满足订单的数量，受期望的拆解中心需求率和"可再制造产品"库存调整率影响（单位：件/周）。

"可再制造废旧产品"满足率（订单完成率）："可再制造废旧产品"在每周订单的减少量，受"可再制造废旧产品"率影响（单位：件/周）。

（3）辅助变量。

回收商单位检测成本：回收商检测一件废旧产品的成本，包括员工培训投资和检测技术设备投资（单位：元/件）。

检测人员因子：员工作为检测的影响因素（单位：无量纲）。

检测技术设备因子：检测技术设备作为检测的影响因素（单位：无量纲）。

检测误差率 a：将不可再制造废旧产品检测为"可再制造产品"的误差率（单位：无量纲）。

检测误差率 b：将可再制造废旧产品检测为"不可再制造的废旧产品"的误差率（单位：无量纲）。

"可再制造产品"库存差异：期望的"可再制造产品"数量与实际"可再制造产品"数量的差额（单位：件）。

"可再制造产品"库存调整率："可再制造产品"库存在一定库存调整时间内的调节量，由"可再制造产品"库存差异和"可再制造产品"库存调整时间决定（单位：件/周）。

（4）常量。

员工培训投资：废旧产品检测员工培训投入单价（单位：元/件）。

"不可再制造废旧产品"处理单价：回收商处理"不可再制造废旧产品"的单位价格（单位：元/件）。

"可再制造产品"库存持有单位成本：拆解中心"可再制造产品"储存单位成本（单位：元/件）。

可再制造零部件库存持有费用：拆解中心储存可再制造零部件的单位成本（单位：元/件）。

"不可再制造废旧产品"处理时间：回收商处理不可再制造零部件时间（单位：周）。

"可再制造产品"库存调整时间：拆解中心根据"可再制造产品"库存差异进行调整所用的时间（单位：周）。

6.2.2.3　仿真模型

仿真模型涉及存流图中出现的所有变量之间的代数关系。本部分基于 6.1 节给出表示变量之间关系的相关等式如下：

$$检测人员因子 = f \times 员工培训投资 \times 消除单位 1 \tag{6.19}$$

$$检测误差率\,a = \text{IF THEN ELSE}\,[\,(0.3 - 检测人员因子 - 检测技术设备因子) \geqslant 0,$$
$$(0.3 - 检测人员因子 - 检测技术设备因子),\,0\,] \tag{6.20}$$

$$检测误差率\,b = \text{IF THEN ELSE}\,[\,(0.3 - 检测人员因子 - 检测技术设备因子) \geqslant 0,$$
$$(0.3 - 检测人员因子 - 检测技术设备因子),\,0\,] \tag{6.21}$$

"不可再制造废旧产品"率 = 检测率 × [废旧产品可再制造率 q × 检测误差率 b +

$$（1-废旧产品可再制造率 q）×（1-检测误差率 a）］ \qquad (6.22)$$

"可再制造废旧产品"率=检测率×[废旧产品可再制造率 q×（1-检测误差率 b）+

$$（1-废旧产品可再制造率 q）×检测误差率 a］×$$

$$检测时间/购买时间（运输时间） \qquad (6.23)$$

检测率=IF THEN ELSE ［回收商库存>0,

MIN （"可再制造废旧产品"库存满足量,

$$回收商库存）/检测时间, 0］ \qquad (6.24)$$

$$拆解率="可再制造废旧产品"库存/拆解时间 \qquad (6.25)$$

不可再制造率=拆解率×（1-废旧产品可再制造率 q）×检测误差率 a/

$$［废旧产品可再制造率 q×（1-检测误差率 b）+$$

$$（1-废旧产品可再制造率 q）×检测误差率 a］ \qquad (6.26)$$

可再制造零部件=拆解率×｛废旧产品可再制造率 q×（1-检测误差率 b）/

$$［废旧产品可再制造率 q×（1-检测误差率 b）+$$

$$（1-废旧产品可再制造率 q）×检测误差率 a］｝ \qquad (6.27)$$

$$再制造率=可再制造零部件库存/再制造时间 \qquad (6.28)$$

回收商成本=检测率×检测时间×回收商单位检测成本+

"不可再制造废旧产品"库存×

回收商单位"不可再制造废旧产品"库存持有成本+

回收商单位库存持有成本×回收商库存+

回收商的运输单价×购买时间（运输时间）×

"可再制造废旧产品"率+

$$回收时间×回收率×回收商回收单价 \qquad (6.29)$$

回收商收益="不可再制造废旧产品"处理单价×

"不可再制造废旧产品"处理时间×"不可再制造废旧产品"率+

$$拆解时间×购买价格×可再制造零部件 \qquad (6.30)$$

$$回收商利润=回收商收益-回收商成本 \qquad (6.31)$$

拆解中心成本="可再制造废旧产品"库存×"可再制造产品"库存持有单位成本+

不可再制造零部件库存×不可再制造零部件库存持有费用+

拆解中心单位库存持有成本×拆解中心零部件库存+

拆解率×拆解时间×拆解费用+

再制造时间×可再制造零部件×拆解中心单位运输成本+

$$购买价格×购买时间（运输时间）×可再制造零部件 \qquad (6.32)$$

拆解中心收益=再制造商订货单价×再制造时间×可再制造零部件+

$$不可再制造零部件处理收入×不可再制造零部件处理时间×$$
$$不可再制造零部件处理率 \qquad (6.33)$$
$$拆解中心利润=拆解中心收益-拆解中心成本 \qquad (6.34)$$
$$再制造商成本=再制造商单位再生产费用×再制造率×再制造时间+$$
$$再制造商单位库存成本×再制造产品库存+$$
$$再制造商订货单价×再制造时间×可再制造零部件+$$
$$再制造商单位运输费用×销售时间×再制造产品销售率+$$
$$可再制造零部件库存×可再制造零部件库存持有费用 \qquad (6.35)$$
$$再制造商收益=再制造产品销售率×销售时间×销售单价 \qquad (6.36)$$
$$再制造商利润=再制造商收益-再制造商成本 \qquad (6.37)$$

仿真模型中其他等式和常量见本章附录6.2。

6.2.3 有检测误差的员工培训投入效用分析

6.2.3.1 模型检验

笔者应用 Vensim PLE 中的"检测"功能,校对模型中各部分,最终显示模型实现量纲一致性。在此基础上笔者进行行为再现检验,设置模型中检测误差率 b 为0,模拟仿真如图 6.14 和图 6.15 所示。

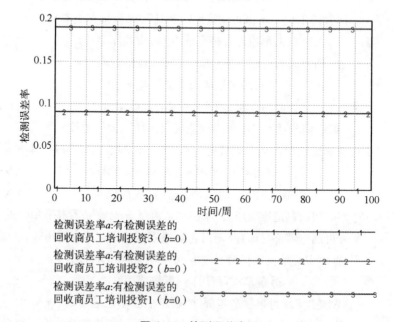

图 6.14 检测误差率 a

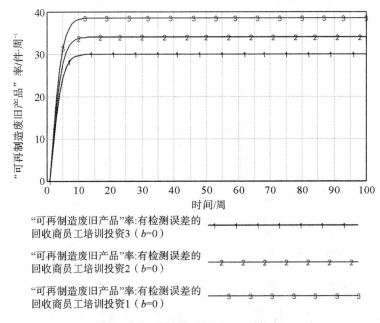

"可再制造废旧产品"率:有检测误差的
回收商员工培训投资3（b=0）

"可再制造废旧产品"率:有检测误差的
回收商员工培训投资2（b=0）

"可再制造废旧产品"率:有检测误差的
回收商员工培训投资1（b=0）

图 6.15　"可再制造废旧产品"率

从图 6.14 和图 6.15 可以看出，随着员工培训投入的增加，检测人员的培训得到加强，检测的精准度得到提高。检测误差 a 随着员工培训的提高而逐渐降低，进而使"可再制造废旧产品"率也不断降低。这与现实情况相符。对模型进行的量纲一致性和行为再现检验，验证了基于员工培训投入的有回收检测误差的再制造供应链系统动力学模型符合客观实际。

6.2.3.2　仿真分析

（1）员工培训投入对有回收检测误差的再制造供应链的影响分析。

本仿真中，拆解中心只支付"可再制造废旧产品"中实际可再制造零部件的部分。员工培训投入设置如表 6.1 所示。

表 6.1　员工培训投入设置

变量名称	员工培训投入 1	员工培训投入 2	员工培训投入 3	员工培训投入 4	员工培训投入 5
投资额/元·人$^{-1}$	1	2	2.7	3	3.5

员工培训投资对检测误差率和回收商利润、拆解中心利润、再制造商利润的影响如图 6.16 到图 6.20 所示。

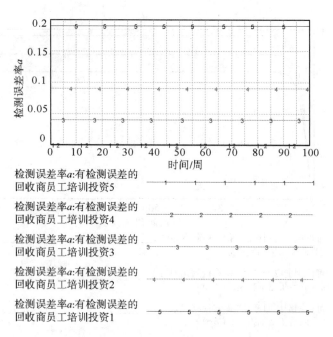

图 6.16　员工培训投资对检测误差率 a 的影响

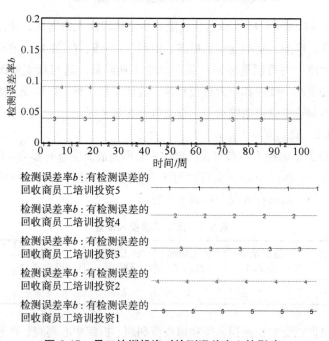

图 6.17　员工培训投资对检测误差率 b 的影响

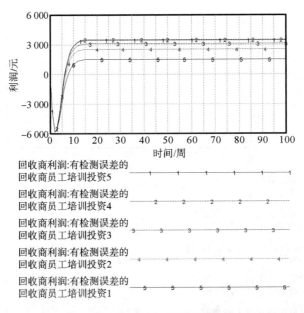

图 6.18 员工培训投资对回收商利润的影响

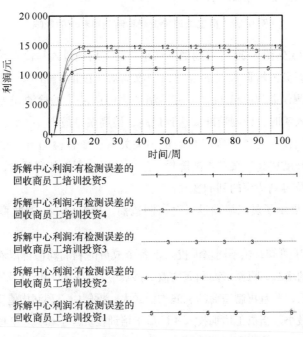

图 6.19 员工培训投资对拆解中心利润的影响

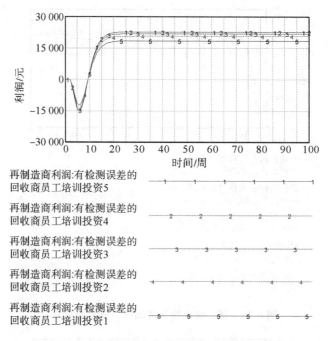

再制造商利润:有检测误差的
回收商员工培训投资5 ————1————1————1————1————1

再制造商利润:有检测误差的
回收商员工培训投资4 ————2————2————2————2————2

再制造商利润:有检测误差的
回收商员工培训投资3 ————3————3————3————3————3

再制造商利润:有检测误差的
回收商员工培训投资2 ————4————4————4————4————4

再制造商利润:有检测误差的
回收商员工培训投资1 ————5————5————5————5————5

图 6.20　员工培训投资对再制造商利润的影响

由图 6.16 到图 6.20 可得到如下结论:员工培训投入与检查误差率为负相关关系。随着员工培训投入的增加,回收商对于废旧产品中"可再制造废旧产品"的检测误差率降低和"不可再制造废旧产品"的检测误差率降低。在员工培训投入 4 时,检测精准度达到最高,检测误差最小。

员工培训投入与各成员利润为正相关关系。随着检测员工培训投入的增加,检测准确度提高,误差逐渐降低,进而使回收商的利润提高,拆解中心的利润增长以及再制造商的利润变高。

图 6.21 展示了员工培训投入对再制造商、拆解中心、回收商三者利润均值的影响。

由图 6.21 可知,从不同培训投入下各个成员的利润均值可以看出,随着员工培训投入的增长,再制造商利润均值、拆解中心的利润均值以及回收商的利润均值不断增长,并且再制造商的利润均值最大,拆解中心利润均值次之,回收商的利润均值最小。当员工培训投入 4 即员工培训投资等于和大于 3 时,拆解中心的利润和再制造商的利润不再增长,而回收商利润由于员工培训成本费用的提高而逐渐减少。由此可得出,回收商在 [0,3] 范围中适当增加检测员工培训的投入,可减少误差率,提高检测的准确度,促进整个供应链的发展。

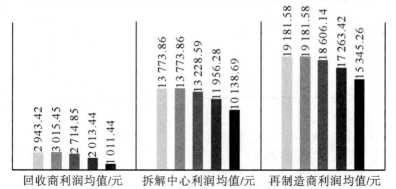

图 6.21　员工培训投入对再制造商、拆解中心、回收商三者利润均值的影响

（2）基于不同检测率的员工培训投入对回收商、拆解中心、再制造商的影响。

下面在无条件、$b=0$ 以及 $a=0$ 的条件下，模拟仿真不同员工培训对检测误差率和各成员利润的影响。设员工培训投入 1 取值为 1，员工培训投入 2 取值为 2，投入 3 取值为 3。

图 6.22 展示出不同条件下员工培训投入对检测误差率 a 的影响。

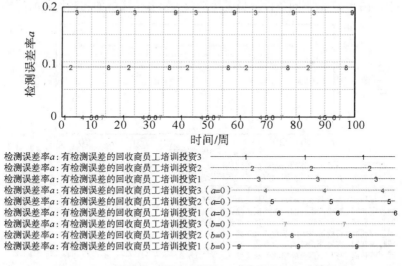

图 6.22　不同条件下员工培训投入对检测误差率 a 的影响

通过图 6.22 可以看出：在 $b=0$ 和无条件时，检测误差率 a 随着员工培训投入的增加而不断减少，并且在 $b=0$ 和无条件时，检测误差率 a 的变化一致。

图 6.23 显示出不同条件下员工培训投入对检测误差率 b 的影响。

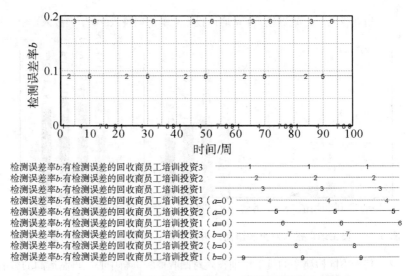

图 6.23　不同条件下员工培训投入对检测误差率 b 的影响

通过图 6.23 可以看出：在 $a=0$ 和无条件时，检测误差率 b 随着员工培训投入的增加而降低，并且在 $a=0$ 和无条件时，检测误差率 b 的变化一致。

图 6.24 到图 6.26 展示出不同条件下员工培训投入对各个成员的利润均值的影响。图 6.27 为不同条件下员工培训投入对各个成员的利润均值的影响。

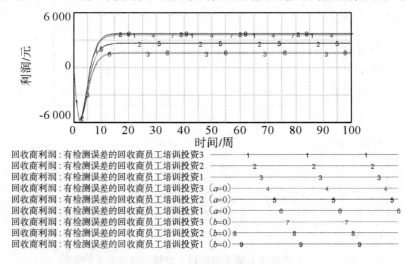

图 6.24　回收商利润

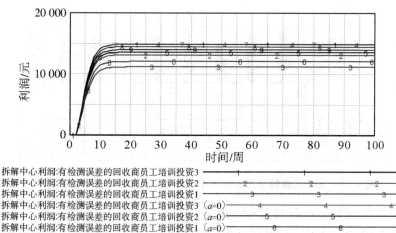

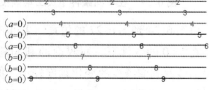

拆解中心利润:有检测误差的回收商员工培训投资3 ——————1————————1————————1————
拆解中心利润:有检测误差的回收商员工培训投资2 ——————2————————2————————2————
拆解中心利润:有检测误差的回收商员工培训投资1 ——————3————————3————————3————
拆解中心利润:有检测误差的回收商员工培训投资3 ($a=0$) ——————4————————4————————4————
拆解中心利润:有检测误差的回收商员工培训投资2 ($a=0$) ——————5————————5————————5————
拆解中心利润:有检测误差的回收商员工培训投资1 ($a=0$) ——————6————————6————————6
拆解中心利润:有检测误差的回收商员工培训投资3 ($b=0$) ——————7————————7————————7————
拆解中心利润:有检测误差的回收商员工培训投资2 ($b=0$) ——————8————————8————————8————
拆解中心利润:有检测误差的回收商员工培训投资1 ($b=0$) —9————————9————————9————

图 6.25　拆解中心利润

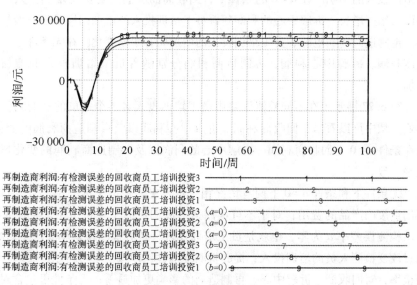

再制造商利润:有检测误差的回收商员工培训投资3 ——————1————————1————————1————
再制造商利润:有检测误差的回收商员工培训投资2 ——————2————————2————————2————
再制造商利润:有检测误差的回收商员工培训投资1 ——————3————————3————————3————
再制造商利润:有检测误差的回收商员工培训投资3 ($a=0$) ——————4————————4————————4————
再制造商利润:有检测误差的回收商员工培训投资2 ($a=0$) ——————5————————5————————5————
再制造商利润:有检测误差的回收商员工培训投资1 ($a=0$) ——————6————————6————————6
再制造商利润:有检测误差的回收商员工培训投资3 ($b=0$) ——————7————————7————————7————
再制造商利润:有检测误差的回收商员工培训投资2 ($b=0$) ——————8————————8————————8————
再制造商利润:有检测误差的回收商员工培训投资1 ($b=0$) —9————————9————————9————

图 6.26　再制造商利润

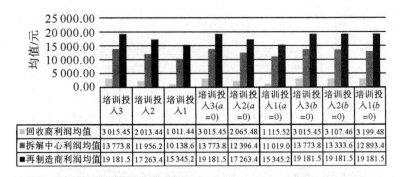

	培训投入3	培训投入2	培训投入1	培训投入3(a=0)	培训投入2(a=0)	培训投入1(a=0)	培训投入3(b=0)	培训投入2(b=0)	培训投入1(b=0)
回收商利润均值	3 015.45	2 013.44	1 011.44	3 015.45	2 065.48	1 115.52	3 015.45	3 107.46	3 199.48
拆解中心利润均值	13 773.8	11 956.2	10 138.6	13 773.8	12 396.4	11 019.0	13 773.8	13 333.6	12 893.4
再制造商利润均值	19 181.5	17 263.4	15 345.2	19 181.5	17 263.4	15 345.2	19 181.5	19 181.5	19 181.5

图 6.27　在不同条件下员工培训投入对各个成员的利润均值的影响

由图 6.24 到图 6.27 的仿真结果可知：

在 $b=0$ 的条件下，回收商的利润随着员工培训投入的增加而慢慢减少，但是回收商利润减少的变化幅度较小。拆解中心利润的变化随着员工培训投入的增加而不断增加，并且拆解中心的利润变化幅度较小。再制造商利润不受员工培训投入的影响。在 $a=0$ 的条件下，回收商的利润随着员工培训投入的增加而大幅度增长。拆解中心的利润随着员工培训投入的增加同样呈显著增长趋势。再制造商利润也随着员工培训投入的增加而有明显变化。在无条件下，回收商利润、拆解中心利润、再制造商利润分别随着员工培训投入的增加而增加。

图 6.27 展示了在不同检测误差中员工培训投入对各个成员的利润均值的影响。从中可以看出，回收商利润、拆解中心利润以及再制造商利润的变化，与在条件 $a=0$ 下回收商利润、拆解中心的利润以及再制造商利润的变化情况几乎一致。

无条件下和条件 $a=0$ 下两者情况相一致，主要是由于拆解中心只支付可再制造废旧产品的费用，对于不可再制造的废旧产品不支付费用。条件 $a=0$ 表示检测误差率 a 为零，也就是员工培训投入只是对检测误差率 b 产生影响，通过改变检测人员的培训投入，提高检测准确性，即减少了可再制造废旧产品误检率，对回收商、拆解中心、再制造商的影响更加显著；无条件里包含对检测误差 b 产生的影响，并且在条件 $a=0$ 下，回收商利润、拆解中心利润、再制造商利润的变化幅度随员工培训投入的变化而减小。所以在条件 $a=0$ 和无条件两种情况下的变化几乎一致。

本章小结

本章研究了有和无回收检测误差情况下的再制造供应链员工培训投入策略，主要研究结果如下：

（1）本章基于员工培训投入的再制造供应链概念模型，构建基于员工培训投入的再制造供应链系统动力学模型，研究了再制造商员工培训投入对再制造供应链的影响。研究表明：员工培训投入增加，有利于提高员工满意度，同时提升员工的质量意识、员工的工作态度和能力，促进再制造产品质量的提高，满足消费者的质量偏好，进而提高再制造产品的需求率；市场需求率的提高起到连锁效应，影响了再制造商的订单量、拆解中心的订单量和回收商的订单量；再制造供应链中各成员订单量的变化，最后作用于各个成员的利润和整个供应链的利润。因此，员工培训投入与再制造供应链中各成员利润为正相关关系。另外，员工培训投入为0.1时各个成员利润最低，员工培训投入为0.8、0.9时各个成员利润最高且相同，利润效益最大化。因此，再制造供应链各个成员要在合理范围内适当增加员工培训投入。

（2）本章在基于员工培训投入的再制造供应链系统动力学模型的基础上，考虑回收商的检测误差，构建基于员工培训投入的有回收检测误差的再制造供应链系统动力学模型，研究了回收商的员工培训投入对有回收检测误差的再制造供应链的影响，以及不同检测误差下的员工培训投入对再制造供应链的影响。研究表明：回收商的员工培训投入的增加可减少回收商的检测误差，提高检测精准度，对回收商利润、拆解中心利润和再制造商利润和整个供应链的利润产生积极影响。当员工培训投入为3时拆解中心的利润和再制造商的利润为最大值，而回收商利润由于员工培训成本费用的提高而开始减少。由此，回收商在［0，3］合理范围中增加检测员工培训的投入，有利于实现整个再制造供应链的价值创造。在不同检测误差条件下，从仿真结果分析和利润均值变化情况可以看出，只有选择在条件 $a=0$ 和无条件下进行员工培训的投入，并且只有员工培训投入为3时，回收商利润、拆解中心利润以及再制造商利润分别为最大值。

附录6.1：模型参数设置（如图6.3所示）

再制造商安全库存覆盖时间＝3（单位：周）

再制造商库存调整时间 = 4（单位：周）

再制造商的单位库存成本 = 2（单位：元/件）

再制造商的平滑时间 = 2（单位：周）

再制造商的订货单价 = 100（单位：元/件）

再制造商的运输单价 = 1（单位：元/件）

分配时间 = 1（单位：周）

市场需求平滑时间 = 2（单位：周）

拆解中心库存安全覆盖时间 = 3（单位：周）

拆解中心的运输单价 = 1（单位：元/件）

拆解中心的平滑时间 = 2（单位：周）

拆解中心的单位处理成本 = 0.5（单位：元/件）

需求时间 = 7（单位：周）

回收商单位库存持有成本 = 0.5（单位：元/件）

回收商库存安全覆盖时间 = 3（单位：周）

回收商库存调整时间 = 6（单位：周）

回收商的回收单价 = 1（单位：元/件）

回收商的运输单价 = 0.5（单位：元/件）

回收时间 = 3（单位：周）

拆解中心单位库存持有成本 = 1（单位：元/件）

潜在市场规模 = 10 000（单位：件）

拆解中心的订货单价 = 30（单位：元/件）

拆解中心库存调整时间 = 6（单位：周）

生产设备单位投资成本 = 0.1（单位：元/件）

附录 6.2：模型参数设置（如图 6.13 所示）

购买价格 = 200（单位：元/件）

销售单价 = 1 000（单位：元/件）

检测技术设备投资 = 0.1（单位：元/件）

拆解费用 = 50（单位：元/件）

拆解中心库存持有成本 = 1（单位：元/件）

拆解中心运输成本 = 1（单位：元/件）

回收商的运输单价 = 5（单位：元/件）

回收商"不可再制造废旧产品"库存持有成本 = 1（单位：元/件）

回收商库存持有成本＝2（单位：元/件）

回收商回收单价＝50（单位：元/件）

可再制造零部件库存持有费用＝3（单位：元/件）

再制造商订货单价＝500（单位：元/件）

再制造商库存成本＝20（单位：元/件）

再制造商运输费用＝1（单位：元/件）

不可再制造零部件处理收入＝1（单位：元/件）

"可再制造废旧产品"库存持有成本＝2（单位：元/件）

"不可再制造废旧产品"处理单价＝2（单位：元/件）

购买时间（运输时间）＝2（单位：周）

检测时间＝2（单位：周）

期望的拆解中心库存持续时间＝2（单位：周）

新产品使用周期＝40（单位：周）

拆解时间＝2（单位：周）

购买时间（运输时间）＝2（单位：周）

拆解中心库存调整时间＝2（单位：周）

平滑时间1＝2（单位：周）

平滑时间2＝2（单位：周）

平滑时间3＝2（单位：周）

回收库存调整时间＝2（单位：周）

回收时间＝2（单位：周）

回收库存安全覆盖时间＝2（单位：周）

再制造时间＝2（单位：周）

不可再制造零部件处理时间＝2（单位：周）

"可再制造废旧产品"库存调整时间＝2（单位：周）

"不可再制造废旧产品"处理时间＝2（单位：周）

7 质量追溯策略

再制造产品市场销售在再制造供应链中至关重要。消费者在市场购买再制造产品时对相关产品的质量非常关心。如果产品质量可以追溯，消费者对再制造产品的购买意愿将会提升，销售量会增加，再制造供应链成员的利润也会增加。针对再制造供应链产品质量追溯策略，本章研究要点如下：

要点1：基于单区块链的再制造供应链产品质量追溯策略。该策略主要提出用于再制造供应链产品质量追溯和隐私保护的单区块链系统框架。该系统框架将公共数据和交易数据存储在星际文件系统（Inter Planetary File System，IPFS）中，将交易信息和公共信息的哈希值写入区块链。只有授权的参与者才能访问区块链中的数据信息。该策略下再制造产品和用于生产再制造产品的再制造部件的质量都可以追溯。

要点2：基于双区块链的再制造供应链产品质量追溯策略。该策略主要提出用于再制造供应链产品质量追溯和隐私保护的双区块链系统框架。双区块链包括再制造部件交易链（RPTC）和再制造产品交易链（RMPTC）。再制造产品和再制造部件的所有数据信息都存储在星际文件系统中。拆解中心和再制造商之间的交易数据被写入再制造部件交易链，与再制造产品相关的其他交易数据被写入再制造产品交易链。交易的价格和数量等关键交易数据通过加密算法保护，只有授权的参与者才能访问交易数据。理论上，双区块链存储更清晰，性能更优越，访问速度更快。

7.1 基于单区块链的再制造供应链产品质量追溯策略

在再制造产品市场购买再制造产品时，消费者关心的是再制造产品以及用于生产再制造产品的再制造部件的质量。为了追溯再制造产品质量数据信息，本节提出一种新的可追溯和隐私保护的再制造供应链单区块链系统框架。该系统框架中，产品和交易的所有数据都上传到星际文件系统（IPFS）中，数据的哈希值被写入区块链。通过智能合约和加密算法，该系统可实现再制造产品和再制造部件关键数据的追溯。

7.1.1 引言

再制造产品的质量是消费者关注的问题[1][2]。由于再制造产品是由再制造部件构成的，问题是如何知道再制造部件的质量，以及一个再制造产品中使用了多少再制造部件。

关于再制造供应链的管理已有不少研究[3][4][5][6]。其中，Xu 等开发了一个模型，用于研究当新产品和再制造产品在市场上共存时，原始设备制造商（OEM）的再制造和回收决策。Zhao 等通过进化博弈方法提出外包回收策略，并得出长期外包再制造策略。为解决逆向供应链中从一些分散的地区回收废旧产品的问题，Kushwaha 等提出混合整数线性规划模型，在有限多周期情况下，给出制造商从这些区域回收废旧产品的最佳渠道组合。Zheng 等构建博弈模型以检验闭环供应链（CLSC）中制造商的最优销售渠道策略，其中制造商负责废旧产品的回收和再制造，零售商经营传统的零售渠道。

关于再制造产品质量和定价问题，Ullah 和 Sarkar[7] 考虑了 RFID 和产品质量，研究制造/再制造混合生产系统中的回收渠道选择问题。Li 等[8]研究垄断制造商关于产品质量改进和再制造的联合决策，并在提高产品质量对再制造的

① GU Q, GAO T. IERs in reverse supply chain: be worth lowering or not [J]. Computers & industrial engineering, 2017, 111: 289-302.

② CAO J, ZHANG X, HU L, et al. EPR regulation and reverse supply chain strategy on remanufacturing [J]. Computers and industrial engineering, 2018, 125: 279-297.

③ XU J, LUO C, NG C T, et al. Remanufacturing with random yield in the presence of the take-back regulation [J]. Computers & industrial engineering, 2022, 168: 108097.

④ ZHAO Y, ZHOU H, WANG Y. Outsourcing remanufacturing and collecting strategies analysis with information asymmetry [J]. Computers & industrial engineering, 2021, 160: 107561.

⑤ KUSHWAHA S, GHOSH A, RAO A K. Collection activity channels selection in a reverse supply chain under a carbon cap-and-trade regulation [J]. Journal of cleaner production, 2020, 260: 121034.

⑥ ZHENG B, YU N, CHU J. Managing sales channel selection for a manufacturer in the presence of remanufacturing [J]. Journal of system science and system engineering, 2021, 30 (5): 600-625.

⑦ ULLAH M, SARKAR B. Recovery-channel selection in a hybrid manufacturing- remanufacturing production model with RFID and product quality [J]. International journal of production economics, 2020, 219: 360-374.

⑧ LI G D, REIMANN M, ZHANG W H. When remanufacturing meets product quality improvement: the impact of production cost [J]. European journal of operational research, 2018, 271: 913-925.

影响方面获得新的发现。Assid 等[①]讨论退货的质量多样性及其对生产计划和控制的影响，在考虑制造、再制造和切换决策的同时开发出随机优化模型。

再制造部件的质量在再制造产品中起着重要作用。虽然权威部门对再制造产品的质量有严格的要求，但许多消费者仍然对再制造产品质量抱有偏见，认为再制造产品的价格应该低于新产品。为了提高消费者对再制造产品的认可度，再制造产品的质量等级应对所有潜在消费者透明，且再制造产品价格应与质量相匹配。因此，再制造部件和再制造产品的质量可追溯性变得非常重要。

为实现再制造产品和再制造部件的可追溯性，基于具有电子产品代码（EPC/RFID）的物联网，Gu 等研究了再制造/制造（R/M）集成供应链的新特征。Hrouga 等[②]考虑了区块链和物联网的集成，并以数字化石棉废物处理的逆向供应链为例，研究方案的可追溯性。

尽管部分相关学者提出基于区块链的供应链管理和生产可追溯性策略（Viriyasitavat 等[③]，Westerkamp 等，Behnke 和 Janssen，Omar 等，Sezer 等），然而基于区块链的再制造供应链管理的讨论仍然很少。

本节提出再制造供应链单区块链质量追溯系统框架。该系统框架将公共数据和交易数据存储在星际文件系统（IPFS）中，将交易信息和公共信息的哈希值写入区块链。只有授权的参与者才能访问区块链中的数据信息。

7.1.2 问题描述

再制造供应链是从消费者手中回收废旧产品，经过一系列处理，利用其相应价值。再制造供应链成员包括消费者、回收商、拆解中心、再制造商、材料厂和填埋中心。

本节所研究的再制造供应链结构如图 7.1 所示。该供应链包括正向供应链和再制造逆向供应链。其中，正向供应链是部件供应商将新部件供应给制造/再制造商，制造/再制造商在生产新产品的同时生产再制造产品，并通过销售

① ASSID M, GHARBI A, HAJJI A. Production planning and control of unreliable hybrid manufacturing remanufacturing systems with quality-based categorization of returns [J]. Journal of cleaner production, 2021, 312: 127800.

② HROUGA M, SBIHI A, CHAVALLARD M. The potentials of combining blockchain technology and internet of things for digital reverse supply chain: a case study [J]. Journal of cleaner production, 2022, 337: 130609.

③ VIRIYASITAVAT W, BI Z, HOONSOPON D. Blockchain technologies for interoperation of business processes in smart supply chains [J]. Journal of industrial information integration, 2022, 26: 100326.

商将新/再制造产品销售给消费者。新/再制造产品经消费者使用后成为废旧产品并等待回收。与正向供应链不同，再制造逆向供应链从拥有可回收废旧产品的消费者开始。回收商从消费者手中回收废旧产品，然后将其送到拆解中心。拆解中心对废旧产品进行拆解、关键部件再制造，再制造部件将出售给再制造商以生产再制造产品，而无用部件将运输到填埋中心或材料厂。

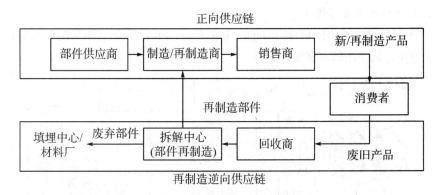

图 7.1 再制造供应链结构

从图 7.1 可以看出，消费者是正向供应链和再制造逆向供应链的枢纽，而影响消费者购买再制造产品意愿的关键是再制造产品的质量。如果能够对再制造产品的质量进行追溯，则消费者的购买意愿将会加强。

考虑到这一关键问题，下面将给出一种再制造供应链可追溯和隐私保护的单区块链系统框架。利用该单区块链系统可以实现再制造产品和再制造部件的质量信息的追溯。

7.1.3 单区块链质量追溯系统框架

区块链（blockchain）是由多方参与并共同维护的分布式数据库，其核心是通过分布式网络、时序不可篡改的密码学账本及分布式共识机制建立彼此之间的信任关系，利用由自动化脚本代码组成的智能合约来编程和操作数据[①]。在区块链平台中，没有任何应用程序或服务对数据和执行具有绝对控制权，连接到网络的任何节点都可以通过运行一系列智能合约直接或间接地读写区块链。如今，区块链已被应用于数字媒体版权保护、个人健康记录管理和物联网等许多领域。

区块链可分为公共区块链、私有区块链和联盟区块链三种。公共区块链是

---

① 朱建明，高胜，段美姣. 区块链技术与应用 [M]. 北京：机械工业出版社，2018：4.

非限制性和无许可的，主要优势是网络的透明度，任何节点都可以访问区块链平台的数据并验证交易。私有区块链在限制性环境中工作，通常在单个实体的控制之下。一般来说，私有区块链中交易变得更快、安全性更高。联盟区块链是一种半分散网络，其中成员不被授予单个实体，而被授予一组实体或节点，提供了公共区块链所没有的网络安全，具有处理速度更快的优点，并在许多方面提高了效率和安全性。

再制造供应链单区块链（single blockchain，SB）质量追溯系统框架如图7.2所示，其使用的是联盟区块链。

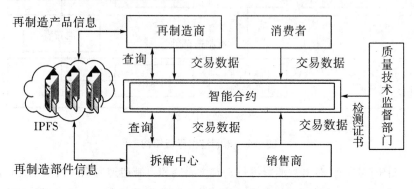

图 7.2　单区块链质量追溯系统框架

图 7.2 所示的单区块链质量追溯系统框架由星际文件系统（IPFS）、相关参与者、智能合约（smart contract，SC）和交易等构成。其中参与者分为以下几部分：拆解中心、再制造商、销售商、消费者和质量技术监督部门。由于再制造产品是由再制造部件生产的特殊产品，产品的质量成为消费者关注的主要问题。

在该系统中，交易验证仅由相应的参与者执行，这也是联盟区块链的主要特征。为保护数据隐私，区块链的数据只能由授权节点访问，防止未经授权的节点读写到存储服务器。同时，星际文件系统（IPFS）负责存储公共数据。

为实现再制造产品的质量追溯，在区块链中记录产品的关键信息，以便在有需求时进行验证。在该方案中，公共数据（如再制造部件质量信息、再制造产品质量信息、检验证书和交易数据）存储在星际文件系统（IPFS）中，数据的哈希值存储在区块链中。

下面将对图 7.2 中的星际文件系统、相关参与者、智能合约和交易进行说明。

（1）星际文件系统。

星际文件系统（IPFS）是一种通信协议，使用对等网络通过分布式文件系统机制来存储、检索和共享数据。IPFS的主要特点：去中心化（分散化）、内容寻址和参与。分散化是最重要的特征之一，这确保参与者可以从不在一个组织管理下的多个位置下载文件。内容寻址是IPFS的另一个引人注目的亮点。与传统的按位置搜索不同，IPFS通过由内容哈希值组成的唯一内容标识符来识别文件。IPFS关注占有和参与。占有意味着IPFS中的许多节点存储有其他节点的文件，即使某计算机处于关闭状态，参与者也可以轻松访问和共享文件。

本节提出的方案中，IPFS用于存储再制造产品和再制造部件的信息、质量等级、使用年限等公共数据。

（2）相关参与者。

图7.2所示的再制造供应链单区块链产品质量追溯系统框架中，相关参与者的功能如下：

拆解中心：拆解中心负责对来自回收商的废旧产品进行拆解，对可回收再制造的关键部件进行处理，并进行质量测试，使这些部件可用于生产再制造产品。当这些部件满足再制造要求时，将被出售给再制造商，用于生产再制造产品；拆解中心还负责再制造部件的质量检验。

再制造商：再制造商生产再制造产品。再制造商从拆解中心购买关键的再制造部件，生产再制造产品。再制造商委托销售商销售再制造产品时，需要详细说明再制造产品相关信息并提供相应的质量证明。

销售商：销售商从再制造商处订购再制造产品，并将其销售给潜在消费者。销售商需要让消费者了解其购买的再制造产品的相应信息。

消费者：消费者从销售商购买再制造产品。消费者在购买再制造产品之前，可以通过追溯机制获取再制造产品的质量信息。

质量技术监督部门：该权威机构负责提供用于消费者质量查询的相应产品证书。

（3）智能合约。

智能合约（SC）是时间驱动的，计算机代码部署在共享分布式数据库。智能合约允许在不同的匿名方之间执行可信交易和协议，而不需要中央机构、法律系统或外部执行机制，并且结果会自动交叉检查。智能合约的运行可以降低手控参与的程度，并确保区块链的去中心化和数据的防篡改。

在图7.2所示的单区块链质量追溯系统框架中，涉及的智能合约接口如表7.1所示。表7.2列出智能合约中使用的主要变量。

表 7.1　单区块链质量追溯系统中的智能合约

合约功能	合约定义	功能描述
确认交易	Conf_Tran	写交易数据到区块链
查询交易	Inqu_Tran	查询区块链完成的交易数据
产品（部件）信息上传	Upload_data	上传再制造产品或再制造部件数据
查询产品	Inqu_product	查询具体的再制造产品或再制造部件
注册成员	Register_Actor	参与者在网络中注册

表 7.2　智能合约中的变量

变量名	含义
$Tran_{type}$	系统中交易类型
T_{time}	交易数据
Rp_{inf}	再制造部件信息
Rp_{id}	再制造部件 ID
P_{inf}	再制造产品信息
P_{id}	再制造产品 ID
S_{RF}, P_{RF}	再制造商私钥、公钥
S_{DC}, P_{DC}	拆解中心私钥、公钥
S_{RT}, P_{RT}	销售商私钥、公钥

（4）交易。

系统中每个注册的参与者将获得以太坊地址（EA），并通过智能合约参与信息交互。图 7.3 描述了在智能合约下，拆解中心、再制造商和销售商之间的数据信息流情况。

由图 7.3 可知其交易过程如下：

所有参与者即拆解中心、再制造商和销售商通过注册合约在网络系统中注册，只有注册的参与者才有权访问相应数据。

拆解中心通过智能合约上传再制造部件详细信息，信息的哈希值存储在区块链中。然后发布一批再制造部件信息，这里同类型的部件可以按照批次进行信息发布。再制造商通过智能合约上传再制造产品相关信息，并在网络系统中进行发布。官方的质量技术监督部门可以在系统中发布有关产品的质量检测信息。至此，再制造部件和再制造产品信息保存在 IPFS 中。

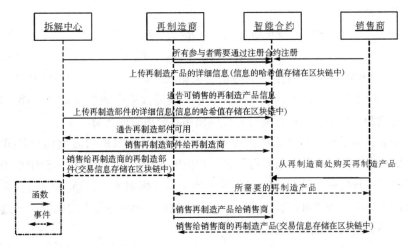

图 7.3　拆解中心、再制造商和销售商之间的交易函数调用和事件序列图

拆解中心利用智能合约向再制造商出售再制造部件，返回的信息参数包括买方、卖方、部件 ID、数量和日期。所有这些数据都被写入 IPFS，但交易的数量和价格除外，这些数据只对特定参与者开放。

销售商通过智能合约发布再制造产品的需求信息，再制造商在整个网络上发布再制造产品信息。当再制造商将产品出售给销售商时，会触发一个事件，提醒参与者该批次已获得批准，所有权已转移给销售商。

7.1.4　系统框架特征分析

可追溯性和隐私保护是再制造供应链单区块链质量追溯系统框架的两个特征。

（1）可追溯性。

在该系统中，再制造产品是使用再制造部件生产的特殊产品，这些再制造部件对产品质量起着重要作用。为实现产品质量的可追溯性，具有隐私保护的产品的交易信息记录在星际文件系统（IPFS）中，数据哈希值存储在区块链中，只有获得授权的参与者才能访问数据信息。对于交易数据，产品 ID 是产品的唯一标识，批号是用于特定再制造产品的一组再制造部件的标识。

（2）隐私保护。

在该系统中，再制造部件和再制造产品的数据信息存储在星际文件系统（IPFS）中。为保护交易数据，使用数字签名来验证数据的正确性。例如，当拆解中心和再制造商之间的交易完成时，生成式（7.1）和式（7.2）中给出的签名交易数据。

$$\text{Signa}_{s_{R.}}\left[\text{hash}_{\text{creti}_{RP.}},\ h\ (Rp_{inf}),\ Rp_{id},\ T_{time}\right] \tag{7.1}$$

$$\text{Signa}_{s_{R.}}\left[h\ (Rp_{inf}),\ Rp_{id},\ T_{time}\right] \tag{7.2}$$

式（7.1）和式（7.2）中相关符号的含义见表7.2。这些签名存储到IPFS，返回的交易哈希值被发送到区块链上。其中，交易数据由两个相关参与者签名：再制造商和拆解中心。授权参与者可以使用其公钥验证交易。

例如，为了查询和验证某些特定的交易数据，交易的哈希值用于从IPFS中检索签名数据。只要参与者有权访问相应的数据，则可以使用拆解中心的公钥对数据进行解密，以获得解密后的原始交易数据如Rp_{inf}、Rp_{id}和T_{time}。在这种情况下，参与者还可以验证交易数据的完整性。相应参与者之间的交易过程的序列图如图7.3和图7.4所示。

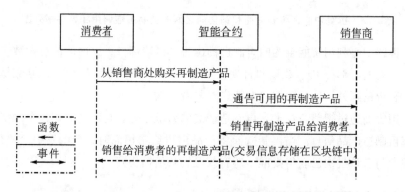

图7.4　消费者和销售商之间的交易函数调用和事件序列图

本节所提出的再制造供应链单区块链质量追溯系统框架实现了数据追溯、隐私保护、数据验证等功能。系统中的任何参与者首先要注册，然后才能获得相应的访问权限。未经授权的参与者不能访问IPFS中的任何数据，这确保了对中间人攻击的抵抗力。

另外，由于再制造产品包括再制造部件，消费者在购买这些再制造产品时，希望了解再制造产品质量、产品中使用了多少再制造部件，以及再制造产品和这些部件是否具有检验证书。所有这些与再制造产品相关的信息都可以在提出的系统中得到确认，并且这些信息的真实性可以在区块链中得到保证。这是本节所提出方案的主要贡献。

7.2　基于双区块链的再制造供应链产品质量追溯策略

上一节给出再制造供应链产品质量追溯单区块链系统框架。本节在上一节基础上，研究再制造供应链产品质量追溯双区块链系统框架。在提出的解决方案中，再制造产品和再制造部件的所有数据信息都存储在星际文件系统（IPFS）中。拆解中心和再制造商之间的交易数据被写入再制造部件交易链（RPTC），与再制造产品相关的其他交易数据被写入再制造产品交易链（RM-PTC）。交易的价格和数量等关键交易数据通过加密算法保护，只有授权的参与者才能访问交易数据。

7.2.1　问题描述

在再制造供应链双区块链（double blockchain，DB）质量追溯系统中有三种交易：第一种是拆解中心和再制造商之间的交易，第二种是再制造商和销售商之间的交易，第三种是销售商和消费者之间的交易。

由于再制造部件会影响再制造产品的质量，因此，交易双方的信任度也会受到影响。再制造商可能认为拆解中心是半可信的，拆解中心可能会在未经质量检测的情况下将再制造部件销售给再制造商，影响再制造产品的质量。销售商可能认为再制造商是半可信的，再制造商可能会在未经质量检测的情况下将再制造产品销售给销售商。消费者可能认为销售商是半可信的，并且怀疑从销售商那里购买的再制造产品的质量。

为增加交易双方的信任度，本节将研究再制造供应链双区块链质量追溯系统框架。在本节提出的双区块链系统框架中，再制造部件的检测证书由官方质量技术监督部门颁发，并存储在 IPFS 中，可以通过再制造部件交易链进行验证。消费者购买再制造产品后，可以查询产品的质量和该产品生产过程中使用的再制造部件，同时也可以查询再制造产品交易链和再制造部件交易链中相应产品的质量证书。双区块链质量追溯系统可以为再制造供应链成员对再制造产品以及再制造部件质量提供保障。从理论上讲，双区块链存储更加清晰，访问速度更快。

7.2.2　双区块链质量追溯系统框架

再制造供应链双区块链质量追溯系统框架如图 7.5 所示。

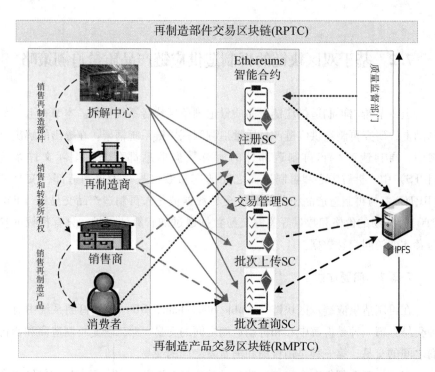

图 7.5　再制造供应链双区块链质量追溯系统框架

图 7.5 所示的双区块链质量追溯系统由两个链组成，分别为再制造部件交易区块链（RPTC）和再制造产品交易区块链（RMPTC）。RPTC 中存储的具有隐私保护的交易数据是拆解中心和再制造商之间的再制造部件交易数据，再制造部件信息的哈希值也保存在区块链中。再制造商和销售商之间、销售商和消费者之间的交易数据存储在 RMPTC 中。参与者注册、交易管理、产品上传和产品查询分别通过注册智能合约、交易管理智能合约、批次上传智能合约和批次查询智能合约进行。在这里，批次是一组用于交易的再制造部件或再制造产品，批次号是这些产品组的唯一标识符。

7.2.2.1　智能合约

图 7.5 所示的双区块链质量追溯系统框架有四种智能合约，即注册 SC、交易管理 SC、批次上传 SC 和批次查询 SC。其中，注册 SC 实现参与者的注册，交易管理 SC 负责参与者之间的所有交易管理，批次上传 SC 完成再制造产品和再制造部件的数据信息上传，批次查询 SC 完成再制造产品和再制造部件的信息查询。智能合约的接口定义如表 7.3 所示。这些智能合约将自动执行参与者之间的协议。同时，为运行智能合约，表 7.4 总结了智能合约中使用的一些特定变量。

表 7.3　双区块链质量追溯系统中主要的智能合约

合约定义	合约描述
注册 SC	注册参与者被分配 ID 和其他信息，如公钥和私钥
交易管理 SC	验证不同参与者之间的交易，交易数据分别写入 IPFS 和区块链
批次上传 SC	将再制造产品、再制造部件或证书的信息写入 IPFS 和区块链
批次查询 SC	查询特定的再制造产品或再制造部件，并在网络中返回查询结果

表 7.4　智能合约涉及的变量

变量名	含义
$Tran_{type}$	系统中的交易类型
T_{date}	交易（注册、查询）日期
Rp_{inf}	再制造部件信息
Rp_{id}	再制造部件的标识
P_{inf}	再制造产品信息
P_{id}	再制造产品标识
$Priv_{ID}$	ID 的私钥，ID 表示：RF 为再制造商，DC 为拆解中心，RT 为销售商，CS 为消费者
$Publ_{ID}$	ID 的公钥，ID 表示：RF 为再制造商，DC 为拆解中心，RT 为销售商，CS 为消费者
Lot_{id}	再制造部件或再制造产品组的 ID

7.2.2.2　交易过程

（1）参与者注册。

系统中的每个参与者首先通过注册 SC 在系统中注册。注册后，系统为参与者颁发唯一 ID，并为参与者生成新的区块链地址；同时，通过特定的密码系统为参与者生成公钥 $Publ_{ID}$ 和私钥 $Priv_{ID}$，并创建和广播区块链钱包，以便每个节点可以将其信息存储在其区块链地址中。

这里，ID 的区块链地址包括公钥和私钥。ID 和私钥应安全存储在钱包文件或用户设备的数据库中。参与者通过钱包发送和接收交易，钱包在所有节点之间广播。公钥和私钥将用于交易的签名和验证。

（2）再制造部件和再制造产品信息上传。

拆解中心和再制造商分别将再制造部件数据信息（Rp_{inf}）和再制造产品数

据信息（P_{inf}）上传到 IPFS。返回的哈希值、ID、质量等级、类型、时间戳被写入再制造部件交易链（RPTC）。对于上传到 IPFS 的再制造产品数据信息，返回的哈希值、ID、质量等级、类型和时间戳被写入再制造产品交易链（RM-PTC）。

再制造产品数据信息也包含再制造产品中使用的再制造部件的相应索引信息。算法 7.1 描述了再制造产品和再制造部件信息上传的流程。再制造产品的质量等级证书将由质量技术监督部门上传。

算法 7.1　再制造产品或再制造部件上传流程

　　Input：产品或部件的 ID 和名称（name）、产品的数据信息（data information）、产品所有者的 ID、质量证书的哈希值、再制造产品中使用的再制造部件质量证书的哈希值、质量等级

　　Output：交易 blockdata

　　（1）将产品或部件的 ID 和名称（name）、产品的数据信息（data information）、产品所有者的 ID、质量证书的哈希值、再制造产品中使用的再制造部件的质量证书的哈希值和质量等级写入 IPFS，返回的哈希值为 Hash d；

　　（2）生成时间戳 T_{date}；

　　（3）设置 blockdata = ｛产品或部件 ID，T_{date}，Hash d｝；

　　（4）返回 blockdata

从算法 7.1 的描述可以看出，关于再制造产品或再制造部件的详细信息被写入 IPFS。如果信息的哈希值用于查询，则产品或部件的 ID、产品的数据信息、产品所有者的 ID、质量证书的哈希值和再制造产品中使用的再制造部件的质量证书哈希值都可以从相应的链接中获得。特别是对于再制造产品，人们还可以追溯该产品中使用的再制造部件的质量证书。

（3）信息查询。

该系统通过批次查询 SC 支持多种类型的信息查询。

一种是再制造部件或再制造产品的信息查询。当再制造商发送再制造部件的名称进行查询时，批次查询的 SC 将从 IPFS 中搜索信息，并返回相应再制造部件的列表，其质量证书可以从产品信息中获得。此外，质量证书可以通过 RPTC 进行验证。同样，当卖方发送再制造产品的名称时，买方可以在 IPFS 中搜索，并返回再制造产品的相应数据信息及其相关信息，如质量等级等。

另一种查询是交易信息。在这种情况下，交易 ID 用于查询，交易数据可以从 IPFS 中获取，也可以通过存储在 RMPTC 中的数据验证交易数据。显然，由于交易数据中存在一些加密的敏感数据，因此只有授权参与者才能访问交易

数据中的这些数据。交易信息查询流程见算法 7.2。

算法 7.2　交易信息查询流程

Input：交易 ID、买方 ID 和卖方 ID

Output：输出交易数据 txdata

（1）从买方 ID 获得买方公钥 $publ_{buyer}$；

（2）从卖方 ID 获得卖方公钥 $publ_{seller}$；

（3）通过交易 ID 从 IPFS 获得交易数据；

（4）用 $publ_{seller}$ 解密 $Decrdata = Decrypt_{Prive_{seller}}$（Encrdata）；

（5）用 $publ_{seller}$ 解密 $Decrdata = Decrypt_{Prive_{seller}}$（Encrdata）获得价格和数量；

（6）获得交易数据：txdata = ｛买卖双方的 ID，再制造部件或再制造产品 ID，名称（name），交易价格和数量｝；

（7）返回 txdata

（4）交易管理。

交易管理是系统的核心，不同参与者之间的所有交易由交易管理 SC 管理。例如，当交易由拆解中心和再制造商验证时，将执行算法 7.3，返回的 blockdata 被写入再制造部件交易链（RPTC）。再制造商和销售商之间、销售商和消费者之间的其他交易数据将被写入再制造产品交易链（RMPTC）。算法 7.4 说明了销售商和消费者之间交易数据管理的过程。

算法 7.3　交易管理流程（拆解中心和再制造商）

Input：拆解中心和再制造商的 ID，再制造部件 ID，名称（name），数量（quantity），价格，拆解中心和再制造商的私钥

Output：交易数据 blockdata；

（1）加密交易部件的数量和价格，$Encrdata = Encr_{Priv_{RF}}$（quantity, price）；

（2）使用拆解中心的私钥进行加密 $Encrdata = Encr_{Priv_{DC}}$（Encrdata）；

（3）将拆解中心和再制造商的 ID，再制造部件 ID，名称（name）和 Encrdata 写入 IPFS，返回的哈希值为 Hashdata；

（4）生成时间戳 T_{date}；

（5）设置 blockdata = ｛再制造商 ID，拆解中心的 ID，再制造部件 ID，名称（name），Encrdata，T_{date}，Hashdata｝；

（6）返回 blockdata

算法 7.4　交易管理流程（销售商和消费者）

Input：销售商和消费者的 ID，再制造产品 ID，名称（name），数量（quantity），价格，$Priv_{RT}$

Output：交易数据 txdata

（1）加密销售的再制造产品数量和价格，$Encrdata = Encr_{Priv_{RT}}$（quantity，price）；

（2）将销售商和消费者的 ID，再制造产品的 ID，名称（name），Encrdata 写入 IPFS，返回的哈希值为 Hashdata；

（3）生成时间戳 T_{date}；

（4）设置 blockdata = {销售商 ID，消费者的 ID，再制造产品 ID，名称（name），Encrdata，T_{date}，Hashdata}；

（5）返回 txdata

图 7.6 描述了交易数据完整性验证流程。

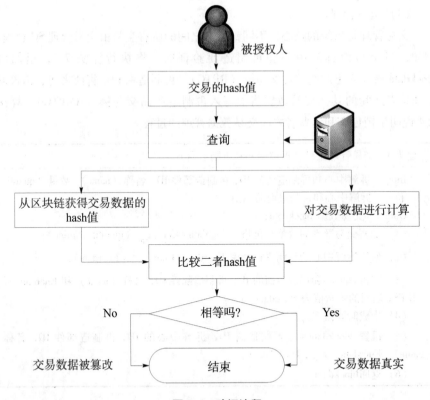

图 7.6　验证流程

由图 7.6 可以看出，如果某参与者被授权访问交易数据，则可以从中选择交易 ID 的哈希值，并在 IPFS 中找到交易记录，即销售商和消费者的 ID、产品 ID、名称和 Encrdata。由于 Encrdata 是数量和价格的加密数据，可以有效地保护交易的敏感数据。只有获得授权的参与者才能使用销售商的公钥解密数量和价格。此外，如果获得授权的参与者想要验证交易数据的完整性，则可以计算从 IPFS 获得的数据的哈希值，并将其与保留在再制造产品交易链中的数据进行比较，这样可以验证交易数据的真实性。

为清晰地描述该方法的交互过程，本节使用序列图通过智能合约给出不同参与者之间的协作交互。图 7.7 显示了拆解中心、再制造商和销售商之间的协作交互。

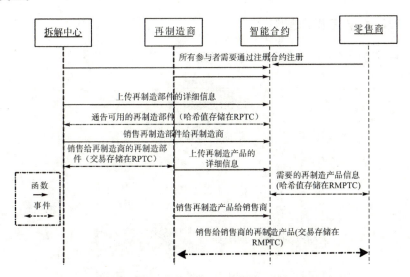

图 7.7　拆解中心、再制造商和销售商之间的协作交互

从图 7.7 中可以清楚地看到交易处理过程。例如，如果再制造商计划从拆解中心购买再制造部件，则首先搜索相应的再制造部件，然后双方协商再制造部件的价格和数量，最后通过智能合约实现交易。

同样，销售商和消费者之间的交互过程如图 7.8 所示。消费者首先通过区块链了解可用的再制造产品，在收到产品信息后，可能需要一些时间进行离线考虑，然后决定购买与否。当销售商和消费者之间实现交易时，则可以通过交易智能合约完成交易。

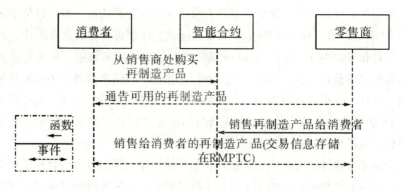

图7.8 销售商和消费者之间的交互过程

7.2.3 产品质量追溯

再制造产品质量追溯流程如图7.9所示。

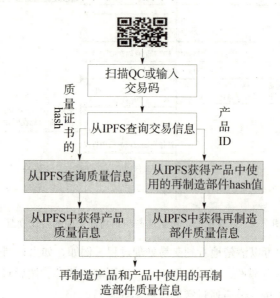

图7.9 再制造产品质量追溯流程

由图7.9可知，为了追溯再制造产品的质量，当消费者扫描交易处理中生成的二维码（交易信息的哈希值）时，IPFS中会给出一个链接以获取交易数据，即销售商和消费者的ID、产品ID、类型、名称、质量证书的哈希值、Encrdata和T_{date}。从质量证书的哈希值中，可以获得质量证书的链接，还可以从产品的ID中找到再制造部件的质量证书的哈希值。此外，从再制造部件的质量证书的哈希值中，可以追溯再制造部件及其质量证书。

本节提出的双区块链质量追溯系统中，所有交易中的敏感数据都受到数据加密的保护。其中，网络系统的每个参与者，会被分配一对密钥，即公钥和私钥。对于参与者之间的交易价格、交易数量等敏感数据，买卖双方都希望这些数据不会对其他参与者开放。因此，这些数据首先由买方和卖方的私钥加密，然后再写入 IPFS。只有经过授权的参与者才能通过相应买方和卖方的公钥进行解密来访问这些数据。双区块链质量追溯系统实现了交易数据的可追溯性，同时，交易数据中的敏感数据得到了很好的保护。

本章小结

本章研究结果：在再制造供应链中，再制造产品的质量是影响消费者购买意愿的关键因素。当再制造产品的真实质量信息可以追溯时，消费者就会考虑购买。因此，本章提出基于单区块链和双区块链的再制造供应链产品质量追溯系统框架。系统将公共数据存储在星际文件系统（IPFS）中，将交易数据和产品信息的哈希值写入区块链。只有授权参与者才能访问区块链中的数据信息。同时，区块链的应用使得再制造产品和用于生产再制造产品的再制造部件的质量可以追溯，这可以鼓励消费者的购买行为。理论上，双区块链存储更清晰，性能更优越，访问速度更快。

8 产品定制策略

前一章给出了基于区块链的再制造供应链产品质量追溯策略，以提升消费者对再制造产品的购买意愿，进一步扩大市场、增加利润。基于区块链的产品质量追溯策略也为再制造供应链产品定制提供了保障。针对再制造供应链产品定制策略，本章研究要点如下：

要点 1：再制造供应链产品大规模定制顾客满意度分析。该分析主要分析大规模定制的顾客满意度指数（MCCSI）模型意义，对 MCCSI 模型中的核心概念——顾客满意、顾客满意的前置因素和顾客满意的后向结果进行研究，提出相关假设，给出 MCCSI 模型并分析其特点。

要点 2：再制造供应链产品定制计划优化策略。该策略主要构建大规模定制（MC）与大规模生产（MP）并存模式下的再制造供应链优化模型，针对单位周期内再制造定制产品、标准产品的需求以及再制造定制产品对标准产品需求的影响，优化各种产品的装配计划和配送计划。

8.1 再制造供应链产品大规模定制顾客满意度分析

由于大规模定制中的定制是由顾客来驱动的，所以，对于大规模定制的有效实施，顾客起着决定性的作用。因此，定制企业成功的关键不再是技术的优劣，而是服务能否让顾客感到满意。定制企业应充分认识到市场的重要性，只有培育与保持客户的忠诚，以个性化的客户服务为中心，创建满足目标市场需求的产品和服务，才能在激烈竞争的环境中取得成功。可以说，顾客的满意程度影响着大规模定制的顺利进行。

顾客满意度需要有专门的测评方法。对此，国内外普遍采用顾客满意度指数（Customer Satisfaction Index，CSI）进行测评。顾客满意度指数 CSI 是以市场上消费过和正在消费的商品和服务为对象，量化各种类型和各个层次的顾客的评价，从而获得的一种综合性经济指标①。

截至当前，国内外对于顾客满意度指数模型的研究已有很多成果②③④⑤⑥⑦⑧，这些模型已经成为相应国家进行全国性、行业性的企业顾客满意度测评的基础。但现有模型对于测评大规模定制的顾客满意度指数（Mass Customization Customer Satisfaction Index，MCCSI）并不适合，因此，本节分析 MCCSI 模型研究的必要性；对 MCCSI 模型中的核心概念、前置因素和后向结果进行研究，提出相关假设；在此基础上，给出 MCCSI 模型，分析其特点⑨。

8.1.1 MCCSI 模型研究的意义

8.1.1.1 顾客在大规模定制中的角色越来越重要

从大规模生产到大规模定制，顾客的角色越来越举足轻重，其变化见表 8.1。

表 8.1 从大规模生产到大规模定制的顾客角色变化

变化内容	大规模生产	大规模定制
顾客与产品	被动选择	主动定制
顾客与企业的关系	一对多	一对一
顾客享受的服务	即时服务	延时服务

---

① 张新安，田澎，张列平. 建立中国顾客满意指数若干问题的研究 [J]. 工业工程与管理，2002（3）：18-22.

② ERICKSON G M，JOHANNSON J K，CHAO P. Image variables in multiattribute product evaluations：country-of-origin effects [J]. Journal of consumer research，1984，11：694-699.

③ GRONROOS C. A service quality model and its marketing implications [J]. European journal of marketing，1984，18：36-44.

④ 刘新燕，刘雁妮，杨智，等. 构建新型顾客满意度指数模型 [J]. 南开管理评论，2003（6）：52-56.

⑤ NEWMAN J W，RICHARD A W. Multivariate analysis of brand loyalty for major household appliances [J]. Journal of marketing research，1973，10：404-409.

⑥ ANDERSON E W，SULLIVAN M W. The antecedents and consequences of customer satisfaction for firms [J]. Marketing science，1993，12：125-143.

⑦ FORNELL C. A national customer satisfaction barometer：the Swedish experience [J]. Journal of marketing，1992，56（1）：6-20.

⑧ FORNELL C，JOHNSON M D. The American customer satisfaction index：nature，purpose，and findings [J]. Journal of marketing，1996，60（4）：7-19.

⑨ 顾巧论，季建华. 大规模定制的顾客满意度指数模型研究 [J]. 软科学，2007，21（5）：38-41.

表8.1(续)

变化内容	大规模生产	大规模定制
顾客市场	统一市场	离散市场
顾客与企业的联系	交易结束,中断联系	交易结束,保持联系

由表 8.1 可知,从大规模生产到大规模定制的顾客角色变化如下:

(1)顾客从被动选择产品变为主动定制产品。

在传统的大规模生产模式中,企业根据对市场需求的预测,编制生产计划并安排生产,属于先生产、后销售,因而大规模生产是一种生产推动型的生产模式。在该模式中,顾客只能从现有的多种产品中选择适合自己、满足自己的产品,顾客的选择是被动的。在大规模定制中,企业以顾客提出的个性化需求为生产的起点,因而大规模定制是一种需求拉动型的生产模式。在该模式中,顾客主动定制产品,有积极的一面。

(2)企业与顾客的关系从一对多变为一对一。

在传统大规模生产方式中,企业以不变应万变,企业与顾客是一对多的关系。在大规模定制经济中,企业面临的是千变万化的需求,大规模定制企业必须快速满足不同顾客的不同需求,企业与顾客是一对一的关系。

(3)顾客享受的服务从即时服务变为延时服务。

在传统大规模生产方式中,产品的生产先于需求,顾客从已有的众多产品中选择适合自己的产品,可享受到即时服务。在大规模定制经济中,生产是在顾客提出需求之后才开始进行的,存在交货延期的问题,顾客享受的服务是延时服务。

(4)顾客市场从统一市场变为离散市场。

在大规模生产模式中,企业致力于面向统一的市场,生产标准化的产品。在大规模定制中,企业将每一个顾客或一部分顾客当作一个细分市场,充分了解每一个目标顾客的特殊要求,千方百计加以满足,以需定产。正是由于需求的分化,统一的市场变成了离散市场。

(5)顾客与企业的联系从"交易结束,中断联系"变为"交易结束,保持联系"。

在大规模生产模式中,每个企业都以同样的方式同时与一大批顾客交易,交易过程一旦结束,两者之间的关系也随之结束。因此,企业通常是通过市场调查来了解和预测市场需求的。市场中存在种种变化的因素,致使预测的数据极不准确,经常出现大量产品库存积压和缺货并存的现象,导致资源大量浪费。在大规模定制模式中，由于顾客在定制产品时需要递交一定的顾客信息，所以，交易结束后，企业仍然保留着顾客的相关信息，并可以随时联系，了解顾客的满意程度和要求，获取更明确、更直接的需求信息，以便合理配置和有效利用各种资源。

8.1.1.2 顾客的满意度决定大规模定制的有效实施

图8.1给出大规模定制中的大规模生产和定制生产。

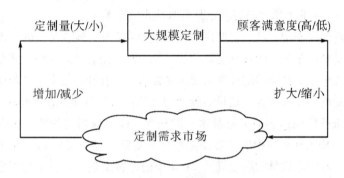

图 8.1 大规模定制中的大规模生产和定制生产

由图8.1可知，顾客满意度的高低直接影响着定制需求市场的扩大与缩小；定制需求市场的扩大与缩小影响定制需求的增加和减少；定制需求的增加和减少决定了定制量的大小；定制量的大小决定了大规模定制的有效实施与否。

对于定制企业来说，高的顾客满意度指数往往能够使其持续健康的发展，而顾客满意指数低的企业却通常面临市场份额萎缩的危险。因此，建立大规模定制的顾客满意度指数模型，对其顾客满意度指数进行测评，提高顾客满意度，是企业成功实施大规模定制的强有力的保障。

8.1.2 MCCSI 模型描述及相关假设

8.1.2.1 MCCSI 模型中顾客满意的内涵

MCCSI 模型中的核心概念是顾客满意。依据现有模型中关于顾客满意的界定，本书将 MCCSI 中的顾客满意定义为：顾客对所定制的产品、实施定制服务的企业迄今为止全部消费经历的整体评价，是一种累积的顾客满意，是定制实施前、定制实施中和定制实施后的总的顾客满意。

8.1.2.2 MCCSI 模型中顾客满意的前置因素

在大规模定制中，顾客是主动定制产品而不是被动选择产品。实施定制前，顾客要针对所需产品，搜索对该产品实施定制的所有企业。然后，对每个企业的产品定制信息及其他相关信息进行筛选,确定定制企业。顾客选择某一定制企业的行为取决于该企业在他们心目中的形象,即企业形象。企业形象是一种有别于实体商品但又和其紧密相连的商品特征①。影响定制企业形象的因素很多,例如,可定制产品的信息宣传普及程度、企业标识、口碑、商誉、价格水平、广告的层次和质量以及物流网络等。企业形象越好,它在顾客心目中的效价就越高,顾客就越满意。据此,本节给出如下假设:

假设 1:企业形象对顾客满意具有直接正向影响。

在大规模定制中,产品定制需要一定的等待周期,顾客享受的不再是即时服务,而是延时服务。顾客从定制开始,就对其定制的产品充满了期望,而在等待的过程中,这种期望的感觉会越来越强烈。顾客期望是指顾客预期将会得到何种质量的产品或服务,这是一种"将会的预期"(will expectation)而不是该产品或服务应该达到何种质量水平的预期,即"应当的预期"(should expectation)。MCCSI 模型中的顾客期望包括对定制产品质量的期望和对服务质量的期望。对产品质量的期望继承 ACSI 中的顾客期望,有三个标识变量:关于定制化效果的期望、关于可靠性的期望以及关于产品质量的总体期望。对服务质量的期望,也包括三个标识变量:关于定制的方便性的期望、关于等待周期的期望以及关于服务质量的总体期望。顾客期望决定着顾客的满意程度。据此,本节给出如下假设:

假设 2:顾客期望对顾客满意具有直接正向影响。

顾客在进行产品定制前,根据企业形象选择定制企业。对不同的定制企业,顾客期望会不同。因为,期望产生于市场交流、企业形象、口头传播和顾客需要的相互作用②。据此,本节给出如下假设:

假设 3:企业形象对顾客期望具有直接正向影响。

顾客定制产品的目的,是为了从中获取更高的价值,这种价值是一种主观感受,叫作感知价值。在现有的国内外 CSI 模型中,感知价值(在 SCSB 中被称为感知绩效)是指商品或服务的质量与其价格相比,在顾客心目中的感知定位。在 MCCSI 模型中,感知价值是指顾客通过定制产品所获得的感知利润与其感知成本相比在顾客心目中的感知定位。其中,感知利润是指顾客感觉到的对于定制产品品种、价格、质量、服务、速度等要素收益的总和;感知成本

① 张新安,田澎,朱国锋. 感知实绩、顾客满意与顾客忠诚:微观层次上的审视 [J]. 南开管理评论,2003 (5):46-51.

② GRONROOS C. A service quality model and its marketing implications [J]. European journal of marketing, 1984, 18:36-44.

是顾客感觉到的支出总和，它并不只是顾客支付的定制产品的价格，而是由顾客在定制产品整个过程中涉及的时间、金钱、心理等成本的总和。感知价值越高，顾客满意度也越高。据此，本节给出如下假设：

假设4：感知价值对顾客满意具有直接正向影响。

假设5：感知利润对感知价值具有直接正向影响。

与刘新燕的研究①中关于感知价格对顾客满意的解释类似，对于感知成本与感知价值来说：顾客对于定制产品及服务的感知成本越高，其感知价值就越高。据此，本节给出如下假设：

假设6：感知成本对感知价值具有直接正向影响。

显然，顾客对于定制产品和服务的期望会影响到他的感知价值。一般来说，顾客具备学习的能力，他们会通过以前的消费经历、广告、周围人群的口头传播等渠道获得信息，对自身的期望值进行理性的调整②。经过反复调整之后的期望值能够比较准确地反映目前感知的利润与成本，从而影响感知价值。据此，本节给出如下假设：

假设7：顾客期望对感知价值具有直接正向影响。

顾客从定制产品开始，到与企业的交易结束，与企业始终保持联系。这种顾客关系的管理不仅影响顾客满意，还会影响顾客感知服务质量、顾客忠诚。顾客关系管理（customer relationship management，CRM）是企业的全局策略，通过顾客细分，满足顾客需求来获取最大化利润，提升顾客满意度，帮助企业更好地吸引和留住顾客。每个顾客对企业的价值是不同的，通过满足每个顾客的特殊需求，特别是满足重要顾客的特殊需求，企业可与每个顾客建立起长期稳定的顾客关系。顾客同企业之间的每一次交易都使得这种关系更加稳固，从而使企业在同顾客的长期交往中获得更多的利润。挪威顾客满意度指数模型（NCSB）增加了顾客关系隐变量，这个隐变量包括更加感情化的情感分量和更加理性的经济分量（例如转换成本）。但该模型将顾客关系作为满意度对忠诚度影响的中间变量。实际上，对于大规模定制来说，顾客关系不仅影响顾客忠诚，而且直接影响顾客满意和感知质量。因此，顾客关系作为顾客满意的前置因素更为合理。据此，本节给出如下假设：

假设8：顾客关系对感知价值具有直接正向影响。

假设9：顾客关系对顾客满意具有直接正向影响。

---

① 刘新燕. 顾客满意度指数模型研究 [D]. 武汉：中南财经政法大学，2004.

② 刘新燕，刘雁妮，杨智，等. 构建新型顾客满意度指数模型：基于 SCSB、ACSI、ECSI 的分析 [J]. 南开管理评论，2003（6）：52-56.

顾客满意的影响因素包括：企业形象、顾客期望、感知价值和顾客关系。感知价值有两个前置变量：感知利润和感知成本。

8.1.2.3 MCCSI 模型中顾客满意的后向结果

在大规模定制中，如果顾客对所定制的产品满意，而且这种满意度达到了某一程度，他就有可能重复定制、向亲朋好友推荐自己定制的产品，这样自然就会增加顾客定制的需求量，顾客也成为定制企业的"忠诚"顾客，即由顾客满意转化成顾客忠诚。Newman 等通过对日用品的研究得出，满意的顾客更容易产生忠诚感[①]。Anderson 和 Sullivan[②] 发现顾客满意正向影响重复购买意图，而且当顾客满意度提高时顾客更容易维持。Fornell[③] 认为，提高顾客满意水平有助于企业保持顾客的忠诚度，并降低竞争对手对顾客的吸引力。有学者认为，顾客满意对顾客忠诚存在着强烈的正向影响[④]。据此，本节给出如下假设：

假设 10：顾客满意对顾客忠诚具有直接正向影响。

顾客满意度达到一定程度时，顾客满意会转化成顾客忠诚。达到这一满意程度需要有催化因素。在 MCCSI 模型中，企业形象和顾客关系就是这样的催化因素。企业形象主要通过以下途径影响顾客忠诚：通过顾客满意影响顾客忠诚，直接作用于顾客忠诚[⑤]。因此，本节给出如下假设：

假设 11：企业形象对顾客忠诚具有直接正向影响。

假设 12：顾客关系对顾客忠诚具有直接正向影响。

顾客满意的后向结果：顾客忠诚。

顾客忠诚作为 MCCSI 模型中唯一的后向结果，也说明该模型的现实意义：顾客忠诚是企业追求的目标。在张新安等的文献[⑥]中，作者介绍说：科特勒在营销学中，将顾客忠诚描述为顾客消费行为的连续性，即顾客的保持率。

---

① NEWMAN J W, RICHARD A W. Multivariate analysis of brand loyalty for major household appliances [J]. Journal of marketing research, 1973, 10: 404-409.

② ANDERSON E W, SULLIVAN M W. The antecedents and consequences of customer satisfaction for firms [J]. Marketing science, 1993, 12 (2): 125-143.

③ FORNELL C. A national customer satisfaction barometer: the swedish experience [J]. Journal of marketing, 1992, 56 (1): 6-20.

④ FORNELL C, JOHNSON M D. The American customer satisfaction index: nature, purpose, and findings [J]. Journal of marketing, 1996, 60 (4): 7-19.

⑤ JOHNSON M D, GUSTAFSSON A. The evolution and future of national customer satisfaction index models [J]. Journal of economic psychology, 2001, 22 (2): 217-236.

⑥ 张新安, 田澎, 朱国锋. 感知实绩、顾客满意与顾客忠诚 [J]. 南开管理评论, 2003 (5): 46-51.

Frederick 等人的调查显示，如果顾客保持率提高 5%，则每个顾客的平均价值会增长 25%~100%，即顾客保持率出现小幅度上升，这将会在很大程度上改善企业的现金流入。因此，提高顾客保持率、让顾客保持忠诚，成为顾客满意管理的目标。

8.1.3 MCCSI 模型及特点

下面依据上述对 MCCSI 模型的描述及得出的假设，给出 MCCSI 模型，如图 8.2 所示。其中，顾客满意的影响因素包括：企业形象、顾客期望、感知价值、顾客关系。感知价值有两个前置变量：感知利润和感知成本。顾客满意产生的结果包括：顾客忠诚。模型中的结构变量之间的连线表明它们之间存在着因果关系。

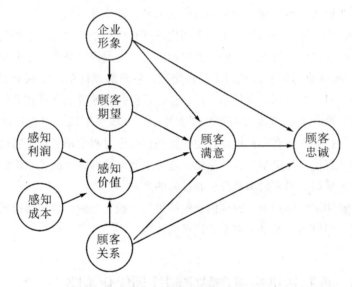

图 8.2　MCCSI 模型

图 8.2 所示的 MCCSI 模型继承了 SCSB 模型、ACSI 模型的一些核心概念和架构，如顾客期望、感知价值（在 SCSB 中被称为"感知绩效"）、顾客满意、顾客忠诚。除此之外，该模型还具有如下特点：

第一，MCCSI 模型中也有感知价值（感知绩效），但这里的感知价值的内涵发生了变化。这里的感知价值不再是商品或服务的质量与其价格相比在顾客心目中的感知定位，而是指顾客通过定制产品所获得的感知利润与其感知成本相比在顾客心目中的感知定位。其中，感知利润是指顾客感觉到的对于定制产品品种、价格、质量、服务、速度等要素收益的总和；感知成本是顾客感觉到的支出总和，它并不只是顾客支付的定制产品的价格，而是由顾客在定制产品整个过程中涉及的时间、金钱、心理等成本的总和。感知价值有两个前置变量：感知利润和感知成本，这样更能体现价值的感知定位。

第二，MCCSI 模型在 SCSB 模型、ACSI 模型的基础上去掉了顾客抱怨。在大规模定制中，定制企业采取多种方式让顾客参与产品设计，使产品更加符合顾客的个性化需求；由于产品完全按顾客的意图设计和生产，因而避免了顾客对产品的抱怨。

第三，吸收了 ECSI 模型的一些创新之处，加入了企业形象这个结构变量。在大规模定制中，顾客是主动定制产品而不是被动选择产品。实施定制前，顾客需要针对所需产品，搜索对该产品实施定制的所有企业；然后，对每个企业的产品定制信息及其他相关信息进行筛选，确定定制企业。顾客选择某一定制企业的行为取决于该企业在他们心目中的形象，即企业形象。

第四，MCCSI 模型中增加了一个国内外现有模型中所没有的结构变量——顾客关系。这是由大规模定制的特点决定的。在大规模定制中，顾客与定制企业通过 Internet 进行定制信息的交互式交流，瞬间形成订单，定制企业与顾客进行的是一对一的对话。交易结束后，企业仍保持着顾客的各种相关信息，并可以随时联系，了解顾客的满意程度和要求，获取更明确、更直接的需求信息，即定制企业和顾客在从设计到生产到销售的全过程中都进行着密切的信息交流，顾客直接参与定制过程。显然，这种定制企业与顾客的关系决定着顾客的感知服务质量、顾客的满意程度和顾客的忠诚。

第五，MCCSI 模型中，顾客满意的结果只有顾客忠诚，这表明该模型具有现实意义，即顾客忠诚是定制企业追求的目标。

8.2　再制造供应链产品定制计划优化策略

对于同时实施大规模定制和大规模生产两种模式的再制造企业，大多采用混流装配模式同时装配再制造定制产品和标准产品。再制造定制产品是企业采用再制造定制零部件和部分标准零部件组装生产的产品。标准产品是企业采用标准零部件组装生产的产品。

所谓混流装配模式是指在一定时间内，在一条装配线上装配多种不同型号和系列的产品的生产模式①②。在大规模定制与大规模生产并存的模式下，企业采用混流装配模式后，由于大规模定制的介入，原本平稳的大规模生产产生了波动，企业的生产计划、物流分配都随之发生了变化，供应链的管理变得相对复杂。本节将对再制造供应链大规模定制与大规模生产混流装配模式（MC/MP 装配模式）进行研究，优化再制造定制产品和标准产品装配计划和配送计划，并给出一个算例进行说明③。

8.2.1　问题描述与模型假设

本节研究的再制造供应链由模块（再制造定制零部件或标准零部件）供应商、装配厂（生产再制造定制产品和标准产品）、批发商、零售商构成。在 MC/MP 装配模式下，该供应链包括两条：大规模定制供应链和大规模生产供应链，两条供应链中从供应商到装配厂是可以合并的部分。大规模定制模式下的供应链为：供应商为装配厂供应再制造定制模块或标准模块；装配厂装配再制造定制产品；装配厂直接将再制造定制产品运送到顾客所在的消费区域，送达顾客（送达顾客的运输费用不计）。大规模生产模式下的供应链为：供应商为装配厂供应标准模块；装配厂装配标准产品；装配厂将标准产品运送到批发商处，再由批发商将标准产品运送到相应的零售商处，由零售商将标准产品销售给顾客。

在混流装配模式下，同一供应商既供应标准模块又供应再制造定制模块，同一装配厂既装配标准产品又装配再制造定制产品。由于单位生产周期内供应商的供应能力、装配厂的装配能力都有一定的限制，而再制造定制产品需求必须满足，所以，如何定制装配计划、如何进行物流分配是每个生产周期需要解决的问题。

本节在模型中做如下假设：

（1）装配厂（装配标准产品和再制造定制产品）的数目、位置和装配能力已知，用 I 表示装配厂的集合，每个装配厂有一条混装线。

（2）负责存储批发的批发商的数目、服务范围和服务能力已知，每个批

①　MILTENBURG G J. A theoretical basis for scheduling mixed-model production lines ［J］. Management. science, 1989, 35（1）: 192-207.

②　AGENTIS A, PACIFICI A. Scheduling of flexible flow lines in an automobile assembly plant ［J］. European journal of operational research, 1997, 97（2）: 348-362.

③　顾巧论, 季建华. 基于混流装配模式的 MC/MP 供应链优化模型 ［J］. 计算机应用研究, 2008, 25（5）: 1408-1411.

发商可从多个或所有装配厂进货，用 J 表示批发商的集合。

（3）零售商（或消费区域）的数目、服务范围（一个零售商为一个消费区域提供服务）已知，用 K 表示零售商（或消费区域）的集合。

（4）模块供应商的数目、供应能力已知，用 S 表示供应商的集合，用 S' 表示既供应再制造定制模块又供应标准模块的供应商的集合，S'' 表示只供应标准模块的供应商的集合，则 $S = S' \cup S''$，$S'' = \varnothing$ 表示可以对所有模块进行定制。每个供应商仅供应一种标准模块，部分或全部供应商可以供应与其标准模块同种类的再制造定制模块，称为模块族，用 U_s 表示。

（5）标准产品和再制造定制产品的产品结构相同，区别在于：再制造定制模块的形状、大小和颜色等属性与标准模块不同，所以成本稍有不同；再制造定制产品和标准产品的装配费用（包括最终处理费用，如颜色、包装等）不同。

（6）由装配厂给出再制造可定制产品的定制菜单，可定制产品的种类集合记为 V。

8.2.2　模型构建

根据以上的问题描述及模型假设，得到如下的基于混流装配模式的再制造供应链优化模型，其决策变量是每个装配厂的装配计划以及整个供应链的配送计划。

$$\text{Max} \Big[\sum_{s' \in S'} \sum_{i \in I} (R_{s'i}^{mp} - C_{s'i}^{mp}) \times X_{s'i}^{mp} + \sum_{s'' \in S''} \sum_{i \in I} (R_{s''i}^{mp} - C_{s''i}^{mp}) \times X_{s''i}^{mp} +$$

$$\sum_{i \in I} \sum_{j \in J} (R_{ij}^{mp} - C_{ij}^{mp}) \times X_{ij}^{mp} + \sum_{j \in J} \sum_{k \in K} (R_{jk}^{mp} - C_{jk}^{mp}) \times X_{jk}^{mp} - \sum_{i \in I} C_i^{mp} \times X_i^{mp} \Big] +$$

$$\Big[\sum_{s' \in S'} \sum_{u_r \in U_{s'}} \sum_{i \in I} (R_{s'u_r i}^{mc} - C_{s'u_r i}^{mc}) \times X_{s'u_r i}^{mc} + \sum_{s' \in S'} \sum_{i \in I} (R_{s'i}^{mc} - C_{s'i}^{mc}) \times X_{s'i}^{mc} +$$

$$\sum_{s'' \in S''} \sum_{i \in I} (R_{s''i}^{mc} - C_{s''i}^{mc}) \times X_{s''i}^{mc} + \sum_{v \in V} \sum_{i \in I} \sum_{k \in K} (R_{ivk}^{mc} - C_{ivk}^{mc}) \times X_{ivk}^{mc} - \sum_{v \in V} \sum_{i \in I} C_{iv}^{mc} \times X_{iv}^{mc} \Big]$$

$$\tag{8.1}$$

s. t.

$$\sum_{i \in I} X_i^{mp} = \sum_{k \in K} \bar{D}_k^{mp} \tag{8.2}$$

$$\sum_{i \in I} X_{iv}^{mc} = \sum_{k \in K} D_{kv}^{mc} \qquad \forall v \tag{8.3}$$

$$X_{s'i}^{mp} = \alpha_{s'}^{mp} X_i^{mp} \qquad \forall s',\ i \tag{8.4}$$

$$X_{s''i}^{mp} = \alpha_{s''}^{mp} X_i^{mp} \qquad \forall s'',\ i \tag{8.5}$$

$$X^{mc}_{s'u_{s'}i} = \sum_{v \in V} X^{mc}_{s'u_{s'}iv} \qquad \forall s',\ i,\ u_{s'} \qquad\qquad (8.6)$$

$$X^{mc}_{s'i} = \sum_{v \in V} X^{mc}_{s'iv} \qquad \forall s',\ i \qquad\qquad (8.7)$$

$$X^{mc}_{s''i} = \sum_{v \in V} X^{mc}_{s''iv} \qquad \forall s'',\ i \qquad\qquad (8.8)$$

$$X^{mc}_{s'u_{s'}iv} = \alpha^{mc}_{s'u_{s'}} X^{mc}_{iv} \qquad \forall s',\ i,\ v,\ u_{s'} \qquad\qquad (8.9)$$

$$X^{mc}_{s'iv} = \alpha^{mc}_{s'} X^{mc}_{iv} \qquad \forall s',\ i,\ v \qquad\qquad (8.10)$$

$$X^{mc}_{s''iv} = \alpha^{mc}_{s''} X^{mc}_{iv} \qquad \forall s'',\ i,\ v \qquad\qquad (8.11)$$

$$\sum_{j \in J} X^{mp}_{ij} = X^{mp}_i \qquad \forall i \qquad\qquad (8.12)$$

$$\sum_{k \in K} X^{mc}_{ivk} = X^{mc}_{iv} \qquad \forall i,\ v \qquad\qquad (8.13)$$

$$\sum_{j \in J} X^{mp}_{jk} = \bar{D}^{mp}_k \qquad \forall k \qquad\qquad (8.14)$$

$$\sum_{i \in I} X^{mc}_{ivk} = D^{mc}_{kv} \qquad \forall k,\ v \qquad\qquad (8.15)$$

$$\sum_{k \in K} X^{mp}_{jk} = \sum_{i \in I} X^{mp}_{ij} \quad \forall j \qquad\qquad (8.16)$$

$$0 \leqslant \sum_{i \in I} X^{mp}_{s'i} + \sum_{i \in I} \sum_{u_{s'} \in U_{s'}} X^{mc}_{s'u_{s'}i} + \sum_{i \in I} X^{mc}_{s'i} \leqslant e_{s'} \qquad \forall s',\ u_{s'} \qquad\qquad (8.17)$$

$$0 \leqslant \sum_{i \in I} (X^{mp}_{s''i} + X^{mc}_{s''i}) \leqslant e_{s''} \qquad \forall s'' \qquad\qquad (8.18)$$

$$0 \leqslant X^{mp}_i + \sum_{v \in V} X^{mc}_{iv} \leqslant e_i \qquad \forall i \qquad\qquad (8.19)$$

$$0 \leqslant \sum_{i \in I} X^{mp}_{ij} \leqslant e_j \qquad \forall j \qquad\qquad (8.20)$$

其中，式（8.1）为再制造供应链的最大利润，第一、二项为标准模块从供应商到装配厂的利润，第三、四项为标准产品从装配厂经批发商到零售商的利润，第五项为标准产品在装配厂的装配费用。第六、七、八项为再制造定制模块从供应商到装配厂的利润，第九项为再制造定制产品从装配厂到消费区域的利润，第十项为再制造定制产品在装配厂的装配费用。式（8.2）表示所有装配厂装配的标准产品应满足所有零售商获得的订货量的分配量。式（8.3）表示再制造定制产品的需求必须满足。式（8.4）、式（8.5）表示标准产品对标准模块的需求必须满足。式（8.6）至式（8.11）表示再制造定制产品对再制造定制模块、标准模块的需求必须满足。式（8.12）表示从装配厂 i 运送到所有批发商的标准产品等于该厂装配的标准产品量。式（8.13）表示从装配厂 i 运送到所有消费区域的第 v 种再制造定制产品等于该厂装配的该种再制造定制产品量。式（8.14）表示从所有批发商运送到零售商 k 的标准产品等于该零售商获得的订货量的分配量。式（8.15）表示从所有装配厂运送到消费区

域 k 的第 v 种再制造定制产品量等于相应区域的该再制造定制产品需求量。式 (8.16) 表示从批发商 j 运送到所有零售商的标准产品量，等于从所有装配厂运送到该批发商的标准产品量。式 (8.17)、式 (8.18) 为供应商的供应能力约束。式 (8.19) 为装配厂的装配能力约束。式 (8.20) 为批发商的服务能力约束。

模型中的决策变量和相关参数如下：

决策变量：

$X_{s'i}^{mp}$：单位周期内，从供应商 s' 运送到装配厂 i 的标准模块的数量，用于 MP，$s' \in S'$，$i \in I$；

$X_{s''i}^{mp}$：单位周期内，从供应商 s'' 运送到装配厂 i 的标准模块的数量，用于 MP，$s'' \in S''$，$i \in I$；

$X_{s'u_s,i}^{mc}$：单位周期内，从供应商 s' 运送到装配厂 i 的再制造定制模块 $u_{s'}$ 的数量，用于 MC，$s' \in S'$，$i \in I$，$u_{s'} \in U_{s'}$；

$X_{s'i}^{mc}$：单位周期内，从供应商 s' 运送到装配厂 i 的标准模块的数量，用于 MC，$s' \in S'$，$i \in I$；

$X_{s''i}^{mc}$：单位周期内，从供应商 s'' 运送到装配厂 i 的标准模块的数量，用于 MC，$s'' \in S''$，$i \in I$；

$X_{s'u_s,i,\,v}^{mc}$：单位周期内，第 v 种再制造定制产品所需要的、从供应商 s' 运送到装配厂 i 的再制造定制模块 $u_{s'}$ 的数量，用于 MC，$s' \in S'$，$i \in I$，$u_{s'} \in U_{s'}$，$v \in V$；

$X_{s'iv}^{mc}$：单位周期内，第 v 种再制造定制产品所需要的、从供应商 s' 运送到装配厂 i 的标准模块的数量，用于 MC，$s' \in S'$，$i \in I$，$v \in V$；

$X_{s''iv}^{mc}$：单位周期内，第 v 种再制造定制产品所需要的、从供应商 s'' 运送到装配厂 i 的标准模块的数量，用于 MC，$s'' \in S''$，$i \in I$，$v \in V$；

X_i^{mp}：单位周期内，装配厂 i 装配的标准产品的数量，$i \in I$；

X_{iv}^{mc}：单位周期内，装配厂 i 装配第 v 种再制造定制产品的数量，$i \in I$，$v \in V$；

X_{ij}^{mp}：单位周期内，从装配厂 i 运送到批发商 j 的标准产品的数量，$i \in I$，$j \in J$；

X_{jk}^{mp}：单位周期内，从批发商 j 运送到零售商 k 的标准产品的数量，$j \in J$，$k \in K$；

X_{ivk}^{mc}：单位周期内，从装配厂 i 运送到消费区域 k 的第 v 种再制造定制产品的数量，$i \in I$，$v \in V$，$k \in K$。

相关参数：

$C_{s'i}^{mp}$：从供应商 s' 到装配厂 i 的标准模块的单位服务费用，用于 MP，包括购买费用、运输费用等，$s' \in S'$，$i \in I$；

$C_{s''i}^{mp}$：从供应商 s'' 到装配厂 i 的标准模块的单位服务费用，用于 MP，包括购买费用、运输费用等，$s'' \in S''$，$i \in I$；

$R_{s'i}^{mp}$：从供应商 s' 到装配厂 i 的标准模块的单位收益，相对于 MP，$s' \in S'$，$i \in I$；

$R_{s''i}^{mp}$：从供应商 s'' 到装配厂 i 的标准模块的单位收益，相对于 MP，$s'' \in S''$，$i \in I$；

$C_{s'u,i}^{mc}$：从供应商 s' 到装配厂 i 的再制造定制模块 $u_{s'}$ 的单位服务费用，用于 MC，包括购买费用、运输费用等，$s' \in S'$，$i \in I$，$u_{s'} \in U_{s'}$；

$R_{s'u,i}^{mc}$：从供应商 s' 到装配厂 i 的再制造定制模块 $u_{s'}$ 的单位收益，相对于 MC，$s' \in S'$，$i \in I$，$u_{s'} \in U_{s'}$；

$C_{s'i}^{mc}$：从供应商 s' 到装配厂 i 的标准模块的单位服务费用，用于 MC，包括购买费用、运输费用等，$s' \in S'$，$i \in I$；

$R_{s'i}^{mc}$：从供应商 s' 到装配厂 i 的标准模块的单位收益，相对于 MC，$s' \in S'$，$i \in I$；

$C_{s''i}^{mc}$：从供应商 s'' 到装配厂 i 的标准模块的单位服务费用，用于 MC，包括购买费用、运输费用等，$C_{s''i}^{mc} = C_{s''i}^{mp}$，$s'' \in S''$，$i \in I$；

$R_{s''i}^{mc}$：从供应商 s'' 到装配厂 i 的标准模块的单位收益，相对于 MC，$R_{s''i}^{mc} = R_{s''i}^{mp}$，$s'' \in S''$，$i \in I$；

C_i^{mp}：装配厂 i 装配标准产品的单位费用，包括存储费用、装配费用等，$i \in I$；

C_{iv}^{mc}：装配厂 i 装配第 v 种再制造定制产品的单位费用，包括存储费用、装配费用等，$i \in I$，$v \in V$；

C_{ij}^{mp}：从装配厂 i 到批发商 j 的标准产品的单位服务费用，包括运输费用、管理费用等，$i \in I$，$j \in J$；

R_{ij}^{mp}：从装配厂 i 到批发商 j 的标准产品的单位收益，$i \in I$，$j \in J$；

C_{jk}^{mp}：从批发商 j 到零售商 k 的标准产品的单位服务费用，包括管理费用、运输费用等，$j \in J$，$k \in K$；

R_{jk}^{mp}：从批发商 j 到零售商 k 的标准产品的单位收益，$j \in J$，$k \in K$；

C_{ivk}^{mc}：从装配厂 i 到消费区域 k 的第 v 种再制造定制产品的单位服务费用，包括运输费用、管理费用等，$i \in I$，$v \in V$，$k \in K$；

R_{ivk}^{mc}：从装配厂 i 到消费区域 k 的第 v 种再制造定制产品的单位收益，$i \in I$，$v \in V$，$k \in K$；

D_k^{mp}：单位周期内，零售商 k 对标准产品的订货量，$k \in K$；

D_{kv}^{mc}：单位周期内，消费区域 k 对第 v 种再制造定制产品的需求量，$v \in V$，$k \in K$；

$\bar{D}_k^{mp}$：单位周期内，由于大规模定制的出现，零售商 k 对标准产品的订货量，$\bar{D}_k^{mp} = D_k^{mp} - \beta_k \sum_{v \in V} D_{kv}^{mc}$，其中，$\beta_k$ 为原有购买标准产品的顾客转变成为再制造定制产品顾客的比率，$0 \leqslant \beta_k \leqslant 1$，$k \in K$；

e_s：单位周期内，供应商的最大供应能力，$s \in S = S' \cup S''$；

e_i：单位周期内，装配厂 i 的最大装配能力，$i \in I$；

e_j：单位周期内，批发商 j 的最大服务能力，$j \in J$；

$\alpha_{s'}^{mp}$：单位标准产品所需要的第 s' 种标准模块的数量，为正整数，$s' \in S'$；

$\alpha_{s''}^{mp}$：单位标准产品所需要的第 s'' 种标准模块的数量，为正整数，$s'' \in S''$；

$\alpha_{s'u_{s'}}^{mc}$：单位再制造定制产品所需要的第 $u_{s'}$ 种再制造定制模块的数量，为正整数，$s' \in S'$，$u_{s'} \in U_{s'}$；

$\alpha_{s'}^{mc}$：单位再制造定制产品所需要的第 s' 种标准模块的数量，为正整数，$s' \in S'$；

$\alpha_{s''}^{mc}$：单位再制造定制产品所需要的第 s'' 种标准模块的数量，为正整数，$s'' \in S''$。

8.2.3 算例分析

该模型可用 LINGO 8.0 应用软件包求解。

已知某企业有 3 个模块供应商、2 个装配厂、2 个批发商、3 个零售商（3 个消费区域），企业同时实施大规模定制和大规模生产，装配厂采用混流装配模式。需要决定的是根据已知的供应能力、装配能力、顾客需求，如何制定装配计划和相应的配送计划，使得该供应链利润最大。初始数据如表 8.2 所示。其中，费用单位为元，数量单位为件或台。

表 8.2 初始数据

参数	值
I	i_1，i_2
J	j_1，j_2

表8.2(续)

参数	值
K	k_1, k_2, k_3
S'	s_1, s_2
S''	s_3
U_{s_1}, U_{s_2}	$U_{s_1} = \{s_{11},\ s_{12}\}$, $U_{s_2} = \{s_{21},\ s_{22}\}$
V	v_{11}, v_{12}, v_{21}, v_{22}, v_{1121}, v_{1122}, v_{1221}, v_{1222}
$e_{s_1} \sim e_{s_3}$	11 000, 5 400, 5 400
$e_{i_1} \sim e_{i_2}$	800, 1 000
$e_{j_1} \sim e_{j_2}$	1 500, 1 000
$D_{k_1}^{mp} \sim D_{k_3}^{mp}$	520, 510, 550
$\alpha_{s_1}^{mp} \sim \alpha_{s_3}^{mp}$	4, 2, 2
$\alpha_{s_1}^{mc} \sim \alpha_{s_2}^{mc}$	4, 2
$\alpha_{s_1 u_1}^{mc} \sim \alpha_{s_2 u_2}^{mc}$	4, 4, 2, 2
$\alpha_{s_3}^{mc}$	2
$C_{i_1}^{mp} \sim C_{i_2}^{mp}$	75, 82
$C_{i_1 v}^{mc} \sim C_{i_2 v}^{mc}$, $v \in V$	85, 85, 95, 95, 99, 99, 99, 99; 87, 87, 90, 90, 110, 110, 110, 110
$C_{i_1 j_1}^{mp} \sim C_{i_2 j_2}^{mp}$	1, 1.5; 2, 2.5
$R_{i_1 j_1}^{mp} \sim R_{i_2 j_2}^{mp}$	500, 750; 800, 500
$C_{j_1 k_1}^{mp} \sim C_{j_2 k_3}^{mp}$	1, 1.5, 1; 2, 2.5, 2.2
$R_{j_1 k_1}^{mp} \sim R_{j_2 k_3}^{mp}$	550, 560, 550; 800, 780, 790
$C_{s_1 i_1}^{mp} \sim C_{s_3 i_2}^{mp}$	1, 1.5; 1, 2; 2.3, 1
$R_{s_1 i_1}^{mp} \sim R_{s_3 i_2}^{mp}$	10, 15; 10, 20; 23, 10

表8.2(续)

参数	值
$C_{s_1s_111i_1}^{mc}$, $C_{s_1s_112i_1}^{mc}$, $C_{s_1s_111i_2}^{mc}$, $C_{s_1s_112i_2}^{mc}$; $C_{s_2s_221i_1}^{mc}$, $C_{s_2s_222i_1}^{mc}$, $C_{s_2s_221i_2}^{mc}$, $C_{s_2s_222i_2}^{mc}$	1.8, 2.5; 1.6, 2.2 1.7, 2.2, 3, 2.5
$R_{s_1s_111i_1}^{mc}$, $R_{s_1s_112i_1}^{mc}$, $R_{s_1s_111i_2}^{mc}$, $R_{s_1s_112i_2}^{mc}$; $R_{s_2s_221i_1}^{mc}$, $R_{s_2s_222i_1}^{mc}$, $R_{s_2s_221i_2}^{mc}$, $R_{s_2s_222i_2}^{mc}$	18, 25; 16, 22 17, 22, 30, 25
$C_{s_3i_1}^{mc} \sim C_{s_3i_2}^{mc}$	0.23, 0.1
$R_{s_3i_1}^{mc} \sim R_{s_3i_2}^{mc}$	23, 10
$C_{i_1vk_1}^{mc} \sim C_{i_1vk_3}^{mc}$, $v \in V$	3, 3.5, 2.8, 4.2, 3.6, 3, 4, 4.5; 3, 3, 3.2, 3.2, 3.6, 3.8, 4.9, 4.5; 3.5, 3.5, 2.5, 4.2, 3.6, 3.9, 4.3, 4.5; 4, 3.5, 4.8, 4.8, 3.6, 4.3, 4.5, 4.8; 4.3, 3.5, 4.0, 4.8, 3.4, 4.7, 4.5, 4.8; 4.5, 3.5, 4.8, 4.8, 3.6, 4.3, 4.5, 4.8;
$R_{i_1vk_1}^{mc} \sim R_{i_1vk_3}^{mc}$, $v \in V$ $R_{i_2vk_1}^{mc} \sim R_{i_2vk_3}^{mc}$, $v \in V$	600, 700, 560, 840, 720, 600, 800, 900; 600, 600, 640, 640, 720, 760, 980, 900; 700, 700, 500, 840, 720, 780, 860, 900 800, 700, 960, 960, 720, 860, 900, 960; 860, 700, 800, 960, 680, 940, 900, 960; 900, 700, 960, 960, 720, 860, 900, 960

假设 $D_{k_1}^{mc} \sim D_{k_3}^{mc}$，即对再制造定制产品的需求如表8.3所示，$\beta = 0.3$。

表8.3 消费区域对再制造定制产品的需求

消费区域	种类							
	v_{11}	v_{12}	v_{21}	v_{22}	v_{1121}	v_{1122}	v_{1221}	v_{1222}
消费区域 k_1	5	4	3	6	2	8	6	4
消费区域 k_2	8	3	9	5	6	4	7	3
消费区域 k_3	5	6	4	5	8	2	7	3

优化结果：模型在58步得到最优解，最大净利润为2 706 838 元。优化后的装配计划及配送计划见表8.4、表8.5。

表 8.4　标准产品和再制造定制产品装配计划优化结果

装配厂	标准产品	再制造定制产品							
		v_{11}	v_{12}	v_{21}	v_{22}	v_{1121}	v_{1122}	v_{1221}	v_{1222}
i_1	800	0	0	0	0	0	0	0	0
i_2	744	18	13	16	16	16	14	20	10

表 8.5　配送计划优化结果

决策变量	值
$X_{i_1j_1}^{mp} \sim X_{i_2j_2}^{mp}$	0, 800; 744, 0
$X_{j_1k_1}^{mp} \sim X_{j_2k_3}^{mp}$	0, 497, 247; 509, 0, 291
$X_{s_1i_1}^{mp} \sim X_{s_3i_2}^{mp}$	3 200, 2 976; 1 600, 1 488; 1 600, 1 488
$X_{s_1i_1}^{mc} \sim X_{s_3i_2}^{mc}$	0, 128; 0, 62; 0, 220
$X_{s_1s_{11}i_1}^{mc} \sim X_{s_2s_{22}i_2}^{mc}$	0, 0, 192, 172; 0, 0, 2 170, 80
$X_{i_1vk_1}^{mc} \sim X_{i_2vk_3}^{mc}, v \in V$	0, 0, 0, 0, 0, 0, 0, 0; 0, 0, 0, 0, 0, 0, 0, 0; 0, 0, 0, 0, 0, 0, 0, 0; 5, 4, 3, 6, 2, 8, 6, 4; 8, 3, 9, 5, 6, 4, 7, 3; 5, 6, 4, 5, 8, 2, 7, 3

　　从表8.4可以看出，优化后的装配计划是：在装配厂 i_1 仅装配标准产品，在装配厂 i_2 既装配标准产品又装配再制造定制产品。从表8.5容易看出，优化之后标准模块、再制造定制模块、标准产品和再制造定制产品的配送计划，这里不再赘述。

本章小结

　　本章针对再制造供应链产品大规模定制进行研究，主要研究结果如下：

　　（1）由于大规模定制中的定制是由顾客来驱动的，所以，顾客的满意程度影响着大规模定制的有效实施。已有的顾客满意度指数模型中的结构变量并未涉及大规模定制的特定元素。对于大规模定制来说，由于顾客的角色发生了变化，顾客满意形成的原因、各结构变量因果关系有其独到之处。例如：顾客享受的是延时服务，存在等待周期，而等待周期的长短将影响顾客满意度；顾客从定制产品开始，到与企业的交易结束，与企业始终保持联系，而这种顾客关系的管理不仅影响顾客满意，还将影响顾客感知服务质量、顾客忠诚；等等。所以，各国现有的顾客满意度指数模型对测评大规模定制产品的顾客满意度指数并不适合。本章研究分析 MCCSI 模型的意义，对 MCCSI 模型中的核心概念——顾客满意、顾客满意的前置因素和顾客满意的后向结果进行研究，提出相关假设，给出 MCCSI 模型并分析其特点。对于该模型及其假设的实证分析，将在以后的研究中给出。

（2）大规模定制将替代大规模生产，成为 21 世纪的主流生产模式。这种替代不是跳跃式、瞬间实现的，而是一个逐渐转变的过程。实际情况是，在众多的企业中大规模定制并没有完全取代大规模生产，而是两种生产模式并存。在大规模定制与大规模生产并存模式下，企业采用混流装配模式后，由于大规模定制的介入，原本平稳的大规模生产产生了波动，企业的生产计划、物流分配都随之发生了变化，供应链的管理变得相对复杂。针对这一现实，本章基于混流装配模式，分析了 MC/MP 装配模式下再制造供应链的结构，构建了优化模型。研究结果针对单位周期内再制造定制产品、标准产品的需求以及再制造定制产品对标准产品需求量的影响，优化了各种产品的装配计划和配送计划。本章还通过算例验证了该模型的合理性和有效性。

参考文献

曹东，杨晓丽，吴思思，等，2020. 考虑再制造成本的闭环供应链回收渠道决策 [J]. 工业工程与管理，25（1）：152-160，179.

戴海峰，王楠，魏学哲，等，2014. 车用动力锂离子电池单体不一致性问题研究综述 [J]. 汽车工程（2）：181-188，203.

杜红，冯明，2006. 基于作业的目标成本法在供应链成本控制中的应用 [J]. 建筑经济（12）：59-62.

丁杨科，冯定忠，金寿松，等，2018. 基于博弈论的再制造逆向物流定价决策 [J]. 控制与决策，33（4）：749-758.

顾巧论，2015. R/M 集成供应链模型与决策 [M]. 北京：科学出版社.

顾巧论，2019. 回收检测误差与制造/再制造供应链优化 [M]. 北京：科学出版社.

顾巧论，陈秋双，2004. 再制造/制造系统集成物流网络及信息网络研究 [J]. 计算机集成制造系统，10（7）：721-726，731.

顾巧论，陈秋双，2007. 不完全信息下逆向供应链中制造商的最优合同 [J]. 计算机集成制造系统，13（3）：596-601.

顾巧论，高铁杠，石连栓，2005. 基于博弈论的逆向供应链定价策略分析 [J]. 系统工程理论与实践，25（3）：20-25.

顾巧论，高铁杠，2016. 再制造逆向供应链检测误差率管理策略 [J]. 计算机集成制造系统，22（10）：2469-2477.

顾巧论，季建华，2005. 再制造/制造系统集成物流网络模糊机会约束规划模型 [J]. 控制理论与应用，22（6）：889-894.

顾巧论，季建华，高铁杠，等，2005. 有固定需求底线的逆向供应链定价策略研究 [J]. 计算机集成制造系统，11（12）：1751-1757.

顾巧论，季建华，2007. 大规模定制的顾客满意度指数模型研究 [J]. 软科学，21（5）：38-41.

顾巧论，季建华，2008. 基于混流装配模式的 MC/MP 供应链优化模型 [J]. 计算机应用研究，25（5）：1408-1411.

顾巧论，薛宁，2017. 有检测误差的双合约逆向供应链定价策略研究 [J]. 天津职业技术师范大学学报，27（2）：1-7.

郭军华，李帮义，倪明，2012. WTP 差异下再制造闭环供应链的定价策略与协调机制 [J]. 系统管理学报，21（5）：617-624.

洪荭，廖联凯，贾晓佳，2017. 基于价值链理论的联想 PC 业务成本管理研究 [J]. 财会通讯（5）：80-84.

黄帝，周泓，2018. 考虑不同回收质量等级的再制造系统回收生产决策 [J]. 中国管理科学，26（10）：102-112.

纪作哲，2002. 供应链成本管理：利润增长的新源泉 [J]. 商业研究（1）：71-72.

金虹敏，张于贤，王璐，等，2016. 基于系统动力学的产品质量模型构建 [J]. 系统科学学报，24（2）：73-76.

雷倩，何娟，马超，2020. 考虑策略顾客的双周期双渠道供应链定价决策 [J]. 计算机集成制造系统，26（10）：2838-2850.

刘新燕，刘雁妮，杨智，等，2003. 构建新型顾客满意度指数模型：基于 SCSB、ACSI、ECSI 的分析 [J]. 南开管理评论（6）：52-56.

刘新燕，2004. 顾客满意度指数模型研究 [D]. 武汉：中南财经政法大学.

李增禄，郭强，聂佳佳，2019. 回收商回收再售策略研究：在线回收 VS 传统回收 [J]. 工业工程与管理，24（6）：164-172.

柳键，张志坚，张诚，2015. 基于公平关切的逆向供应链定价策略研究 [J]. 华东经济管理，29（11）：167-172.

林杰，曹凯，2014. 双渠道竞争环境下的闭环供应链定价模型 [J]. 系统工程理论与实践，34（6）：1416-1424.

李欣，2020. 不同政策下电动乘用车动力电池闭环供应链回收决策研究 [D]. 北京：北京交通大学.

李洛康，顾巧论，2022. 废旧锂电池梯次利用质量控制研究 [J]. 天津职业技术师范大学学报，32（1）：67-72.

刘枚莲，王媛媛，2016. 回收质量不确定下的废旧电子产品三级逆向供应链定价模型研究 [J]. 工业技术经济，35（4）：109-116.

穆东，杨健，李欣，2021. 闭环供应链企业合作对新能源汽车动力电池回收

与再利用的影响 [J]. 供应链管理, 2 (1): 54-67.

孙浩, 达庆利, 2008. 随机回收和有限能力下逆向供应链定价及协调 [J]. 系统工程学报, 23 (6): 720-726.

孙多青, 马晓英, 2012. 基于博弈论的多零售商参与下逆向供应链定价策略及利润分配 [J]. 计算机集成制造系统, 18 (4): 867-874.

司凤山, 王晶, 戴道明, 2020. 基于制造商回收的双渠道闭环供应链博弈分析 [J]. 计算机集成制造系统, 26 (3): 849-859.

田博, 欧光军, 2017. 经销商企业物流成本控制与优化: 以 D 公司为例 [J]. 财会月刊 (13): 90-99.

王丽丽, 2017. 基于系统动力学的电动汽车废旧电池再制造研究 [J]. 四川大学学报 (哲学社会科学版) (2): 115-123.

王文宾, 达庆利, 孙浩, 2009. 再制造逆向供应链协调的奖励与奖惩机制设计 [J]. 中国管理科学, 17 (5): 46-52.

王文宾, 张雨, 范玲玲, 等, 2015. 不同政府决策目标下逆向供应链的奖惩机制研究 [J]. 中国管理科学 (7): 68-76.

向泽华, 许民利, 2020. 回收平台预测信息分享下的闭环供应链回收模式选择研究 [J]. 软科学, 34 (5): 101-107.

许民利, 向泽华, 简惠云, 2020. 考虑消费者环保意识的 WEEE 双渠道回收模型研究 [J]. 控制与决策, 35 (3): 713-720.

薛宁, 顾巧论, 2017. 基于回收检测误差的逆向供应链定价策略分析 [J]. 天津职业技术师范大学学报, 27 (3): 1-6.

徐朗, 汪传旭, 程茜, 等, 2018. 考虑回收渠道竞争下闭环供应链的决策与协调 [J]. 工业工程与管理, 23 (6): 26-32, 42.

袁开福, 马士华, 何波, 等, 2015. 考虑回收质量的再制造旧件定价机理研究 [J]. 组合机床与自动化加工技术 (12): 151-155.

张桂涛, 胡劲松, 孙浩, 等, 2013. 具有缺陷产品的双渠道闭环供应链网络均衡 [J]. 中国管理科学, 21 (5): 68-79.

张爱萍, 2011. 需求不确定下带混合渠道的闭环供应链模型研究 [D]. 广州: 暨南大学.

张玉春, 冯昱, 周金华, 等, 2018. 基于 SD 的闭环供应链质量控制契约协调模型仿真与优化 [J]. 系统工程, 36 (3): 105-112.

张新安, 田澎, 朱国锋, 2003. 感知实绩、顾客满意与顾客忠诚: 微观层次上的审视 [J]. 南开管理评论 (5): 46-51.

张新安，田澎，张列平，2002. 建立中国顾客满意指数若干问题的研究 [J]. 工业工程与管理（3）：18-22.

赵静，肖亚倩，2018. 不同渠道偏好和运营成本下双渠道闭环供应链定价决策研究 [J]. 运筹与管理，27（12）：108-114.

朱建明，高胜，段美姣，2018. 区块链技术与应用 [M]. 北京：机械工业出版社.

朱晓东，吴冰冰，王哲，2017. 双渠道回收成本差异下的闭环供应链定价策略与协调机制 [J]. 中国管理科学，25（12）：188-196.

ALAMEREW Y A, BRISSAUD D. Modelling reverse supply chain through system dynamics for realizing the transition towards the circular economy: a case study on electric vehicle batteries [J]. Journal of cleaner production, 254 (C): 1-12.

ANDERSON S W, CHRIST M H, DEKKER H C, et al., 2015. Do extant management control frameworks fit the alliance setting? A descriptive analysis [J]. Industrial marketing Management (46): 36-53.

ANDERSON E W, SULLIVAN M W, 1993. The antecedents and consequences of customer satisfaction for firms [J]. Marketing science, 12 (2): 125-143.

AGENTIS A, PACIFICI A, 1997. Scheduling of flexible flow lines in an automobile assembly plant [J]. European journal of operational research, 97 (2): 348-362.

ASSID M, GHARBI A, HAJJI A, 2021. Production planning and control of unreliable hybrid manufacturing remanufacturing systems with quality-based categorization of returns [J]. Journal of cleaner production, 312: 127800.

ATASU A, TOKTAY L B, WASSENHOVE L N V, 2013. How collection cost structure drives a manufacturer's reverse channel choice [J]. Production and operations management, 22 (5): 1089-1102.

BAYINDIR Z P, BIRBIL S I, FRENK J B G, 2007. A deterministic inventory/production model with general inventory cost rate function and piecewise linear concave production costs [J]. European journal of operational research, 179: 114-123.

BEHNKE K, JANSSEN M F W H A, 2020. Boundary conditions for traceability in food supply chains using blockchain technology [J]. International journal of information management, 52: 101969.

BLACKBURN J D, GUIDE V D R, SOUZA G C, et al., 2004. Reverse supply chains for commercial returns [J]. California management review, 46 (2): 6-22.

CAO J, ZHANG X, HU L, et al., 2018. EPR regulation and reverse supply chain strategy on remanufacturing [J]. Computers and industrial engineering, 125: 279-297.

CAO K, WANG J, DOU G W, et al., 2018. Optimal trade-in strategy of retailers with online and offline sales channels [J]. Computers & industrial engineering, 123: 148-156.

CHRISTOS Z, GEORGE T, 2008. On the attractiveness of sorting before disassembly in remanufacturing [J]. IIE transactions, 40 (3): 313-323.

CHYN G H, KALIANNAN M, 2011. Human resource management practices in logistic service provider industry: a case study [J]. Interdisciplinary journal of contemporary research in business, 2 (9): 32-44.

DICK A S, BASU K, 1994. Customer loyalty: toward an integrated framework [J]. Journal of the academy of marketing science, 22 (2): 99-113.

DYSON B, CHANG N B, 2005. Forecasting municipal solid waste generation in a fast-growing urban region with system dynamics modeling [J]. Waste management, 25 (7): 669-679.

ELLRAM L M, 2006. The implementation of target costing in the United States: theory versus practice [J]. Journal of supply chain management, 42 (1): 13-26.

ERICKSON G M, JOHANNSON J K, CHAO P, 1984. Image variables in multiattribute product evaluations: country-of-origin effects [J]. Journal of consumer research, 11: 694-699.

ESTEBAN - LLORET N N, ARAGÓN - SÁNCHEZ A, CARRASCO - HERNÁNDEZ A, 2018. Determinants of employee training: impact on organizational legitimacy and organizational performance [J]. The international journal of human resource management, 29 (6): 1208-1229.

FAN X J, GUO X, WANG S S, 2022. Optimal collection delegation strategies in a retail-/dual-channel supply chain with trade-in programs [J]. European journal of operational research, 303 (2): 633-649.

FENG L, GOVINDAN K, LI C, 2017. Strategic planning: design and coordination for dual-recycling channel reverse supply chain considering consumer behavior [J]. European journal of operational research, 260 (2): 601-612.

FENG S H, 2018. System dynamics model for battery collecting of electric vehicles in anylogic simulation [J]. Internet manufacturing and services, 5 (4): 405-418.

FORNELL C, 1992. A national customer satisfaction barometer: the Swedish experience [J]. Journal of marketing, 56 (1): 6-20.

FORNELL C, JOHNSON M D, 1996. The American customer satisfaction index: nature, purpose, and findings [J]. Journal of marketing, 60 (4): 7-19.

GALBRETH M R, BLACKBURN J D, 2006. Optimal acquisition and sorting policies for remanufacturing [J]. Production & operations management, 15 (3): 384-392.

GALBRETH M R, BLACKBURN J D, 2010. Optimal acquisition quantities in remanufacturing with condition uncertainty [J]. Production & operations management, 19 (1): 61-69.

GEORGIADIS P, VLACHOS D, TAGARAS G, 2006. The impact of product lifecycle on capacity planning of closed-loop supply chains with remanufacturing [J]. Production and operations management, 15 (4): 514-527.

GUAN X Y, STEPHEN F, 2019. How perceptions of training impact employee performance [J]. Personnel review, 48 (1): 163-183.

GRONROOS C, 1984. A service quality model and its marketing implications [J]. European journal of marketing, 18: 36-44.

GU Q L, JI J H, 2008. Pricing management for closed-loop supply chain [J]. Journal of revenue & pricing management, 7 (1): 45-60.

GU Q L, GAO T G, 2009. Investment risk control for upgrade-products [J]. ICIC express letters, 3 (B): 627-632.

GU Q L, GAO T G, 2010. Analysis of penalty-sharing of reverse supply chain with risk-averse collector [J]. Proceedings of the third international conference on business intelligence and financial engineering (1): 243-246.

GU Q L, JI J H, GAO T G, 2011. Pricing decisions for reverse supply chain [J]. Kybernetes, 40 (5/6): 831-841.

GU Q L, GAO T G, 2011a. Simulation for disassembly planning of used-product in reverse supply chain [J]. ICIC express letters, Part B: applications, 2 (6): 1315-1320.

GU Q L, GAO T G, 2011b. R/M integrated supply chain based on IoT [C] //Proceedings of the 14th IEEE international conference on computational science and engineering: 290-294.

GU Q L, GAO T G, 2011c. Impacts of RFID/EPC on optimal decisions of reverse supply chain [C]. Proceedings of the 2011 international conference on business computing and global informatization: 512-515.

GU Q L, GAO T G, 2011d. System dynamics analysis of RFID/EPC's impact on reverse supply chain [C] //Proceedings of 2011 international conference on management science & engineering (18th): 250-255.

GU Q L, GAO T G, 2012a. Joint decisions for R/M integrated supply chain using system dynamics methodology [J]. International journal of production research, 50 (16): 4444-4461.

GU Q L, GAO T G, 2012b. Management of two competitive closed-loop supply chains [J]. International journal of sustainable engineering, 5 (4): 325-337.

GU Q L, GAO T G, 2012c. New operational mode of R/M integrated supply chain based on IoT [C] //Proceedings of 2012 fifth international conference on business intelligence and financial engineering: 108-112.

GU Q L, TAGARAS G, 2014. Optimal collection and remanufacturing decisions in reverse supply chains with collector's imperfect sorting [J]. International journal of production research, 52 (17): 5155-5170.

GU Q L, GAO T G, 2017a. IERs in reverse supply chain: be worth lowering or not [J]. Computers & industrial engineering, 111: 289-302.

GU Q L, GAO T G, 2017b. Production disruption management for R/M integrated supply chain using system dynamics methodology [J]. International journal of sustainable engineering, 10 (1): 44-57.

GU Q L, GAO T G, 2020. Optimal decisions for reverse supply chain considering iers of dual collection channel [C] //Proceedings of IEEE international conference on industrial engineering and engineering management: 701-705.

GU Q L, WANG M Y, 2021. Analysis of the influence of reinvestment cost correlation factors on optimal decision of reverse supply chain [J]. International journal of modelling in operations management, 8 (3): 233-250.

GU Q L, ZHANG Y, 2019. Dynamic analysis of the impact of employee training investment on closed-loop logistics [J]. International journal of modelling in operations management, 7 (4): 318-343.

GU Q L, GAO T G, 2022. Traceable and privacy-preserving blockchain system architecture for remanufacturing reverse supply chain［C］//Proceedings of IEEE 29th international conference on industrial engineering and engineering management （IEEM2022）, Kuala Lumpur.

HANAYSHA J, 2016. Examining the effects of employee empowerment, teamwork, and employee training on organizational commitment［J］. Procedia-social and behavioral sciences, 229: 298-306.

HANDFIELD R B, NICHOLS E L, 1999. Introduction to supply chain management［J］. Prentice-Hall, upper saddle river, 28（3）: 205-218.

HUANG M, SONG M, LEE L H, et al., 2013. Analysis for strategy of closed-loop supply chain with dual recycling channel［J］. International journal of production economics, 144（2）: 510-520.

HUANG S, YANG C, LIU H, 2013. Pricing and production decisions in a dual-channel supply chain when production costs are disrupted［J］. Economic modelling, 30: 521-538.

HROUGA M, SBIHI A, CHAVALLARD M, 2022. The potentials of combining blockchain technology and internet of things for digital reverse supply chain: a case study［J］. Journal of cleaner production, 337: 130609.

JOHNSON M D, GUSTAFSSON A, 2011. The evolution and future of national customer satisfaction index models［J］. Journal of economic psychology, 22（2）: 217-236.

KAZANCOGLU Y, YUKSEL D, SEZER M D, et al., 2022. A green dual-channel closed-loop supply chain network design model［J］. Journal of cleaner production, 332: 130062.

KUSHWAHA S, GHOSH A, RAO A K, 2020. Collection activity channels selection in a reverse supply chain under a carbon cap-and-trade regulation［J］. Journal of cleaner production, 260: 121034.

LI G D, REIMANN M, ZHANG W H, 2018. When remanufacturing meets product quality improvement: the impact of production cost［J］. European journal of operational research, 271: 913-925.

LI M M, MIZUNO S, 2022. Dynamic pricing and inventory management of a dual-channel supply chain under different power structures［J］. European journal of operational research, 303（1）: 273-285.

LIU M Q, LIANG K, PERERA S, et al., 2022. Game theoretical analysis of service effort timing scheme strategies in dual-channel supply chains [J]. Transportation research part E, 158: 102620.

LIU J, 2019. Customer satisfaction and firms' innovation efforts in marketing: taking shipping logistics companies as an example [J]. Journal of coastal research, 94: 940-944.

MATSUI K J, 2022. Should a retailer bargain over a wholesale price with a manufacturer using a dual-channel supply chain? [J]. European journal of operational research, 300: 1050-1066.

MCLAREN T, HEAD M, 2013. Supply chain collaboration alternatives: understanding theexpectedcosts and benefits, internet research [J]. Internet research: electronic networking applications and policy, 12 (5): 348-364.

MIRZAGOLTABAR H, SHIRAZI B, MAHDAVI I, et al., 2021. Sustainable dual-channel closed-loop supply chain network with new products for the lighting industry [J]. Computers & industrial engineering, 162: 107781.

MIRANBEIGI M, MOSHIRI B, RAHIMI-KIAN A, et al., 2015. Demand satisfaction in supply chain management system using a full online optimal control method [J]. International journal of advanced manufacturing technology, 77 (5-8): 1401-1417.

MILTENBURG G J, 1989. A theoretical basis for scheduling mixed-model production lines [J]. Management. science, 35 (1): 192-207.

MODAK N M, KELLE P, 2019. Managing a dual-channel supply chain under price and delivery-time dependent stochastic demand [J]. European journal of operational research, 272: 147-161.

NEWMAN J W, RICHARD A W, 1973. Multivariate analysis of brand loyalty for major household appliances [J]. Journal of marketing research, 10: 404-409.

OMAR I A, DEBE M, JAYARAMAN R, et al., 2022. Blockchain-based supply chain traceability for COVID-19 personal protective equipment [J]. Computers & industrial engineering, 167: 107995.

OZKESER B, 2019. Impact of training on employee motivation in human resources management [J]. Procedia computer science, 158: 802-810.

ORSDEMIR A, ZIYA E K, PARLAKTURK A K, 2014. Competitive quality choice and remanufacturing [J]. Production and operations management, 23 (1): 48-64.

PANAGIOTIDOU S, NENES G, ZIKOPOULOS C, et al., 2017. Joint optimization of manufacturing/remanufacturing lot sizes under imperfect information on returns quality [J]. European journal of operational research, 258: 537-551.

REUTER M A, SCHAIK V A, 2010. Dynamic modeling of e-waste collecting system performance based on product design [J]. Minerals engineering, 23 (3): 192-210.

SAVASKAN R C, VAN WASSENHOVE L N V, 2006. Reverse channel design: the ease of competing retailers [J]. Management science, 52 (1): 1-14.

SEURING S, 2001. Supply chain costing with target costing and aetivity based costing [M]. Munchen: Verlag Franz Vahlen.

SEZER B B, TOPAL S, NURIYEV U, 2022. Tppsupply: a traceable and privacy-preserving blockchain system architecture for the supply chain [J]. Journal of information security and applications, 66: 103116.

TIAN C, XIAO T J, SHANG J, 2022. Channel differentiation strategy in a dual-channel supply chain considering free riding behavior [J]. European journal of operational research, 301: 473-485.

TALEIZADEH A A, SADEGHI R, 2019. Pricing strategies in the competitive reverse supply chains with traditional and e-channels: a game theoretic approach [J]. International journal of production economics, 215: 48-60.

TEUNTER R H, FLAPPER S D P, 2011. Optimal core acquisition and remanufacturing policies under uncertain core quality fractions [J]. European journal of operational research, 210 (2): 241-248.

ULLAH M, SARKAR B, 2020. Recovery-channel selection in a hybrid manufacturing-remanufacturing production model with RFID and product quality [J]. International journal of production economics, 219: 360-374.

VIRIYASITAVAT W, BI Z, HOONSOPON D, 2022. Blockchain technologies for interoperation of business processes in smart supply chains [J]. Journal of industrial information integration, 26: 100326.

WANG J, HE S L, 2022. Optimal decisions of modularity, prices and return policy in a dual-channel supply chain under mass customization [J]. Transportation research part e, 160: 102675.

WANG T Y, CHEN Z S, GOVINDAN K, et al., 2022. Manufacturer's selling mode choice in a platform-oriented dual channel supply chain [J]. Expert systems with applications, 198: 116842.

WASSENHOVE L N V, ZIKOPOULOS C, 2010. On the effect of quality overestimation in remanufacturing [J]. International journal of production research, 48 (18): 5263-5280.

WESTERKAMP M, VICTOR F, KÜPPER A, 2020. Tracing manufacturing processes using blockchain-based token compositions [J]. Digital communications and networks, 6 (2): 167-176.

WU H, HAN X, YANG Q, et al., 2018. Production and coordination decisions in a closed-loop supply chain with remanufacturing cost disruptions when retailers compete [J]. Journal of intelligent manufacturing, 29 (1): 227-235.

WU Y J, HOU J L, 2009. An employee performance estimation model for the logistics industry [J]. Decision support systems, 48 (4): 568-581.

XU J, LUO C, NG C T, et al., 2022. Remanufacturing with random yield in the presence of the take-back regulation [J]. Computers & industrial engineering, 168: 108097.

ZHAO Y, ZHOU H, WANG Y, 2021. Outsourcing remanufacturing and collecting strategies analysis with information asymmetry [J]. Computers & industrial engineering, 160: 107561.

ZHANG R, YANG Q, LIU B, 2018. Pricing decision of reverse logistics under different channel power structures [J]. Computer applications and software, 35 (10): 62-67, 93.

ZHENG B, YU N, CHU J, 2021. Managing sales channel selection for a manufacturer in the presence of remanufacturing [J]. Journal of system science and system engineering, 30 (5): 600-625.

ZIKOPOULOS C, TAGARAS G, 2007. Impact of uncertainty in the quality of returns on the profitability of a single-period refurbishing operation [J]. European journal of operational research, 182 (1): 205-225.

ZIKOPOULOS C, TAGARAS G, 2008. On the attractiveness of sorting before disassembly in remanufacturing [J]. IIE transactions, 40 (3): 313-323.

ZIKOPOULOS C, TAGARAS G, 2015. Reverse supply chains: effects of collection network and returns classification on profitability [J]. European journal of operational research, 246: 435-449.

ZHOU H, BENTON JR W C, 2007. Supply chain practice and information sharing [J]. Journal of operations management, 25: 1348-1365.